# Exquisit Sachbuch

# Angel Smith
# Die hohe Schule des Sex

## Callgirls verraten ihre Tricks

Wilhelm Heyne Verlag
München

EXQUISIT SACHBUCH
im Wilhelm Heyne Verlag, München
Nr. 288

Titel der amerikanischen Originalausgabe
HOW TO BE A GOOD BAD GIRL
Deutsche Übersetzung von Bernd Eckhardt

## Herausgeber
## Werner Heilmann

Copyright © by Warner Books, Inc., New York
Copyright © 1982 der deutschen Übersetzung by
Wilhelm Heyne Verlag GmbH & Co. KG, München
Printed in Germany 1982
Umschlagfoto: Bavaria/Vloc-Da Cunha, Gauting bei München
Umschlaggestaltung: Atelier Heinrichs & Schütz, München
Gesamtherstellung: Presse-Druck Augsburg
ISBN 3-453-50257-4

*Mit einem Dankeschön
für all die bösen Mädchen Amerikas.*

# Inhalt

| | | |
|---|---|---|
| Kapitel 1 | Einführung................ | 7 |
| Kapitel 2 | Der Penis und wie man mit ihm umgehen muß .............. | 21 |
| Kapitel 3 | Suck It to Him, Baby! – Oraler Sex . | 55 |
| Kapitel 4 | Wie man sich kleidet, um verführen zu können ....... | 88 |
| Kapitel 5 | Das Drum und Dran des Geschlechtsverkehrs .......... | 119 |
| Kapitel 6 | Tricks und Hochgenüsse ....... | 158 |
| Kapitel 7 | Wie man *seine* Sehnsüchte stillt . . . | 191 |
| Kapitel 8 | Nachspiel................. | 218 |

## Kapitel 1

# Einführung

Wenn man herausfinden will, wie man etwas besonders gut macht, dann geht man zu den Leuten mit der größten Erfahrung und befragt sie. In einigen Fällen mag das zwar leicht sein, aber für die meisten Frauen, die erfahren wollen, wie man am besten Eindruck auf Ehemänner und Liebhaber macht, ist es recht schwierig, den richtigen Experten zu finden. Denn die wirklichen Experten sind die Mädchen, die mehr mit Liebe zu tun haben als jeder andere Mensch – die Mädchen, die Liebe machen, um davon zu leben – die Prostituierten. Führen wir uns doch einmal vor Augen, wie schwierig es für ein durchschnittliches Mädchen ist, mit einer Prostituierten zusammenzutreffen, um sich bei Kaffee und Kuchen verbal darüber zu informieren, wie man einen Mann sexuell glücklich machen kann.

Und einen Mann, womöglich den eigenen, sexuell glücklich zu machen, ist das Hauptanliegen dieses Buches. Ich bin hingegangen und habe an Ihrer Stelle mit Prostituierten gesprochen. Ich habe all die Fragen über Sex zusammengetragen, mit denen sich die Frauen jahrelang beschäftigt haben, und den Mädchen vorgelegt, die eigentlich die richtigen Antworten darauf parat haben müssen.

Aber zunächst einmal müssen wir ein ernsthaftes Mißverständnis aus der Welt räumen. Da Prostituierte in einem Geschäftszweig arbeiten, den man oft als illegal und unmoralisch bezeichnet, wird häufig behauptet, daß ihre Ansichten über Sex nicht allgemeingültig seien. Dabei ist aber zu bedenken, daß Sex dort unabhängig von emotionalen Hindernissen wie Liebe und Ehe objektiv, von der praktischen Seite und ohne wirklichkeitsfremde Illusionen betrachtet wird. Männer, die durchschnittlich sind oder auch stark oder sogar zurückhaltend, kommen mit sexuellen Problemen zu den Prostituierten, mit komischem sexuellem Geschmack, mit Fehlverhalten und mit sexuellen Problemen, die sie mit ihren Frauen niemals besprechen würden. Wenn ein Mann zu einer Prostituierten geht, dann tut er das oft deshalb, weil er mit den Personen, die ihm nahestehen, nicht über seine sexuellen Wünsche sprechen kann. Auf diese Weise erfahren die Prostituierten oft Dinge, von denen sonst niemand etwas ahnt.

Ich bin über diese Situation keineswegs glücklich. Das sind auch die Prostituierten nicht, obwohl hierin die wesentlichen Gründe für ihre geschäftlichen Erfolge liegen. Um mit den Worten eines dieser Mädchen zu sprechen: »Mit diesen Knülchen ist es immer dasselbe. Ihre eigenen Frauen verstehen ihre Ehemänner nicht. Gleichgültig, auf welche Art er mit ihr schläft, sie regt sich immer darüber auf. Ich höre ständig, daß die Frauen daran schuld sind, wenn so viele Ehen kaputtgehen. Man sollte es nicht glauben, daß eine Frau nicht dazu in der Lage ist, richtig mit ihrem Ehemann zu schlafen, und das treibt ihn aus dem Haus. Und wohin geht er? Er kommt zu mir, weil er weiß, daß ich ihn so bediene, wie er es sich wünscht, darüber besteht überhaupt kein Zweifel.«

Monique von Cleef, die weltberühmte sadistische Domina, erzählte mir einmal: »Wenn ich doch bloß einmal mit den Ehefrauen sprechen könnte. Wenn ich ihnen doch begreiflich machen könnte, daß sie versuchen sollten herauszufinden, was ihren Männern Spaß macht – und ihnen dann diesen Spaß zu erlauben. Ich bin ganz sicher, daß eine Frau ihren Mann so formen kann, wie sie es gerne hätte, wenn sie es richtig anfängt und wenn sie ihn genügend mag. Wenn man ihm mit den richtigen Sachen kommt, dann wird er glücklich sein und wird auch seinerseits alles tun, um seine Partnerin glücklich zu machen. Das Leben ist keine Einbahnstraße.«

Dies ist der wichtigste Teil, wie man eine sexuelle Verbindung erfolgreich gestalten kann. Es ist wie ein Handel zwischen zwei Partnern. Man muß sich darauf vorbereiten, seinem Ehemann oder Liebhaber nicht zuletzt so viel Liebe und Leidenschaft zu vermitteln, wie man selbst bekommt, und man kann nicht erwarten, aufregenden und exotischen Sex zu bekommen, wenn man nicht dazu bereit ist, Ähnliches zu geben. Eine Prostituierte ist einer Ehefrau gegenüber im Vorteil, denn das, was sie von ihren Männern bekommt, ist stets konsistent und reell, Geld nämlich, aus diesem Grunde kann ein Mann sich glücklich schätzen, wenn er als Gegenwert das bekommt, was er angestrebt hat.

Sie als Ehefrau oder Geliebte befinden sich da in einer völlig anderen Situation. Allerdings gibt es auch einige Frauen, die auf ihre Männer finanziell Druck ausüben, indem sie für den Geschlechtsverkehr einen Gegenwert fordern (»Heute nacht nicht, Liebling. Ich brauche erst einen neuen Pelzmantel.«). Sie werden nicht dafür bezahlt, was Sie im Bett tun und sollten das auch nicht erwarten. Ihre Erwartungen sollten sich darauf beschränken, daß Sie als Erwiderung auf Ihre sexuellen Verhaltensweisen Liebe, Loyalität, Leidenschaft und Befriedigung erhalten.

Aber die Frage ist nun, ob Sie genug Liebe, Loyalität, Leidenschaft und Befriedigung erhalten. Wann geschah es zum letzten Mal, daß Sie einen Orgasmus bekamen, den Sie nur mit den Worten umschreiben könnten, er »sei nicht von dieser Welt« gewesen? Wann hat Ihr Mann das letzte Mal etwas sexuell so Anregendes mit Ihnen veranstaltet, daß Sie sagen könnten, Sie hätten beinahe Ihren Verstand verloren? Wann waren Sie das letzte Mal wirklich sexuell erregt?

Wenn so etwas drei oder vier Minuten vor dem Zeitpunkt lag, als Sie nach diesem Buch griffen und zu lesen anfingen, dann sind Sie ein glückliches Mädchen. Liegt dieser Zeitpunkt allerdings so weit zurück, daß Sie sich kaum mehr daran erinnern können, dann sollten Sie sich ernsthaft darüber Gedanken machen, wie Sie ein wenig Schwung in Ihr Liebesleben bringen könnten. Nicht morgen, auch nicht nächste Woche oder nächsten Monat irgendwann, nein, *jetzt*, denn wenn Sie noch länger warten, dann kann es vielleicht zu spät sein.

Als Frau können Sie praktische und progressive Schritte unternehmen, um Ihr Liebesleben zu überprüfen. Sie können mehr für Ihren Mann sein als das kleine Dummchen, das seine Socken wäscht oder unter ihm liegt, wenn das Feuer der Lust in ihm aufzuflackern beginnt. Sie können tatsächlich Ihr Liebesleben selbst in die Hand nehmen und raffiniert damit beginnen, jeweils den Zeitpunkt zu bestimmen. Mit Hilfe all jener Techniken, Erfahrungen und Praktiken, die ein Callgirl Ihnen vermitteln würde, können Sie Freundin sein, Frau, Herrin, Prostituierte, was Sie auch immer wollen, und Sie können ganz sicher sein, daß Ihr Mann sich in diesem Falle revanchieren wird.

Es ist an der Zeit, daß mit dem Mythos, eine Frau sei nicht genug für einen Mann, einmal gründlich aufgeräumt wird. Das ist eine Anmaßung, und sie entspricht ganz einfach auch nicht der Wahrheit. Die Welt besteht nicht nur aus guten Mädchen, die ein Bursche heiratet und mit denen er Kinder hat, und sie besteht auch nicht nur aus bösen Mädchen, zu denen er gehen kann, um das zu befriedigen, was er für seine geheimsten Wünsche hält. *Ein* Mädchen kann beides sein: »gut« und »böse«.

Es ist die Ignoranz, und es ist auch das fehlende sexuelle Selbstvertrauen, das die Männer glauben läßt, es gäbe verschiedene Aspekte, die man mit dem Wörtchen »schmutzig« umschreiben könnte, und die sie glauben, mit ihren Frauen oder Freundinnen nicht diskutieren zu können. Aber Frauen und Freundinnen tun auch nicht sehr viel, um an der gegebenen Situation etwas zu verändern. Nachdem ich mit sehr vielen Frauen gesprochen habe, bin ich zu der Feststellung gelangt, daß sie ebenso unsicher sind wie ihre Männer, daß sie ebensowenig Erfahrung in sexueller Hinsicht besitzen wie die »Herren der Schöpfung«.

»Ich habe mir oftmals ausgemalt, Davids Penis in den Mund zu nehmen«, berichtete mir eine Frau aus New Jersey. »Aber ich weiß auch, daß er denken würde, ich sei eine Hure, wenn ich so etwas machen würde. Er würde dann ungefähr sagen ›Wer hat dir denn das beigebracht?‹ Er würde es nicht verstehen, daß ich so etwas niemals vorher getan habe, aber trotzdem ganz gern einmal tun würde.«

Hier die Meinung einer anderen beunruhigten Frau, die Freundin eines New Yorker Geschäftsmannes ist: »Ich wünschte mir so sehr, wir würden zur Abwechslung einmal ein paar neue Stellungen ausprobieren. Immer liegt er oben und ich unter ihm. Wie kann ich ihn dazu ermuntern, einmal etwas anderes zu tun?«

Und eine Frau aus Wisconsin fragte mich: »Mein Ehemann schlug mir einmal vor, ihm meine Unterwäsche auszuleihen, damit er sie anziehen könne und dann miteinander zu schlafen. Ich war vollkommen geschockt. Ich wußte überhaupt nicht, was ich dazu sagen sollte. Er hat niemals mehr davon gesprochen, aber ich fühle mich heute noch schuldig. Vielleicht hätte ich seinem Wunsche entsprechen sollen. Aber ich habe überhaupt keine Ahnung von solchen Dingen. Ist es schlecht, sich auf so etwas einzulassen?«

Das Bekenntnis einer Frau aus Ohio: »Neil spricht ständig darüber, ich möchte doch einmal seinen Samen hinunterschlucken. Allein der Gedanke bewirkt schon, daß es mir kalt über den Rücken läuft. Ich empfinde starken Widerwillen bei diesem Gedanken. Ich will das nicht machen, aber er fängt immer und immer wieder davon an. Die Möglichkeit, er könnte irgendeine Schlampe finden, die sich das gefallen läßt, beunruhigt mich ein wenig, aber ich selbst kann mich dazu nicht überwinden. Darf man überhaupt den Samen eines Mannes schlucken? Kann man auf diese Weise schwanger werden? Ist es überhaupt hygienisch? Wenn ich doch nur ein wenig mehr darüber wüßte, dann könnte ich es vielleicht einmal tun.«

Die Fragen gehen weiter und weiter und nehmen kein Ende, und ich kann nur hoffen, daß irgendwo in diesem Buch *Ihre* Fragen beantwortet werden. Ich habe versucht, beides zu beantworten: die Hausmannskost und das Phantasievolle. Ich weiß auch, daß es da einige Antworten geben wird, die Sie schockieren werden, die Sie verletzen werden, und dafür bitte ich um Nachsicht. Aber es scheint mir doch sehr wichtig zu sein, daß *Sie* erfahren, wenn auch durch die Aussagen anderer Personen, was manche Männer verlangen und was manche Frauen tun können, damit ihre Männer bei guter Laune bleiben. Auf diese Art werden sie nicht unangenehm überrascht sein, wenn der Mann in Ihrem Leben plötzlich einem

Wunsche Ausdruck verleiht, der mit dem Gewöhnlichen nichts mehr zu tun hat.

Alles in allem habe ich mit über siebzig Prostituierten und Callgirls gesprochen, und deren Antworten finden Sie zum größten Teil in diesem Buch, außerdem werden Sie mit Antworten von Masseusen und »Hostessen« konfrontiert, mit Begleiterinnen und anderen Mädchen. Sie werden feststellen, daß die Mädchen oft unterschiedliche Antworten geben, und weil ihre Ansichten über Sex unterschiedlich sind, herrschen auch über verschiedene Sexpraktiken verschiedene Ansichten. Einige Mädchen ziehen die eine oder andere Methode vor, während wiederum andere Mädchen sich auf völlig unkonventionelle Art dem Thema Sex nähern. Es liegt an Ihnen, welche Sextechniken Sie bevorzugen. Wenn eine Sache nicht sonderlich gut klappt, dann haben Sie immer noch die Möglichkeit, eine andere Variante auszuprobieren.

Viele dieser Mädchen waren noch sehr jung, und viele von ihnen sind ungewöhnlich erfolgreich in ihrem Beruf. Ich habe nicht mit Prostituierten gesprochen, die aus naheliegenden Gründen nur hin und wieder in dieser Branche arbeiten. Die Qualitäten ihrer Techniken orientieren sich am allmächtigen Dollar, und die besten Technikerinnen erhalten *eo ipso* das meiste Geld. Wenn ein Mädchen gutes Geld verdient und über eine lange Liste ständiger, regelmäßiger Kundschaft verfügt, dann können Sie wetten, daß es von seinem Job etwas versteht.

Die Vorstellung, bei professionellen Nutten nach Ratschlägen und Tricks der Sexpraktiken zu forschen, mag wohl ein wenig kaltblütig aussehen, aber ich hatte sehr gewichtige Gründe dafür. Zunächst einmal glaube ich sehr ernsthaft daran, daß es nichts schaden kann, alles mögliche über Sex zu erfahren. Ich gerate immer dann in helle Aufregung, wenn ich sehe, wie sexuelle Vorurteile und puritanische Mythen zu neuem Leben erweckt werden, wenn das Glück und die Befriedigung ganz gewöhnlicher Paare auf dem Spiel stehen.

Zweitens sind diese Damen der Nacht, wie auch immer man sich das vorstellt, keineswegs kaltblütige Kreaturen. Sie sind warm, herzlich, freundlich, informativ und mitunter auch recht lustig. Sie sorgen für ihren Lebensunterhalt auf eine Art und Weise, die Sie sich niemals vorstellen könnten. Aber ihre Arbeit bereitet ihnen Freude, und wenn das mal nicht der Fall sein sollte, dann könnte man sie gewöhnlich mit den Worten »eklig« oder »zynisch« umschreiben. Aber auf diese Weise sind sie eine Sensation für sich.

»Das ist ein Job wie jeder andere«, sagte einmal ein Mädchen. »Aber ich würde das nicht tun, wenn ich keine Freude daran hätte. Ich ficke gern. Bumsen ist herrlich. Und wenn man dafür auch noch bezahlt wird, dann ist das doppelt so schön. Aber sagen Sie niemandem, daß ich ein Herz aus Gold besitze.«

Wenn Ihr Denken sich nach den Prinzipien der weiblichen Emanzipation ausrichtet, so kann die Möglichkeit bestehen, daß die Sextechniken der Prostituierten bei Ihnen auf Widerstand stoßen, zumal es Ihnen etwas ausmachen könnte, sexuell nach den Praktiken anderer Menschen zu leben. Sind die Prostituierten nicht ein Beispiel für die Vorurteile der Männer im Hinblick auf das Idealbild, das sie sich von Frauen machen?

Nun, das sind sie. Aber nur, wenn ganz normale Frauen in der Lage sind, *einige* sexuelle Praktiken ausführen zu können, die von den Prostituierten beherrscht werden, dann sind Frauen wie *Sie* durchaus dazu in der Lage, *jene* Frauen aus ihrem Geschäft herauszudrücken. Das soll nicht bedeuten, daß Sie sich wie eine Sklavin den kleinsten sexuellen Zicken Ihres Mannes unterwerfen sollten. Wie Monique von Cleef bereits feststellte, liegt das wichtigste und mächtigste Geheimnis des horizontalen Gewerbes in der Tatsache begründet, daß eine Frau wissen sollte, wie sie mit dem Thema Sex umgehen kann.

Aber Sie können nur dann mit dem Thema Sex umgehen, wenn Sie Ihr Handwerk verstehen. Sie müssen die Regeln dieses Spiels beherrschen, die Techniken dieses Spiels und natürlich auch die heimlichen kleinen Tricks dieses Spiels. Dieses Buch erzählt Ihnen dank jener Mädchen, die wissen, worum es geht, wie man sich dieses Wissen und die entsprechende Geschicklichkeit aneignen kann. Es werden in diesem

Buch Sexpraktiken beschrieben, deren sich die Prostituierten seit Jahren bedienen, aber über die niemals zuvor auch nur ein Wörtchen geschrieben wurde.

Ich habe auch nicht die Probleme ignoriert, die entstehen, wenn sie die neuen Techniken praktisch anwenden wollen. Sie werden sich sicherlich nicht gleich wie eine Schöne aus dem Central Park benehmen, weil Sie deren zehnjähriges Praktikum nicht hinter sich haben. Ihr Mann würde sich bestimmt wundern, wenn Sie sich auch nur annähernd so verhalten würden. Wie meine Lady aus New Jersey so treffend zu bemerken pflegte: »Er würde dann ungefähr sagen ›Wer hat dir denn das beigebracht?‹« Männer sind in ihren Geschlechtsbeziehungen oft recht ungebunden, aber sie sind auch sehr eifersüchtig, und es wird Ihrer Verbindung nicht gut tun, wenn Sie diese Eifersucht noch zu steigern versuchen.

Sie können sich bestens am Sex erproben, wenn Sie nach und nach Tricks und Techniken anwenden, Stück für Stück, und jede neue Entwicklung muß so aussehen, als befänden Sie sich auf einer spontanen Entdeckungsreise. Wenn Sie etwas erst einmal getan haben, dann sind Sie auch bereit, es ein weiteres Mal zu tun. Sie werden dabei noch mehr Erfolg haben, wenn Sie bei Ihrem Mann den Eindruck entstehen lassen, daß *er* sich das eine oder andere ausgedacht hätte und nicht Sie.

»Etwas, was meinem Mann ganz besonders gefällt, besteht darin, daß ich ihm den Hintern lecke. Wenn ich mit meiner nassen Zunge zwischen seine Hinterbacken gerate, dann verliert er fast den Verstand. Ich hatte mal etwas darüber in einer Zeitschrift gelesen und mich dafür entschieden, es an ihm auszuprobieren. Aber wenn man jetzt hört, wie Brad darüber spricht, dann könnte man annehmen, er sei auf diese Idee gekommen. Er legt sich dann jedesmal zurück und sagt: ›Aber Kleines, ich bin ganz sicher, daß ich dir *das* beigebracht habe.‹ Ich lächle dann jedesmal zurück und antworte: ›Das glaube ich auch, Brad.‹ Es macht mir nichts aus, wer dafür die Lorbeeren einheimst. Ich weiß, daß ich eine gute Liebhaberin bin, und das ist das wichtigste.«

Auf diese Art und Weise sind *Sie* diejenige, die ein wenig mehr Reiz in Ihre Partnerschaft mit einbringt. *Ihr* Sexleben wird dadurch vereinfacht, indem Sie auf Ihren Mann zugehen, weil es immer wieder irgendwelche stets gegenwärtige Vorstellungen im Kopfe eines Mannes gibt, mit denen er sich beschäftigt. Jedesmal, wenn Sie sich lieben, dann ist es seine Pflicht, anzuschwellen, den Höhepunkt zu erreichen und Sie zum Orgasmus zu führen. Indem Sie dafür sorgen, daß solche Vorfälle öfter geschehen, kommt er gar nicht darauf, über interessantere Liebestechniken nachzudenken.

Sie, die Sie nicht den Beweis Ihrer sexuellen Erregtheit antreten müssen, können einen Höhepunkt auch simulieren und sind nicht mit der bedeutsamen Aufgabe betraut, ihm einen Orgasmus zu verschaffen; Sie können sich auf die Tricks und Maschen konzentrieren, mit denen Sie das Liebesspiel zu einer bemerkenswerten Angelegenheit werden lassen. Was ist schon dabei, wenn Sie entgegenkommen und erotisch genug sind, um Sex erregend und auch stimulierend zu gestalten!

In Sachen Sex brauchen die Männer Unterstützung. Nur Frauen können ihnen diese Unterstützung zuteil werden lassen. Sie können von Ihrem Ehemann oder Liebhaber nicht erwarten, daß er sich mit beiden Enden Ihrer sexuellen Verbindung beschäftigt. Sie sollten *seinen* Wünschen nachgeben und ihn dazu ermuntern, auch *Ihren* Wünschen gerecht zu werden.

»Mein Ehemann sagte zu mir ›Ich möchte dir gern den Hintern versohlen... darf ich?‹ Ich antwortete ›Sicher, natürlich darfst du das, aber ich möchte dafür von dir eine Gegenleistung, etwas, was du vorher noch nie getan hast.‹ Er sagte ›Was soll das sein?‹ Und ich antwortete ihm ›Du sollst mich lecken.‹ Er dachte ein paar Sekunden darüber nach und antwortete dann ›In Ordnung.‹ Es stellte sich heraus, daß wir beide daran Spaß hatten. Er legte mich über seine Knie, zog mir das Kleid hoch, zerrte mir Strumpfhose und Höschen herunter und schlug mir auf den nackten Hintern. Es brannte erst ein wenig, aber bereits nach kurzer Zeit verspürte ich ein fremdes glühendes Gefühl, und eine warme Welle durchströmte meine Oberschenkel. Meine Vagina war sehr feucht, ich konnte es kaum erwarten, mich von ihm lecken zu lassen. Er vergrub sein Gesicht zwischen meinen Oberschenkeln, und ich fühlte seine Lippen, seine Zähne und seine Zunge, die sich fest gegen meine Klitoris drückte. Ich drückte seinen Kopf an mich und begann, die Hüften zu bewegen, während sein Gesicht tiefer in mich eindrang. Er öffnete seinen Mund und ließ meine Schamlippen darin versinken ... Ich bekam einen Orgasmus, der mir die Tränen in die Augen trieb und meine Beine erzittern ließ. Ich konnte mit dem Zittern gar nicht mehr aufhören. Ich war so erregt, daß ich ihn bat, mir noch einmal den Hintern zu versohlen. Also legte er mich wieder über seine Knie, obwohl sein Penis so hart war, daß er mir in die Seite stach. Er schlug mich ein wenig mehr als zuvor, und mein Hintern fühlte sich an, als würde ich verbrennen. Dann, als ich mich zu winden begann, verspürte ich einen heißen Erguß auf meinem nackten Hintern. Er war dabei, sein Sperma über mir abzuladen. Ich hatte niemals zuvor erlebt, daß ein Mann auf diese Weise gekommen war, ohne daß er überhaupt berührt worden war.«

Dieser farbige Bericht von zwei handelseinigen Sexpartnern erreichte mich in einem leidenschaftlichen Brief, den mir eine Frau aus Baltimore geschrieben hatte. Sie war sechsunddreißig Jahre alt, und vor diesem Zwischenfall hatte sie tatsächlich das Gefühl, daß ihre Ehe, nicht zuletzt durch das Liebesleben, auf der Kippe gestanden hatte. Wenn man diesen Vorfall emotionslos betrachtet, dann muß man erkennen, daß die Vorstellung, geschlagen zu werden, nicht sonderlich anregend genannt werden kann. Aber diese Frau war intelligent genug, um zu verstehen, daß diese Art sexueller Betätigung ihrem Manne sehr viel bedeutete, und sie erhielt als Gegenwert von ihrem Manne etwas, was schon lange ihre Phantasie beflügelt hatte – den Cunnilingus, das Lecken am weiblichen Geschlechtsorgan, besonders das Lecken der Klitoris.

Das Schlagen und der Umgang mit der Peitsche ist eine der Praktiken, auf die sich die Prostituierten besonders gut verstehen, und Sie werden später noch darüber lesen, in welcher Weise die Männer Prügel und Auspeitschen bevorzugen. Und außerdem werden Sie auch erfahren, wie man mit einem

Maximum an Erotik ein Minimum an Schmerzen hervorrufen kann.

Lesen Sie ein anderes Beispiel sexueller Handelseinigkeit, durch das ein Paar Mitte der zwanzig aus New York in den Genuß sexueller Leidenschaft gelangte.

»Seit einigen Wochen schon schien Mark frustriert und unruhig zu sein. Irgendwann einmal fragte ich ihn nach seinen Gründen. Zuerst wollte er mir nichts davon erzählen, es fiel ihm schwer. Er war der Meinung, ich könnte ihn für widerlich und blödsinnig halten. Dann kam er aber doch mit der Sprache heraus und sagte mir, er wolle mich in den Hintern ficken. Zunächst wollte ich es nicht glauben, was er da zu mir gesagt hatte. Verstehen Sie, ich war verblüfft, daß er sich die ganze Zeit damit herumgequält hatte und sich darüber aufgeregt hatte. Ich war aber auch ebensosehr durch die Tatsache überrascht, daß eine Frau sich in den Hintern ficken lassen konnte. Davon hatte ich nämlich bislang noch nichts gehört. Ich fragte ihn, ob das vielleicht weh tun könne. Er antwortete mir, möglicherweise könne es ein wenig schmerzen, aber wenn ich erst daran gewöhnt wäre, dann würde ich Spaß daran bekommen.

Ich ging auf seinen Vorschlag ein. Wenn ich Spaß daran finden könnte, warum sollte ich es dann nicht tun? Aber nun war es an ihm, für eine Gegenleistung zu sorgen. Er schaute mich ein wenig verstört an, aber als ich ihm erzählte, auf was ich aus sei, verstand er mich. Als Gegenleistung, so sagte ich ihm, sollte er mich zu einem romantischen Dinner einladen und zum Tanzen. Danach wollte ich, daß wir wieder nach Hause gingen, um mich von ihm auf romantische Weise verführen zu lassen. Ich wollte so etwas wie eine Hochzeitsnacht. Er ging auf diesen Vorschlag ein, und so beschlossen wir unseren Handel.

Als er mich zum ersten Mal in den Hintern fickte, wußte ich nicht, was ich davon zu halten hatte. Ich war sehr nervös und schon den ganzen Tag über aufgeregt, denn ich wußte, daß es an jenem Abend geschehen würde. Wir gingen sehr früh zu Bett. Während des Tages mußte ich sechsmal auf die Toilette gehen, teilweise auch deswegen, weil ich Angst davor hatte, sein Penis könne schmutzig wieder zum Vorschein kommen. Ich wußte nicht, daß ein Penis nicht lang genug ist, um an Kot heranzukommen.

Nun ja, ich zog mich also aus und ging zu ihm ins Bett. Ich drehte ihm mein Hinterteil zu und wartete darauf, daß diese schreckliche Sache vorüberginge. Aber das geschah alles gar nicht so, wie ich es erwartet hatte. Er begann damit, mich zärtlich zu küssen und mir kleine Artigkeiten ins Ohr zu flüstern. Er erregte mich so, wie er es immer getan hatte. In diesem Augenblick begriff ich, daß das nur eine andere Form des Geschlechtsaktes werden sollte. Er wollte seinen Penis nicht nur einfach einführen und wieder herausziehen und es dabei belassen. Er begann sogar damit, meine Klitoris zu streicheln, so daß sie ganz steif wurde. Er steckte seine Finger in meine Vagina und ließ die Flüssigkeit auf meinen Hintern tropfen. Dann, als wir beide schon sehr erregt waren, öffnete er eine Tube mit Creme, drückte eine große Menge davon auf seinen Penis und rieb ihn damit ein. Dann drehte er mich vorsichtig um und öffnete meine Schenkel. Ich spürte, wie die kalte Eichel seines Geschlechtsteiles mit meinem Hinterteil in Berührung kam. Ich war nervös und fühlte mich ein wenig schwach, war aber auch über mein Verhalten etwas befremdet. Aber zur gleichen Zeit massierte er meine Klitoris, so daß ich eine ganze Reihe unterschiedlicher sexueller Gefühle hatte, die mich zu sehr schwächten, um der Verlockung widerstehen zu können. Er drückte sich gegen mich, und mein kleiner After begann sich zu dehnen. Dann wurde mir klar, daß sich sein Penis bereits in meinem After befand. Dann trieb er seinen Penis weiter in mich hinein, und ich spürte einen stechenden Muskelschmerz. Aber sein heißer, schlüpfriger Penis drang weiter in mich ein, und ich fühlte seine Schamhaare an meinem Hintern.

Er begann zu stöhnen, und er hielt mich sehr fest umschlungen. Er bewegte seinen Penis nur leicht hin und her, denn er wollte mich nicht damit verletzen. Als meine Muskeln sich zu entspannen begannen, hörte auch der Schmerz auf, und ich hatte ein ungewöhnlich intensives sexuelles Gefühl. Ich steckte zwei meiner Finger in meine Vagina, und es war phantastisch, seinen Penis durch die Haut meines eigenen Körpers zu verspüren.

Ich kann mich nicht mehr daran erinnern, wer von uns beiden zuerst kam. Ich glaube, Mark war es. Er bewegte sich nicht sehr viel, aber ich spürte, wie sich sein Penis aufbäumte. Und dann kam es ihm. Es war ein warmes, sich ausbreitendes Gefühl, und es erreichte Stellen, an denen ich niemals zuvor berührt worden war. Ich hatte meinen Orgasmus, bevor ich überhaupt wußte, was eigentlich mit mir geschah. Ich lehnte mich nach vorn, und alle meine Muskeln spannten sich an. Ich mußte seinen Penis aus meinem Hintern heraushaben, denn es tat furchtbar weh. Als alles vorbei war, fühlte sich mein After sehr wund an. Aber er hatte recht gehabt. Wenn man sich daran gewöhnt, dann tut es nicht mehr weh.

Und dann nahm er mich für jenen romantischen Abend mit. Irgendwie war auch das sexy. Wir hatten beide verstanden, daß auch andere Dinge für unsere Ehe von Wichtigkeit waren. Wir hatten, abgesehen von der üblichen Ansicht über ein Ehepaar, erkannt, was eine glückliche Ehe bedeuten kann und was man damit anfangen kann.«

Diese letzten paar Worte sind sehr treffend, und sie unterstreichen die unbedingte Notwendigkeit eines Buches, das die schmutzige Wäsche anderer Leute wäscht und Frauen beeinflußt. Die meisten Menschen unserer westlichen Welt sind so erzogen worden, daß sie sehr wenig Verständnis für die Institution Ehe mitbringen und sehr selten wissen, was überhaupt der Sinne einer Ehe ist. Unsere Ansicht über die Ehe – über die Ehe unserer Eltern beispielsweise, ist sehr oberflächlich. Viele Paare verstehen es, eine glückliche Ehe vorzutäuschen. Sie besitzen ein hübsches Haus oder Heim, ein Auto, einen Farbfernseher und zwei Kinder. Die Ehefrau kann wunderbar Kuchen backen, und der Ehemann mäht den Rasen. Aber das Paar folgt in seinem Benehmen nur der Oberflächlichkeit der Eltern. Was weiß es über den Inhalt einer Ehe? Was haben die Eltern diesem Paar in sexueller Hinsicht mit auf den Weg gegeben? Was weiß das Paar darüber, wie tief und explosiv das Thema Sex sein kann? Und dann, was hat dieses Paar für Möglichkeiten, Sexpraktiken zu erlernen? Viele Eltern sprechen überhaupt nicht über jene Dinge, und nicht viele Kinder stehen am Fuße des Ehebettes, während Papi demonstriert, wie er Mamie erregen kann.

Die meisten unserer Zeitgenossen gewinnen ihr sexuelles Wissen durch bruchstückhafte Erzählungen anderer: Durch Hörensagen, durch ungeschicktes Experimentieren, durch ekstatische Zeitschriftenberichte und durch das rückständige Geschwätz anderer Eheleute. Mitunter würgen auch unsere Eltern einige Brocken hervor.

Das ist aber nicht genug. Es ist nicht annähernd genug. Egal, ob wir mit einem Partner verheiratet sind oder nicht, wir müssen nach vorn schauen, denn es liegen noch viele Jahre sexueller Aktivität vor uns. In eine Ehe einsteigen oder sexuell tätig zu sein, wenn man nur eine verschwommene Vorstellung dessen besitzt, was man für Sex hält, das ist nahezu verrückt. Columbus mag wohl nicht gewußt haben, wohin ihn seine Reise führen könnte, er mag auch nicht gewußt haben, am Ziel seiner Reise angekommen zu sein, aber letztlich verstand er es doch, ein Segelschiff zu führen.

Dieses Buch versetzt Sie in die Möglichkeit, einige schwer zugängliche Informationen durch die Aussagen wirklicher Sexexperten zu erhalten. Sexbücher von Ärzten wie David Reuben oder Robert Chartham sind alle recht gut, aber die *Erfahrung*, die Lebenspraxis aus eigenem Erleben, sorgt schließlich für ein gerüttelt Maß an eigener Einsichtnahme; und die Mädchen, mit denen ich sprach, besitzen in sexueller Hinsicht reichlich Erfahrung. Durch ihren Umgang mit Tausenden von Männern sind sie in den Genuß von Hunderten von Sexvarianten gelangt.

Lesen Sie, was ich Ihnen zu den Maschen des ältesten Gewerbes der Welt zu sagen habe. Lesen Sie sorgfältig und achten Sie wachsam auf jedes Wort, und, wer weiß, vielleicht wird aus Ihnen das anziehendste Mädchen, das *ihm* jemals über den Weg gelaufen ist. Angel Smith, New York, 1975

## Kapitel 2
# Der Penis und wie man mit ihm umgehen muß

»Greife niemals, niemals schnell nach dem Penis eines Mannes. Wenn er möchte, daß man seinen Penis in die Hand nimmt, dann wird ein schneller Griff danach ihn jedesmal erschrecken, und er wird nervös und unangenehm berührt darauf reagieren. Das ist zu aggressiv. Für eine Frau scheint es ein sexueller Spaß zu sein, wenn sie nach dem Penis eines Mannes grabscht. Für den Mann bedeutet das eine Bedrohung seines empfindlichsten und wertvollsten Organs.«

Das sind Ellies Worte, die Worte eines zweiunddreißigjährigen New Yorker Callgirls. Ellie trägt ein gepflegtes und sehr teures Tweed-Kleid mit einem herrlichen Schnitt. Ihr kurzes tizianblondes Haar ist elegant frisiert. In der Garage ihres Apartments auf der East Side steht ein weißes Cadillac-Modell, Ausführung Coupe de Ville. Wenn man nicht weiß, daß Ellie eine Nutte ist, dann könnte man sie sehr leicht für die Frau eines Industriebosses halten.

Wir sprechen über die erotischen Möglichkeiten, die eine Frau haben kann, wenn sie mit den wichtigsten physischen Aktivposten eines Mannes umgehen muß, mit seinen Genitalien nämlich. Und wir sprechen auch darüber, welche Aufmerksamkeit eine Frau diesen Genitalien schenken muß. Hätten Sie jemals geglaubt, daß eine Philosophie dahintersteht, wie eine Frau mit dem sexuellen Organ eines Mannes umgehen muß? Haben Sie sich jemals vorstellen können, daß es wohldurchdachte Techniken gibt, die dazu da sind, den Penis in einen Erregungszustand zu versetzen und ihn zu bewegen? Ellie versichert mir, daß es hier sehr wichtige Verhaltensmaßregeln gibt.

»Viele Frauen wissen überhaupt nicht, wie sie mit dem Penis und den Hoden eines Mannes umzugehen haben. Sie wissen nicht, wie fest sie zudrücken können, und sie wissen auch nicht, wo sie drücken sollen. Sie verursachen ihrem Mann nicht selten Unbehagen und Schmerz, wenn sie sich unbeholfen und ungeschickt anstellen. Und nicht selten erdulden diese Männer den Schmerz und verlieren kein Wort darüber, denn sie wollen nicht, daß ihre Frauen erschrecken.

Mir wurde gezeigt, wie man mit den Genitalien eines Mannes umzugehen hat. Ich war gerade vierzehn Jahre alt geworden. Meine Tante war auch Callgirl, so wie ich. Ich werde mich stets an meine Tante Rosina erinnern. Sie war eine große Frau mit blondem Haar, das sie sich nach deutscher Mode flocht. Sie hatte gewaltige Brüste und starke Hüften, aber eine schlanke Taille. Sie zwinkerte stets mit den Augen, wenn sie behauptete, ihre schlanke Taille hätte sie sich durch ›richtige Übung‹ erhalten.

Wie auch immer, eines Morgens mußte meine Mutter zum Arzt gehen, und sie ließ mich mit meiner Tante allein. Als ich an diesem Tag mit zu ihr nach Hause ging, befand sich ein Mann in Tante Rosinas Apartment. Ich wußte, daß sie Männer bestens unterhalten konnte, aber ich wußte beim besten Willen nicht, was ein Callgirl war. Damals war ich noch sehr unschuldig. Der Mann sah recht gut aus. Er mochte wohl nicht älter als dreißig Jahre sein. Er trug einen türkisfarbenen seidenen Bademantel und trank gerade sitzend aus einer Kaffeetasse. Es muß wohl so um elf oder zwölf Uhr an einem Vormittag gewesen sein, also goß ich mir selber eine Tasse Kaffee ein und setzte mich mit meiner Tante zu diesem Mann.

Tante Rosina trug ein durchsichtiges schwarzes Negligé. Ich konnte ihre Brustwarzen durchschimmern sehen und fragte mich, ob der Mann wohl auch ein Auge darauf hatte. Tante Rosina begann damit, den Mann, dessen Name Gordon war, zu liebkosen, und sie fragte ihn auch, ob er mich anziehend fände. Er sagte ›Ja‹ und fand mich recht hübsch. Ich geriet ein wenig aus der Fassung, aber ich fühlte mich auch geschmeichelt. Tante Rosina sagte, ich sei noch ein wenig zu jung für solche Sachen, die Gordon im Sinn hatte, aber warum sollte ich ihn nicht auf meine Art und Weise liebkosen. Gordon schien sehr interessiert zu sein, aber ich verstand nicht, was meine Tante Rosina meinte, also zeigte sie es mir.

Sie bat Gordon aufzustehen, dann zog sie an der Kordel, die

seinen Bademantel zusammenhielt. Der Mantel fiel zu Boden. Ich konnte mir nicht helfen, aber ich mußte hinstarren. Zum ersten Mal in meinem Leben sah ich den Penis eines Mannes in voller Größe. Er stand vollkommen aufrecht. Ich erinnere mich daran, daß er heftig zuckte. Tante Rosina legte ihren Arm um mich und führte mich zu dem Penis hin.

›Jetzt‹, sagte sie, ›mußt du geschickt sein, aber auch sanft. Leg deinen Arm um seine Hüfte und nimm den Schaft seines Gliedes in die rechte Hand. Den Ballen deines Daumens legst du vorn auf den Kopf des Gliedes, deine restliche Finger sanft an die Unterseite. Die Spitze deines Zeigefingers kommt da hin, da wo das Loch ist.‹ Ich führte Tante Rosinas Anordnungen sorgfältig aus. Ich fühlte das Loch, und ich fühlte auch einen kleinen Tropfen einer schlüpfrigen Flüssigkeit dort. Ich war sehr aufgeregt, als ich Gordons Penis in meiner Hand hielt. Er fühlte sich härter und heißer an, als ich erwartet hatte, und wenn das Ding auch starr und steif war, so lebte es doch auf wunderliche Weise.

›Lege deine linke Hand unter seine Hoden und stütze sie ganz sanft‹, sagte Tante Rosina. ›Dein linker Daumen sollte leicht zwischen seinen Hoden vorn aufliegen, und der scharfe Nagel deines längsten Fingers sollte sein Arschloch ein wenig kitzeln. Das ist eine kleine Sondervergünstigung für ihn!‹

Dann sagte sie mir, ich solle versuchen, mit meiner rechten Hand langsam über Gordons Pimmel hin und her zu streicheln. Ich hatte den Penis leicht zu drücken, wenn ich Gegendruck verspüren würde. Aber es kam ihr auf den leichten Druck an, denn sie sagte mir, die Mädchen würden oftmals den Penis eines Mannes so stark drücken, daß der Druck für die Männer unerträglich würde. Sie sagte mir, daß der Druck so stark sein könne, als würde man eine Pistole in die Hand nehmen, um damit feuern zu wollen. ›Verstärke den Druck ein wenig‹, sagte sie. ›Es ist dramatisch, er strafft sich. Er wird gleich abfeuern.‹

Sie zeigte mir, wie man langsam und schnell rubbelte, und sie zeigte mir auch, wie ich geschmeidiger und schneller reiben konnte, immer im Gleichklang mit Gordons wachsender Erregung. Sehr wichtig sei, daß ich die Geschwindigkeit nicht allzusehr verringerte, während ich bei Gordon masturbierte. Man könnte zwar die Geschwindigkeit verändern, aber für Gordon sei es irritierend, wenn ich nach einer hohen Geschwindigkeit plötzlich langsam würde.

Sie sagte mir auch, wie man herausfinden kann, wenn ein Mann kurz vor seinem Höhepunkt steht. Gordons Pimmel wurde immer steifer unter meinen Fingern, und Gordon japste sehr heftig. Ich wußte kaum, was ich da tat, als ich den Penis dieses fremden Mannes da masturbierte. Aber Tante Rosina meinte, ich solle ganz genau aufpassen, denn Gordon war jetzt sehr erregt. Sie hatte so eine Art zu erklären, daß man glaubte, in einer Schulklasse zu sitzen. Mit meiner linken Hand konnte ich spüren, daß sich seine Hoden leicht zusammenzogen, und Tante Rosina erklärte mir, daß dies ein weiteres sicheres Zeichen dafür sei, daß Gordon sich kurz vor seinem Höhepunkt befände. Sie sagte auch, daß es sehr lieb von mir wäre, seine Eier zu kraulen, wenn ich den Höhepunkt spüren würde.

Ganz plötzlich wurde sein Penis ungewöhnlich steif, und eine weiße Flüssigkeit spritzte über meine Hand. Tante Rosina legte ihre Hand über die meinige, weil mein erster Reflex darin bestanden hatte, die eigene Hand fortzuziehen. Dann sagte sie mir, ich solle fester zufassen, während Gordon seinen Höhepunkt erreichte. Es würde ihm mehr Vergnügen bereiten, wenn ich meine Hand an seinem Penis belassen würde. Sie gab mir auch in anderer Hinsicht Unterricht. Für einen Mann, so sagte sie ungefähr, ist das Sperma eine wertvolle Angelegenheit. Man darf niemals Ekel zeigen, wenn es hervorschießt, und man darf auch nicht darüber lachen. Ihre Darstellung hatte irgendwie etwas Ehrfurchtsvolles an sich, aber auch ein wenig Ironie war mit im Spiel. Tante Rosina wischte das Sperma mit einem bereitgelegten Handtuch von meiner Hand, und dann überreichte sie mir das Handtuch.«

Ellies Regeln, wie man mit dem Penis eines Mannes umgehen kann, sind sehr leicht zu merken. Aber dadurch erhält man auch Selbstvertrauen und die Fähigkeit, den Penis des Liebhabers auf die rechte Weise zu berühren. Eine Regel ist ganz einfach: Man kann den erigierten Penis so fest wie möglich umfassen, aber die Hoden muß man mit sehr großer Sorgfalt behandeln. »Anfangs dachte ich immer, die Hoden eines Mannes bestünden lediglich aus Gummi«, berichtete mir eine Nutte, »bis zu dem Zeitpunkt, als ich das Ding einmal voll und ganz in eine Hand bekam und fest zudrückte. Eine gezündete Mondrakete war nichts gegen diesen Mann. Er stieß einen tierischen Schrei aus. So etwas hatte ich noch nicht gehört. Seitdem behandle ich die Hoden eines Mannes mit Respekt.«

Die sexuelle »Ausrüstung« eines Mannes mag mysteriös und kompliziert erscheinen, aber in Wahrheit ist das alles recht einfach. Um eine Phrase zu benutzen: Man muß den richtigen Dreh finden!

Das Teil, dem Ihr Hauptinteresse gelten sollte, ist der Penis selbst. Wenn er auch wie eine knifflige Angelegenheit ausschaut, so läßt er sich auf jeden Fall leichter handhaben als ein indischer Seiltrick. Wenn man sich dabei konzentriert, dann kann eigentlich nichts Schlimmes geschehen.

Das Innere des männlichen Gliedes besteht aus einem schwammigen Gewebe, auch unter dem fachmännischen Ausdruck *corpus spongiosus* bekannt. Ist ein Mann physisch oder mental erregt, so strömt Blut in diese schwammige Masse, das durch eine ventilartige Steuerung zurückgehalten werden kann. Hokuspokus – schon schwillt der Penis an.

Die Erektion des männlichen Gliedes hängt in seiner Steuerung sehr eng mit der physischen und geistigen Verfassung eines Mannes zusammen. Ist der Mann verängstigt, hatte er zu viele Daiquiris on the rocks oder ist er lediglich sehr müde, kann sein Penis schlaff bleiben. Tritt so etwas ein, dann geben die meisten Frauen und Freundinnen den Kampf auf, drehen sich um und versuchen zu schlafen. Die Prostituierten handeln da ganz anders, denn sie werden gewöhnlich nicht dafür bezahlt, es am nächsten Morgen aufs neue zu versuchen. Ungeachtet der Kondition ihrer Klienten, müssen sie für Befriedigung innerhalb einer festgesetzten zeitlichen Frist sorgen.

Was unternehmen sie also, wenn ein Penis ebenso männlich ausschaut wie ein Veilchen auf dem Auge?

Susan, eine zweiundzwanzigjährige Nutte aus Cleveland, Ohio, hat eine großartige Technik parat. »Ich denke, das wichtigste ist zunächst, einem Manne Zuversicht zu vermitteln. Das ist alleroberstes Gebot, und man sollte sich daran halten, noch bevor man versucht, den Penis eines Mannes wieder auf Vordermann zu bringen. Es ist absolut falsch, zu zeigen, daß man enttäuscht ist. Man darf auch nicht an dem Mann heruntersehen und dabei eine verdrießliche Miene ziehen. Es ist wichtig, die Aufmerksamkeit zunächst einmal von seinem Penis weg auf etwas anderes zu richten. Man sollte damit beginnen, dem Mann zunächst einmal einen großen, innigen Kuß zu geben. Lecke ihm Gesicht und Augen und sage ihm, daß er sehr gut aussieht.

Während man das alles macht, arbeitet man sehr schnell, um die Erektion zurückzuholen. Um dem Manne die Nervosität zu nehmen, kann man auch einen Finger in die Muschi stecken und dann mit dem Finger in seinen Hintern fahren. Danach greift man mit der anderen Hand nach seinem Schwanz, und zwar recht fest unten an den Ansatz und kitzelt ihn am Unterteil mit dem Daumennagel. Nicht zu fest, aber ein wenig stechen soll das schon, sag ihm etwas Liebes, denn was ist geschehen? Er ist ein wenig empfindungslos geworden. Vergrabe einen Nagel in der Ausbuchtung am Ende seines Pimmels. Gewöhnlich verändert das die Lage entscheidend.«

Jane, ein sechsundzwanzigjähriges Barmädchen aus New York, das darauf spezialisiert ist, den Männern unter den diskreten Falten einer Tischdecke im Nightclub mit den Händen dienlich zu sein, hat da eine Methode, die sich von der vorher geschilderten vollkommen unterscheidet. Diese schlaue dunkelhaarige Eurasierin hat ein paar andere professionelle Tricks auf Lager, die schlaffen Glieder ihrer Klienten zur Erektion zu bringen.

»Ein schlaffer Pimmel ist immer ein Problem, da gibt es gar keinen Zweifel. Unternimmt man nichts, vermittelt man dem Burschen das Gefühl, er sei sein Geld nicht wert, dann kommt er aber auch nicht wieder. Ich will damit sagen, sein Grund, in einen solchen Nightclub zu kommen, besteht darin, daß ein schönes Mädchen ihm einen runterholen soll. Er gibt ein paar hundert Dollar für Champagner, Zigarren oder Souvenirs aus, aber er hat keine Lust, nach Hause zu gehen, ohne das bekommen zu haben, was ihn wirklich interessierte.

Das Problem liegt darin, daß ein Bursche schon den ganzen Abend über getrunken hat, wenn er in den Nightclub kommt. Abgesehen davon befindet sich ein Mann gewöhnlich in einer ziemlich miesen Verfassung, wenn er zu uns kommt, so daß sein Glied ganz schön zusammengeschrumpft ist. Und da liegt die eigentliche Schwierigkeit. Man muß wissen, was man daraus machen kann. Aber das gehört zum Beruf.

Ein Typ, der vor ein paar Wochen zu mir kam, bringt mich in diesem Zusammenhang auf ein passendes Beispiel. Der war so um die vierzig Jahre alt, seine Frau verstand ihn nicht. Und da saß er nun und erzählte mir seine ganzen Sorgen und Kümmernisse. Abgesehen davon ließ er zweihundert Dollar für kalifornischen Champagner springen. Also begann ich damit, ihn zu küssen und meinen Oberschenkel an seinem zu reiben. Und kurz danach ließ ich meine Hand zwischen seine Beine kriechen.

Es gibt da einen Trick, wie man die Hose eines Burschen ganz unauffällig mit einer Hand öffnet. Schon oft habe ich dabei zugesehen, wie ein Mädchen versucht hat, die Hose eines Burschen aufzubekommen. Das war ein Gefummel und eine Herumfingerei und führte am Ende dazu, daß der Bursche seinen Hosenlatz selbst öffnen mußte. Also hab' ich mir was einfallen lassen. Man zieht an dem Reißverschluß nur ein klein wenig, nach unten natürlich, und dann fährt man mit den Fingerspitzen von drei Fingern in die Öffnung. Man spreizt die Finger auseinander, während man sie zur gleichen Zeit tiefer in die Öffnung führt. Die gespreizten Finger sorgen dafür, daß der Reißverschluß geschmeidig bleibt und nicht klemmt.

Na ja, ich öffne also den Reißverschluß am Hosenlatz dieses Typs und lasse meine Hand in seiner Unterhose verschwinden. Er ist halb steif, also ungefähr so, wie wenn man im Bett liegt, ficken möchte und das Ding nicht richtig hochkriegt, um es reinzustecken. Das kann einen wahnsinnig machen. Ich beginne also damit, den Penis hin- und herzubewegen, und, na ja, das Ding war ganz schnell schrecklich steif. Dann lege ich meine Hand um seinen steifen und großen Penis und fange mit dem Masturbieren an und denke, dem Burschen kommt's ja, bevor er überhaupt etwas mitkriegt.

Ich denke also gerade daran und mache eine falsche Bewegung. Was soll ich sagen, das Ding von dem fällt plötzlich in sich zusammen wie ein Luftballon, aus dem einer die Luft rausgelassen hat, und ich hab' den Rest vom Gummi in der Hand. Verstehen Sie, das erste, was man versucht ist, zu dem Knülch zu sagen, ist ›Verdammte Scheiße, was ist denn plötzlich mit dir los?‹, aber das würde bewirken, daß der Bursche für diesen Abend die Nase voll hat. Ich fang' also wieder an, an ihm herumzuarbeiten.

Ich fang also wieder ganz sexy mit ihm an, reibe meine Beine an seinem Oberschenkel und öffne ein wenig meine Bluse, so daß er reinschauen kann und meine Brüste sehen kann. Dann flüstere ich ihm ein paar schmutzige Dinge ins Ohr, na ja, so Sachen wie ›Denk doch mal an meine Muschi, die ist ganz heiß und ganz feucht für dich, die wartet nur darauf, daß du dein dickes Ding in sie reinsteckst.‹ Das sorgt dafür, daß der Penis wieder etwas größer wird, aber die wirkliche Arbeit müssen die Hände machen.

Ich lasse also meine linke Hand hinter seine Unterhose schlüpfen, und kitzle ihn unter seinen Eiern ein wenig mit dem Fingernagel. Dann nehme ich seinen Pimmel in meine rechte Hand, und zwar so, daß seine Eichel genau in meiner Handfläche liegt und alle fünf Finger hinter dem Ring seiner Eichel. Dann beginne ich damit, meine Hand zuzudrücken, und zwar in einem ganz bestimmten Rhythmus, so, als würde man Teig kneten.

Nun reibt meine Handfläche gegen die empfindliche Eichel seines Schwanzes, und meine Fingernägel graben sich leicht in den Rücken seines Ringes um die Eichel. Das ist eine sehr sensitive Stelle, und es dauert nicht lange, und sein Pimmel beginnt hart zu werden. Dann verändere ich meinen Griff, so daß meine Finger sich wieder um seine Eichel schließen. Mit dem Daumennagel komme ich dann an den juckenden Fleck unterhalb des kleinen Loches. Ich masturbiere schnell und leicht, und plötzlich kommt es ihm ganz schnell.

Ich glaube, die meisten Frauen wissen nicht, was sie tun sollen, wenn das Ding ihres Mannes wieder zusammenschrumpft. Nachdem es schon hart war. Wenn man den Penis wieder stramm kriegt, dann sind die Männer mitunter erregter als beim ersten Versuch. Und wenn man dann sehr schnell ist, dann bringt man ihn zum Erguß, noch bevor er es überhaupt realisieren kann.

Dann hatte ich da mal einen anderen Kerl. Wenn man den auf der Straße sah, dachte man, er sei ein richtiger Superficker. Er mochte nicht älter als fünfunddreißig sein, war über und über mit Muskeln bepackt, hatte stämmiges Genick und kurze blonde Haare. Aber sonst war er nicht sonderlich gut ausgestattet, und ich nehme an, daß er sich seines Mangels wohl bewußt war, denn ich konnte ihn anfangs überhaupt nicht richtig hart bekommen. Ich glaube, ihm war das peinlich, denn er war ein so starker, großer Bursche und hatte nur einen ziemlich kleinen Penis. Aber so ist das sehr oft. Manchmal hat man einen kleinen Burschen vor sich, und der hat dann plötzlich einen Riesenpimmel.

Ich versuche also den Griff, den ich Ihnen eben geschildert habe, aber bei dem Riesen klappte das nicht so richtig. Sein Penis war zu klein und irgendwie zusammengeschrumpelt. Also, ich nehme aus meinem Wasserglas eine Handvoll Eis und halte das Eis so lange fest, bis meine Hand vollkommen kalt ist. Dann lasse ich meine Hand unter den Tisch huschen und greife nach dem Pimmel dieses Burschen. Seine Eier schrumpften unter der Kälte zu zwei kleinen Knoten zusammen, aber sein Penis schoß nach oben und wurde steif. Meine kalten, schlüpfrigen Finger hatten dieses Wunder bewirkt. Als ich den Penis einmal in der Hand hielt, und ich durch seine Steife einen festen Griff anlegen konnte und kräftig masturbieren konnte, da dauerte es höchstens zwei oder drei Minuten, und der Bursche kam. Und das ist nicht schlecht für einen Burschen, der normalerweise keinen hochkriegt.«

Dieser Impuls, den diese Mädchen immer und immer wieder vermitteln können, hat seine Ursache in der Tatsache, daß ein schlaffer Penis gewöhnlich ein Penis ist, der einer Sonderbehandlung unterzogen werden muß. Wenn Sie der Meinung sind, daß Ihr Mann von Zeit zu Zeit unter einer Erschlaffung leidet, dann sollten Sie eine oder zwei dieser Techniken ausprobieren, um zu sehen, ob Sie damit Erfolg haben, oder Sie können auch ihre eigene Phantasie spielen lassen. Drehen Sie sich nicht einfach um und fangen Sie zu schlafen an – vermitteln Sie ihm das Gefühl, daß er es noch einmal versuchen sollte, um Sie zu befriedigen. Wenn Sie ihn einfach nur gewähren lassen, ohne einen neuen Versuch zu starten, dann wird er eine so nachlässige Einstellung gegenüber dem Sex bekommen wie die Frauen, die ständig »Kopfschmerzen« oder »die Tage« vorschieben, um dem Geschlechtsakt aus dem Wege gehen zu können. Erfolgreiche, fortdauernde sexuelle Verbindungen (sprich: Partnerschaften) leben vom Anreiz, und wenn der Penis nicht das tun will, wozu er aufgefordert worden ist, dann muß man ihn herausfordern, reizen. Dazu kann man auch eine Handvoll Eis nehmen, wie es Jane gemacht hat. Oder man bedient sich seiner Fingernägel wie Susan. Oder man nimmt eine Handvoll Sirup oder Honig.

Rita, ein dreiundzwanzigjähriges Callgirl aus Los Angeles, hat ihre eigene effektive Spezialtechnik. »Wenn es dem Kunden nicht gelingt, daß sein Penis steif wird, dann nehme ich diesen Penis in die Hand und reibe ihn, richtig energisch und schnell. Dazu benutze ich eine feste Haarbürste. Ich glaube nicht, daß mir das bislang einmal danebengegangen ist. Die Burschen bekommen dadurch ein glühendes Prickeln, und danach sind sie zu allem bereit.«

Eine dominante sadomasochistische Lady aus Washington, die hin und wieder bei hochgestellten Diplomaten und Politikern groß im Geschäft ist, erzählte mir, daß sie in die Haut eines männlichen Gliedes mit einem Handschuh hineinsticht, der mit Metallspitzen besetzt ist, danach reibt sie das sich ungebührlich verhaltende Organ mit einer Jodtinktur ein. Man muß dazu sagen, daß diese Technik natürlich für empfindliche Schmerzen sorgt und nur für jene Ehemänner bestimmt ist, die sich besonders eindringlich mit dem Masochismus befassen. Das kann natürlich auch gefährlich werden, denn man riskiert dadurch unter Umständen eine Infektion. Ich dachte lediglich, Sie sollten das wissen, deshalb erwähnte ich es.

Diese Tricks, von denen wir bislang hörten, sind in erster Linie bei »Fällen für eine Nacht«, wie ich sie nenne, anzuwenden. Mit anderen Worten, man kann sie ausprobieren, wenn es sich um eine vorübergehende Impotenz handelt und nicht bei einer echten Impotenz, der ernst zu nehmende Ängste und psychologische Probleme zugrunde liegen. Es gibt Möglichkeiten, wie Prostituierte mit andauernder Impotenz umzugehen verstehen, und wir werden uns später damit beschäftigen, aber für den Augenblick ist es wichtig, zu begreifen, daß diese Maschen, die zu schneller Erektion führen, bei Ehemännern oder Liebhabern angewendet werden können, die Schwierigkeiten bei der Erektion haben. Und wie wir gehört haben, führen diese Techniken oft zum Erfolg.

Wenn die Probleme in mangelndem Selbstvertrauen liegen, und der Mann seine Schwierigkeiten durch Ihre Erregungsfähigkeit abbauen kann, ist im Falle echter Impotenz von einem kleinen Wunder zu sprechen. Solche Fälle sind aber selten.

Wir haben uns jetzt mehrere Möglichkeiten betrachtet, wie man einen Penis auf verschiedenste Art zum Funktionieren bringen kann, also lassen Sie uns jetzt das Thema behandeln, wie Prostituierte ihre Kunstgriffe einsetzen, wenn sie es mit einem Mann zu tun haben, der angezogen ist – also in einer Situation, weit von intimer Zweisamkeit entfernt – beispielsweise auf einer Party oder sogar auf offener Straße.

Hier berichtet Kay, eine zwanzigjährige Straßendirne aus New York. Kay hat ein sehr schönes Gesicht, das durch kastanienbraune Locken eingerahmt wird. Dazu verfügt sie über eine entsprechende Figur mit starken Brüsten. Ihren Körper betont sie durch enge weiße Jeans und eine noch enganliegendere gelbe Satinbluse.

»Man kann sagen was man will, der einfachste Weg, einem Burschen mitzuteilen, daß man mit ihm schlafen möchte, ist seinen Schwanz zu berühren. Die Sache mit dem Augenkontakt in einem mit Menschen überfüllten Raum ist auch nicht übel, aber auf diese Art und Weise kann man eine Botschaft nicht so klar übermitteln. Wenn man dagegen den Penis eines Mannes berührt, ist alles klar. Ich will damit sagen, daß es ständig Situationen gibt, wo man sich nicht einfach hinstellen und rufen kann: ›Hallo Mister, wie wär's denn mal mit uns beiden?‹

Der Trick mit dem Berühren eines männlichen Gliedes besteht ganz einfach darin, daß man diese Bewegung so schnell ausführen muß, daß der Mann in diesem Bruchteil einer Sekunde gar nicht herausfinden kann, ob oder ob er nicht berührt worden ist. Mitunter kann man sich offener und brutaler verhalten, indem man einfach an den Mann herantritt und ihn an der entsprechenden Stelle längere Zeit berührt. Aber für gewöhnlich ist es wesentlich besser, sich subtiler zu verhalten, denn man hat gezeigt, was man fühlt, und nun liegt es an ihm, was er daraus macht. Wenn er aus der Situation irgendwelche Vorteile ziehen will, so liegt es jedenfalls bei ihm, weitere Schritte zu tun.

Steht man in einer Menschenmenge, also beispielsweise an der Straßenecke vor einer Fußgängerampel, dann tritt man vor den Mann, auf den man ein Auge geworfen hat, und stellt sich ein wenig links von ihm. Man darf sich nicht nach ihm umdrehen, sondern man benutzt die rechte Hand dazu, um zunächst an seinen Oberschenkel zu fassen. Dann führt man seine Handfläche an die Innenseite des entsprechenden Oberschenkels. Man muß stets zuerst seinen Oberschenkel berühren. Greift man sofort in seinen Schritt, dann klappt er zusammen wie ein billiges Taschenmesser.

Man läßt also die Hand an seinem Oberschenkel hinaufgleiten, legt die Finger zwischen seine Beine und sucht mit Daumen und Zeigefinger nach seinem Glied. Dann drückt man den Penis leicht mit einer rollenden Fingerbewegung, das ist vollkommen genug. Daraufhin geht man einen Schritt nach vorn, dreht den Kopf herum und schenkt dem Burschen ein wirklich unverschämtes Grinsen.

Ich darf doch annehmen, daß diejenigen Frauen, die das hier lesen werden, keinesfalls von der Sorte Frauen sind, die auf die Straße gehen und einem fremden Mann an den Pimmel greifen, aber beispielsweise auf einer piekfeinen Party kann man sich als Frau durchaus so verhalten. Glauben Sie mir, das turnt einen Mann an, Sie würden nicht glauben wie.

Ich erinnere mich an einen Vorfall, als ich einmal die Fifth Avenue hinunterstolzierte. Es war an einem heißen Tag im Sommer, und ich war nicht auf irgendwelche Arbeit aus, zumal ich mich gar nicht in meinem Territorium befand. Aber dann kam ich an einer Buchhandlung vorbei, vor der ein paar Hare-Krishna-Jünger tanzten und eine große Menge von Passanten versammelt war. Ich blickte einmal ganz kurz in die Runde und sah plötzlich einen großen, schlanken und hübschen Mann in einem hellen Anzug, sonnengebräunt und mit einem kleinen hungrigen Blick in den Augen, genau so, wie ich meine Männer mag.

Ich bahnte mir also einen Weg durch die Menge und stellte mich vor dem Mann auf, so wie ich Ihnen das bereits geschildert habe. Dann griff ich also zurück und plazierte meine Hand zwischen seinen Oberschenkeln. Ich konnte seinen Penis fühlen, warm und weich. Ich drückte ihn ganz leicht und verschwand dann wieder in der Menge. So ein oder zwei Minuten lang drehte ich mich nicht nach ihm um. Aber dann wendete ich mich doch, lächelte ihn an, und er grinste zurück, mit dem freundlichsten Grinsen, das ich jemals sah. Ich nickte mit dem Kopf, und er ging hinter mir her. Seite an Seite gingen wir die Fifth Avenue hinauf, und er fragte mich nach dem Ziel meines Spazierganges.

›Nach Hause?‹, ich nickte, er rief nach einem Taxi, und wir fuhren zu seiner Wohnung, das war eine kleine hübsche Mietwohnung an der West Side. Nichts Luxuriöses, und die Nachbarschaft war auch nicht gerade die beste, aber es war ein Ort, an dem man sich näherkommen konnte.

Sobald wir die Tür hinter uns zugeschlagen hatten, knöpfte

ich meine Jeans auf und zog sie aus. Ich trage nie irgendwelche Unterwäsche, und meine Muschi ist immer glatt rasiert. Der Anblick meiner Schamlippen, die ihm förmlich entgegensprangen, vermittelte diesem Burschen den stärksten Harten, den man jemals gesehen hatte. Ich zog meine Bluse aus und war vollkommen nackt. Ich griff nach dem Mann, liebkoste und küßte ihn, und sein Penis wollte förmlich den Reißverschluß seiner Hose sprengen.

Ich kniete mich vor ihn hin, öffnete die Hose, und sein Pimmel sprang mir wie eine Eisenstange entgegen. Dann zog ich seine Schuhe aus und zog ihm die Hose runter, wobei ich seinen Schwanz mit meinen Lippen liebkoste. Er stand nur da und sagte ›Mein Gott, wo kommt bloß ein Mädchen wie du her?‹ Ich grinste nur, obwohl ich im ersten Moment sagen wollte, daß ich eine Nutte an ihrem freien Tag sei, aber das hätte nur bewirkt, daß er unangenehm berührt zusammengezuckt wäre.

Ich schlief nicht mit ihm, sondern holte ihm nur einen runter; aus diesem Grunde erzähle ich Ihnen auch diese Geschichte. Es gibt Zeiten, da hat man das Bedürfnis, mit einem Burschen zu schlafen, aber es gibt auch Zeiten, wo man einem Burschen einen blasen will oder ihm nur einfach einen runterholen will. Man möchte ihn lediglich befriedigen, ohne sich selber groß dabei ins Zeug zu legen.

Wenn ich bei den Burschen masturbiere, dann knie ich mich vor sie hin, um von Zeit zu Zeit die Spitze ihres Pimmels lecken zu können. Dann umfasse ich sie sehr leicht. Ich will sagen, daß der einzige Druck, den ich auf ihr Glied ausübe, nur darin besteht, daß ich den Druck meiner Fingerspitzen verstärke. Den Pimmel schüttle ich dann lediglich zwischen den Fingern meiner Hand hin und her. Auf diese Art holte ich diesem Burschen auch einen runter. Ich bin ganz sicher, daß er mich lieber gevögelt hätte, aber wenn man für gewöhnlich die ganze Woche über mit den Männern fickt, dann ist man hin und wieder für eine Abwechslung recht dankbar.

Sein Penis wurde dunkel durch das Blut, das ihn durchschoß. Herrlich. An der Spitze hing ein glänzender Tropfen

Feuchtigkeit, und die ganze Gerte war härter als Stahl. Seine Eier zogen sich ganz eng zusammen, und ich konnte spüren, wie ein unbändiges Feuer diesen Burschen beherrschte. Er griff nach meinen Schultern, und ich onanierte so schnell und leicht, daß er gar nicht so recht begriff, was überhaupt mit ihm vor sich ging.

Ich spürte, wie sein Pimmel um einen Zentimeter dicker wurde, also ganz kurz vor dem Spritzen stand. Dann kam dem Burschen ein Schrei über die Lippen, ich pumpte noch einmal, zweimal, vielleicht dreimal an seinem Penis, und sein herrlich festes Sperma schoß aus seinem Penis heraus. Ich hob mein Gesicht hoch und ließ mir auf die Wangen und in den Mund spritzen. Er ließ sich auf ein Sofa fallen und starrte mich an, als sei ich ein Traumgebilde. Und obwohl ich selber ganz geil geworden war und jeder Befriedigung zugänglich, sorgte ich dafür, daß ich für diesen Burschen ein Traumgebilde blieb. Ich zog meine Jeans wieder an, knöpfte meine Bluse zu, warf ihm einen Handkuß zu und verließ ohne ein Wort seine Wohnung.«

Kays Geschichte interessierte mich deshalb, weil Kay professionelle Techniken anwandte und weil sie einem Mann Sex vermittelte, ohne Geld dafür zu verlangen. Sie erregte ihn, weil es ihr Freude bereitete. Ich fügte diese Story in mein Buch mit ein, weil sie eine Erzählung in sich selbst ist, aber die Themen *oraler Sex* und *Sperma* werden später in diesem Buch umfassender behandelt.

Eine wichtige Botschaft, die man durch die Geschichte von Kay vermittelt bekommt, liegt in der Tatsache, daß man am Sex durchaus Spaß haben kann, ohne einen Gegenwert dafür zu erhalten, was allerdings nicht zur Regel werden soll. Es mag Zeiten geben, in denen es ein Mann durchaus erregend finden kann, wenn Sie bei ihm masturbieren, aber es kann geschehen, daß er selbst im Moment keinerlei Gefallen daran hat, Ihnen auf ähnliche Wiese dienlich zu sein. In diesem Falle sollte es Ihnen Befriedigung genug sein, ihn auf wirklich gute Art und Weise masturbiert zu haben. Sie werden herausfinden, daß Sie auch ein gerüttelt Maß an Freude finden, wenn Sie die Fähigkeit erlangt haben, ihrem Mann mit dieser Geschicklichkeit entgegentreten zu können. Es kann durchaus sehr anregend sein, andere Menschen zu erregen.

Sie *können* allerdings auch etwas als Gegenleistung erwarten, wenn nicht sofort, so doch in nächster Zeit. Ihr Partner wird Sie intensiv eine halbe Stunde lang klitoral stimulieren oder Sie über einen längeren Zeitraum mit seiner Zunge beglücken. Sex ist eine wechselseitige Beschäftigung, aber Sie können nicht einen Höhepunkt durch einen anderen eintauschen. Und außerdem, wer zählt dabei schon mit?

Es wird noch eine ganze Anzahl von Fehlversuchen geben, wenn Sie Ihren Partner erregen wollen, indem Sie sich mit seinem Penis beschäftigen. Meiner Ansicht nach führen alle diese Versuche zu einem Punkt, an dessen Ende der gekonnte Geschlechtsverkehr steht. Will man eine enge und intime Partnerschaft eingehen und aufbauen, dann kann eine Berührung, eine Liebkosung beiden Partnern mehr vermitteln als stundenlanger, athletischer Beischlaf.

Kommen wir nun zu Sarah, einem achtundzwanzigjährigen Callgirl, und ihrer Art des Umganges mit ihren Klienten. Sarah ist klein von Statur und hat ein elfenhaftes Gesicht. Sie verdient sehr viel Geld damit, daß sie sich mit älteren Männern abgibt, die ihr antragen, sich als Nymphe zu verkleiden. Auch dort wird hochgradig Erotik vermittelt, denn Sarah verbindet mädchenhafte Unschuld mit sexueller Erfahrung.

»Dies erzählte mir eine ältere Frau, die ich in Florida traf, eine echte Puffmutter der alten Schule. Sie entstammt noch eher der ›Manche-mögens-heiß‹-Schule. Noch vor Xaviera Hollander. Sie sprach eines Tages mit mir in der Bar eines Hotels, in dem ich mich gerade aufhielt. Sie war so höflich und freundlich, daß man sich schwerlich vorstellen konnte, sie würde über die Schwänze von Männern reden.

Sie sagte: ›Meine Liebe, ein Mann denkt über seinen Penis nicht so wie er über seine Arme oder Beine denkt. Er denkt auch nicht in der Art an seinen Pimmel, wie du an deine Muschi denkst. Ein Mann kann nur schwer glauben, der Penis sei ein Teil seiner selbst. Er denkt, er sei ein lebendiges Tier, so eine Art Schoßhündchen. Also muß man den Penis auch so behandeln. Behandle den Penis wie ein unabhängiges Teil seines Besitzers. Verhätschle ihn, liebkose ihn, gehe mit ihm um wie mit einem zahmen Kätzchen, und der Mann reagiert genauso wie der Besitzer eines Schoßhündchens. Er wird dich für ewig und alle Zeiten lieben.‹

Merken Sie, was das für eine phantastische Einsichtnahme in die Gedankenwelt des Mannes ist? Sie hatte absolut recht, bis hin zur nebensächlichsten Bemerkung. Ich begann daraufhin damit, den Penis eines Mannes wie seinen Schoßhund zu behandeln, und mein Geschäft fing an zu florieren.

Wenn ein Mann sich ausgezogen hat und bereit ist, ins Bett zu steigen, dann geleite ich ihn gewöhnlich in das Schlafzimmer, indem ich seinen Penis in meine Hand nehme. Ich zerre ihn nicht an seinem Pimmel hinter mir her, sondern ich halte sein Geschlechtsteil nur ganz leicht fest, als würde ich jemanden an der Hand fassen, wenn ich mit ihm auf der Straße spazieren gehe. Einige Burschen fanden das so sexy, daß sie bereits kamen, ohne bis zum Bett gelangt zu sein, und aus diesem Grunde versuche ich, sie nicht zu sehr auf diese Weise zu stimulieren.

Fangen wir dann mit dem Ficken an, dann führe ich immer den Penis des Mannes mit meiner Hand in meine Pussy. Ich hebe mein linkes Bein an, lege meine Hand darunter und halte den Penis fest. Dann drücke ich den Penis behaglich zwischen meine Schamlippen, und der Mann darf dann selbst den Rest hineindrücken.

Wenn dann der Beischlaf beendet ist und sein Penis schlapp und schleimig, dann massiere ich ihn immer ein wenig und spiele mit ihm. Die Männer mögen das ganz besonders, aber es scheint, als wenn viele Frauen daran kein Interesse haben. Sie denken, es ist alles vorüber und sie bräuchten sich damit nicht mehr abzugeben. Aber Sex zwischen zwei Menschen, die miteinander leben, ist *niemals* vorbei. Das bewegt sich auf unterschiedlichen Ebenen. Manchmal geht es sehr heiß zu, beim Beischlaf beispielsweise, manchmal vollzieht sich das sehr kühl, und dann sitzt man möglicherweise Seite an Seite vor dem Fernsehapparat und genießt die Gegenwart des anderen. Aber es ist niemals vorbei, und deshalb beschäftige ich mich mit den Geschlechtsteilen meiner Klienten zu einem Zeitpunkt, wo sie es nicht erwarten. Sie haben mich für eine sexuelle Beziehung bezahlt, und sie bekommen eine, sogar schon von dem Augenblick an, wo sie über meine Schwelle treten. Und erst, wenn sie nach der Befriedigung die Tür von außen schließen, hört mein Service auf.

Verstehen Sie, ich spreche jetzt einmal über den Augenblick, wo ein Mann sich duscht. Warum geht die Frau in diesem Moment nicht zu ihrem Mann und streichelt ihm den Penis? Das liegt daran, daß viele Frauen die verrückte Idee haben, Sex dürfe nur im Schlafzimmer stattfinden. Aber Sex kann sich überall vollziehen. Wenn meine Klienten nach der Betätigung bei mir ein Duschbad nehmen, dann steige ich zu ihnen unter die Dusche, seife ihnen den Penis ein und spiele mit ihrem Glied. Auf diese Weise vermittle ich den Eindruck, meine Klienten seien sexy. Da braucht man nicht sehr viel Vorstellungskraft.«

Um dies zu verdeutlichen, möchte ich festhalten, daß genau dieser Ratschlag vor einiger Zeit und zum wiederholten Male von Psychiatern und Sextherapeuten unterbreitet wurde, die sich mit Ehen befassen müssen, die aus Gründen unüberwindlicher sexueller Abneigung auseinanderbrachen. Nur wenige Paare finden sich zur Zeit ihrer Hochzeit sexuell nicht anziehend. Paare heiraten tatsächlich meist aus dem Grund, weil sie sich sexuell anziehend finden. Wenn aber erst einmal die Zeit der spontanen Küsse und Liebkosungen vorbei ist, wenn sexuelle Aktivitäten so eingeteilt werden wie die wöchentliche Squashstunde, dann beginnt die Zeit des Kummers. Sarah hat recht. Sex ist etwas, das zwischen einem sich liebenden Paar immer hin und her schwingen sollte, in unterschiedlichen Intensitätsgraden. Ihre Fähigkeit und Ihr Enthusiasmus, mit dem Penis Ihres Liebhabers so oft wie nur irgend möglich umzugehen, vielleicht sogar zu unerwarteter Stunde, kann Wunder bewirken. Sex wird dadurch und bleibt dadurch immer so erregend und aufregend wie beim ersten Mal.

Macht es Ihnen Spaß, mit dem Penis Ihres Partners zu spielen? Wirklich? Warum handeln Sie dann rational? Fast jeder Mann, den ich kenne, würde eine solche Überraschung willkommen heißen, wenn die warme Hand einer Frau auf seinem Penis ruht. Geschieht dies unerwartet, so ist die Überraschung doppelt groß.

Kay, die Straßendirne, ist einer Masturbation zu ungewöhnlicher Stunde nie abgeneigt.

»Was Sex so sexy macht, liegt im Element der Überraschung begründet. Dinge geschehen, von denen man gar nicht erwartet, daß sie geschehen könnten. Ich werde immer sehr gut bezahlt, wenn ich mit einem Manne etwas Überraschendes, Unerwartetes tue. Es macht mir sehr viel Spaß, den Burschen überraschend einen runterzuholen. Nehmen wir mal den Fall an, es sei ein Treffen arrangiert, und er führt dich eines Abends aus. Beide haben sich schick angezogen, steigen in das bereitstehende Auto, und ab geht's in die Stadt und ins Theater. Was macht man da am besten? Man macht ihm die Hose auf, nimmt seinen Pimmel raus und holt ihm einen runter. Man sollte natürlich nicht vergessen, daß man dazu ein Handtuch oder ein Taschentuch über seinen Penis hält. Das versteht sich ja von selbst. Es macht ihm bestimmt keinen Spaß, ein Theaterstück anzusehen, während auf seiner schwarzen Hose ein paar weiße Flecken zu sehen sind.

Es macht mir auch Spaß, mich hinter einen Burschen zu stellen, wenn er gerade mal pinkeln muß. Glauben Sie nicht, daß es herrlich sein kann, dem Mann den Penis zu halten, während er gerade pinkelt?

Ist man mit einem Burschen im Restaurant, dann kann man ihm unter dem Tisch einen runterholen. Haben Sie jemals den ›Letzten Tango in Paris‹ gesehen. In der Tanzhalle holt sie (Maria Schneider) Brando einen runter. Das finde ich gut, das sind Sachen, die die Leute eigentlich tun sollten, Frauen beispielsweise, die ihre Männer gern anturnen wollen. Ich habe mal einem Burschen in einem Helikopter einen runtergeholt, in einem jener Hubschrauber, die über Manhattan fliegen, damit man mal von oben etwas davon sieht. Finden Sie das nicht irre? Ich steckte ihm meine Hand in die Hosentasche, nahm durch den Stoff der Tasche seinen Penis in die Hand und holte ihm einen runter. Könnten Sie sich vorstellen, daß er dieses Erlebnis jemals vergessen würde? Oder ich, ich vergesse es ja auch nicht. Nein, niemals!

Einem anderen habe ich mal einen runtergeholt, als wir in einer Telefonzelle standen. Er rief gerade seine Mutter in East Hampton an. Ich stellte mich ganz eng zu ihm hin, ließ meine Hand in seinen Hosenschlitz gleiten und umfaßte seinen Pimmel. Er hatte eine herrliche Telefonkonversation. Er sagte immer ›Oh... oh, oh... oh, Mu... mu... mutter...‹ und die alte Dame konnte ihn kaum verstehen. So lieb war er seit dem dritten Jahr nicht mehr zu seiner Mutter gewesen.«

Überall, wo Sie es sich leisten könnten, sollten Sie bei dem Manne, den Sie lieben, zum Mittel einer spontanen Masturbation greifen. Versuchen Sie aber immer, eine Überraschung daraus zu machen. Wenn Sie der Eingebung des Augenblicks folgen, kann die Situation wesentlich erregender sein. Sie sollten aber versuchen, Ihre Intensionen nicht allzu offen zu zeigen, zumal Ihr Liebhaber angesichts der Situation kalte Füße bekommen könnte. Vergessen Sie nie, daß er derjenige ist, der irgendwo herumsteht, während ihm sein Penis aus der Hose steht, und die Vorstellung *in flagranti erecto* ertappt zu werden, wird ihm sicherlich nicht gefallen. Lassen Sie ihm nur nicht die Chance, irgendwelche Einwände zu machen. Packen sie die Sache an, wenn Ihnen danach zumute ist.

In den letzten Jahren habe ich eine Frage immer und immer wieder gestellt (auf verschiedene Art und Weise, mal diskret, mal unzüchtig), und zwar den Frauen, die ich kannte, traf und gelegentlich liebte. Die Frage: Haben es die Männer wirklich gern, wenn man bei ihnen masturbiert?

Diese wiederholte Frage bedeutet nicht, daß Frauen dem Sex gleichgültiger gegenüberstehen als Männer. Tatsächlich werde ich ständig von Männern gefragt, ob die *Frauen* es wirklich mögen, wenn man sie mit der Hand befriedigt. Die beste Antwort, die ich anbieten kann, lautet: So oft wie nur irgend möglich.

Aber es gibt einige Wege, Männer mit der Hand zu befriedigen, die wesentlich zufriedenstellender sind als andere. Alle Männer haben im Laufe der Jahre leicht unterschiedliche Techniken entwickelt, ebenso wie die Frauen (das ist eine der faszinierendsten Tatsachen, die die Doktoren Masters und Johnson in ihrem Laboratorium in St. Louis entdeckten).

Aus diesem Grund ist es von unschätzbarem Wert, die Mädchen zu befragen, die Masturbation bei Männern aus Gründen des Geldverdienens betreiben. Sie haben Standardtechniken entwickelt, die in den meisten Fällen ihre Kunden zufriedenstellen, und wenn Ihnen eine solche Manipulation schwerfallen sollte, so können Sie immer noch jene Techniken anwenden, die den unterschiedlichen Anforderungen Ihres eigenen Mannes gerecht werden.

Kommen wir zu Tracy, einem vierundzwanzigjährigen Barmädchen, das bei seinen intimsten Genossen als »Tracy, die Nimmermüde« bekannt ist. Diese nennen Tracy nicht deswegen so, weil sie immer munter wirkt, sondern wegen ihrer unermüdlichen Masturbationstechniken. Tracy ist sehr zuvorkommend, witzig, und sie verfügt über ein sommersprossiges Doris-Day-Aussehen. Tracy trägt so unverschämt enge Shorts, daß man durch ihre Hose die Wülste ihrer Schamlippen erkennen kann, und dazu bekleidet sie sich mit so »einsichtigen« Lederblusen, die nur wenige Zentimeter ihrer Brüste verdecken. Ich müßte lügen, wenn ich sagen würde, es hätte mir keinen Spaß gemacht, mich mit Tracy zu unterhalten.

»Wenn man bedenkt, daß die meisten Burschen bereits vom zwölften Lebensjahr an masturbieren, dann müßte man doch annehmen, sie hätten es zu einer gewissen Fertigkeit gebracht. Dem ist aber keineswegs so. Über die Jahre entwickeln die Männer ihren ganz eigenen Stil. Einige Burschen onanieren so stark, daß man meinen müßte, ihnen würde ihr Pimmel wegfliegen und durch das Zimmer zischen. Andere Typen wiederum setzen eine so ernsthafte Miene dabei auf, als würden sie ernste Probleme lösen. Es gibt sogar Typen, denen kommt es, ohne daß sie sich überhaupt berühren, aber das ist deren Problem. Mein Problem ist es jedenfalls nicht.

Ich erzähle Ihnen hier ein Berufsgeheimnis und kann nur hoffen, daß nicht alle Hausfrauen sich morgen dafür entscheiden, auf den Strich zu gehen, denn wenn sie das tun würden, dann könnte ich einpacken.

Der empfindsamste Teil am Penis eines Mannes ist der kleine Hautfaden genau unter dem Schlitz, aus dem das Sperma herauskommt. Dieser Hautfaden ist besonders empfindlich, genau wie die Klitoris der Frau. Aus diesem Grunde darf man nicht leichtfertig damit umgehen. Der unempfindlichste Teil ist der Schaft des Gliedes, der gleich unterhalb der Eichel beginnt. Es ist sehr schwer, diesen Teil zu stimulieren, denn das erregt einen Mann kaum. Tatsächlich kann das einen Mann frustrieren, wenn man sich ständig mit diesem Teil beschäftigt. Das Ganze ist nichts weiter als ein Stiel, ein Griff, und so sollte man diesen Teil auch behandeln. Dieser Schaft ist dazu da, daß man sich dran festhält, während man sich den wichtigeren Teilen zuwendet.

Die Eichel ist der wichtigste Teil. Nun ja, man kann zwar einen Pimmel auf die verschiedensten Arten halten, und auf diese Weise schafft man es auch, daß ein Mann kommt, aber wenn man sich über sein Tun wirklich im klaren sein will, dann gibt es nur einen logischen Weg zur Masturbation: Man muß den Penis so halten, wie es der Mann selber tun würde.

Das bedeutet, daß man den Penis eines Mannes stets von hinten halten muß, so daß die Hand ungefähr in die gleiche Position kommt wie seine eigene. Man kann sich hinter den Mann legen, auch hinter ihm sitzen oder hinter ihm stehen. Auf welche Art Sie es auch immer tun, vergewissern Sie sich, daß Ihr Daumen obenauf liegt und Ihre Finger unterhalb des Schaftes.

Halten Sie den Pimmel auf natürliche Weise. Davor brauchen Sie keine Angst zu haben. Halten Sie ihn so, als würden Sie etwas Langes, Rundes in der Hand liegen haben. Der Daumen könnte dabei oben auf der Eichel plaziert werden, während die Finger sich um die Mittellinie darunter schließen. Der Zeigefinger sollte dabei ganz leicht den empfindlichen Hautfaden berühren.

Nun müssen Sie Ihre Hand hin und her bewegen, langsam, leicht, aber sorgfältig. Dann schneller werden bis die Finger fliegen! Nicht nachlassen. Ich weiß, der Arm wird leicht müde, aber je öfter man so etwas tut, um so stärker wird der Arm. Ständig weiter bewegen, hin und her, bis er so hart ist, wie Sie es mögen. Dann dauert es nicht sehr lange, und es wird ihm für Sie kommen.

Eine andere wichtige Sache, an die man denken muß, besteht darin, daß man dem Mann etwas in die Hand drücken kann, in das er *hinein*kommen kann. Wenn's nicht Ihr eigener Mund sein soll, dann sorgen Sie für ein Handtuch oder irgend etwas Ausgefallenes, womit sich seine Gedanken beschäftigen können. Mitunter lasse ich einen Burschen in ein Weinglas spritzen, und wenn er fertig ist, dann nehme ich das Weinglas und trinke vor seinen Augen sein noch warmes Sperma. Eine ganze Menge Männer mögen das. Ein anderer Bursche sieht es ganz gern, wenn er sein Sperma auf einen Keks spritzen darf. Dann schaut er mir zu, während ich diesen Keks esse. Gewöhnlich nennt er sie ›Sahnekekse‹ und brüllt dann vor Lachen wie ein Gaul.

Ich sage Ihnen mal was, also passen Sie auf. Das Wichtigste ist es, den Penis des Mannes richtig zu halten. Dann sollten Sie sich auf das Masturbieren konzentrieren, mit einem guten, schnellen Tempo, und Sie sollten dieses Tempo auch beibehalten, wenn Ihnen der Arm einzuschlafen droht. Und zum Schluß sollten Sie dabei nicht vergessen, dem Partner einen sexy Anreiz zu geben, damit er schneller kommt. Ich erinnere an die Sache mit dem Weinglas.

Bis jetzt haben wir uns damit befaßt, wie man aus Freude an der Sache mit dem männlichen Penis umzugehen hat, wie man ihn halten sollte. Aber es gibt auch Techniken, durch die man ganz gewisse sexuelle Probleme beheben kann. In ihrem sexuellen Forschungsprogramm in St. Louis entdeckten Masters und Johnson auch einen Penis-Griff, durch den man unfehlbar eine vorzeitige Ejakulation des Mannes zurückhalten kann. Dieser wurde hier unter dem Begriff »Der-Masters-und-Johnson-Griff« bekannt. Das war nicht mehr als fair, denn diese Ärzte traten mit ihrer Entdeckung an die Öffentlichkeit. Nun darf man allerdings nicht behaupten, daß die Sache von den Ärzten entdeckt worden wäre, sie sorgten nur für eine öffentliche Verbreitung ihrer Beobachtung. Bekannt war dieser »Verzögerungstrick« schon seit Jahrhunderten, zumal er von Kurtisanen und Prostituierten angewendet worden ist.

Fred Belliveau zufolge, dem Mitautor von *Understanding Human Sexual Inadequacy*, funktioniert die »Drucktechnik« von Masters und Johnson wie folgt: »Die Frau hält den Penis zwischen Daumen und ihren ersten beiden Fingern derselben Hand. Der Daumen wird am *Frenulum* plaziert (das ist die Unterseite des Penis, wo der Schaft endet und der Kopf des Gliedes beginnt), und die beiden Finger werden an der dem Druckpunkt des Daumens entgegengesetzten Seite plaziert, also jeweils an jeder Seite des Eichewulstes, der die Eichel vom Schaft trennt. Dann drückt die Frau drei oder vier Sekunden lang mit ziemlich starkem Druck Daumen und die beiden anderen Finger zusammen. Der Druck bewirkt, daß der Mann den Drang zur Ejakulation verliert, möglicherweise auch einen Teil der Erektionsfähigkeit; warum dieser Zustand eintritt, ist nicht bekannt.«

Ein fast ähnliches Verfahren wurde mir von Betty beschrieben, einer einunddreißigjährigen Nutte aus Boston, Massachusetts. Betty, eine lebhafte Rothaarige mit grünen Augen und einer schlanken Figur, hatte niemals zuvor von Masters und Johnson gehört und gewiß auch niemals *Human Sexual Inadequacy* gelesen.

»Wenn so ein Typ das erstemal zu mir kommt, dann kann ich auf Anhieb nicht viel für ihn tun. Kommt er aber regelmäßig, dann kriegt man sehr schnell raus, was er will und was er gern hat und wo seine Probleme liegen. Kommt der Typ mit seinen üblichen Schwierigkeiten zum erstenmal zu mir, dann befriedige ich ihn in der Regel mit der Hand. Dadurch habe ich mehr Kontrolle über ihn.

Ich halte seinen Penis in meiner Handfläche. Meinen Daumen drücke ich dabei exakt unter das Loch an seinem Glied, die Finger liegen dabei obenauf. Wenn er zu Keuchen und

Schnaufen beginnt und dabei rot anläuft, dann weiß ich, daß er gleich losspritzen wird. In diesem Falle kann man Finger und Daumen an der Stelle zusammendrücken, die ich eben beschrieben habe, und der Bursche beruhigt sich wieder, ohne daß es ihm gekommen ist.

Wie man das macht, das wurde mir vor fünf oder sechs Jahren von einer Prostituierten gezeigt, die in Las Vegas lebte und ihr ganzes Leben nichts anderes gemacht hatte, als Männer zu befriedigen. Viele Mädchen, die ich kenne, beherrschen diesen Trick ebenfalls. In einem Buch habe ich bisher darüber noch nichts gelesen. Die Erfahrung und das, was man von anderen Kolleginnen hört, sorgt schon dafür, daß man sich einige Tricks in seinem Gewerbe aneignet.

Man kann mit dieser Masche erreichen, daß ein Typ seinen Höhepunkt erst dann erreicht, wenn man es will. Jedesmal, wenn man an der richtigen Stelle drückt, gehen seine Gefühle zurück. Ich erinnere mich da an einen Kerl, dem es jedesmal kam, sobald ich meine Klamotten ausgezogen hatte. Mit dem kam ich erst gar nicht ins Bett. Also erprobte ich eines Tages einmal meinen Trick an ihm, zwickte seinen Pimmel, und Sie hätten sehen sollen, der Typ war sehr zufrieden mit mir, denn so war er in der glücklichen Lage, für seine fünfzig Dollar auch etwas zu bekommen. Davor hatte er immer seine ganze Ladung verspritzt und an meinen Künsten den ganzen Nachmittag über nicht die rechte Freude verspürt.

Ich machte ihm die Sache immer recht geschmackvoll. Ich trug einen Büstenhalter, bei dem die Brustwarzen freilagen, und ein glänzendes Höschen, das im Schritt offen war, so daß die roten Haare meiner Pussy einen Kontrast zu meinen Nylonstrümpfen bildeten. Dann zog ich ihm langsam seine Klamotten aus und massierte ihm so lange seinen Penis, bis dieser vollkommen steif geworden war. Ich kniete mich immer über ihn und rieb die Eichel seines Schwanzes gegen meinen Unterleib, so daß er sich immer kurz vorm Abschuß befand. Aber dann zwickte ich ihn wieder in seinen Penis, richtig fest, und das hielt ihn dann von der Ejakulation zurück.

Dann preßte ich sein Glied genau zwischen meine Beine, so

daß es zwischen meinen Schamlippen zu liegen kam. Dann rieb ich meine Oberschenkel aneinander, ganz leicht und gefühlvoll, aber das dauerte immer nicht lange, denn ich mußte immer wieder aufhören, um sein Glied zu drücken, damit er nicht sofort kam.

Stundenlang habe ich das mit dem Mann gemacht. Ich führte ihn immer wieder in Versuchung, aber erlaubte es ihm nicht, sich zu entleeren. Dann massierte ich seinen Schwanz zwischen meinen Unterleib wieder steif, nahm ihn in den Mund und schluckte ihn halb hinunter. Ich zog ihn durch meine Haare und massierte ihn mit meinen Brüsten, wobei sein Penis immer zwischen meiner Brust lag. Und immer, wenn ich spürte, daß es ihm kommen würde, drückte ich ihn an der entscheidenden Stelle, so daß seine Ladung immer drin blieb.

Wenn es dann zum Ende hin ging, und ich der Meinung war, er hätte für sein Geld genug Unterhaltung bekommen, dann sagte ich zu ihm: ›Also, paß auf, du kannst jetzt kommen, und ich will, daß du mir sagst, wohin du spritzen willst‹. Und wissen Sie, was für eine Wahl er traf? Er wollte mir ins Ohr spritzen. Ins Ohr, gütiger Gott. Na ja, nun hatte ich ihm die Wahl überlassen, also konnte ich nichts mehr dagegen sagen, und so durfte er mir ins Ohr spritzen. Er rieb dann immer die Spitze seines Schwanzes gegen mein Ohr, und in verrückter Weise war das irgendwie sexy. Dann lud er seine Ladung ab, und ich hatte ein Ohr voller Samen. Ich wollte aber nicht, daß daraus eine Spezialität würde, auf die Gefahr hin, am Ende taub zu sein. Ich hab mal gehört, daß man durch Onanieren blind werden kann, aber daß man auf die genannte Art auch taub werden kann, hörte ich zum ersten Mal.

Masturbieren bei Ihrem Mann kann also bewirken, daß er auf der einen Seite seinen Höhepunkt haben kann, auf der anderen aber auch davon zurückgehalten werden kann.

Obwohl man weiß, daß die Unfähigkeit zur Ejakulation während des Geschlechtsverkehrs seltener ist als vorzeitige Ejakulation, so kann sie trotzdem vorkommen. Mitunter ist das wohl auch einmal ein Problem einer Nacht, möglicherweise durch Müdigkeit hervorgerufen oder zu starken Alkoholgenuß, es kann aber auch zu einem Langzeitproblem werden. Kommt Ihr Liebhaber nur sehr schwer zum Höhepunkt, egal, wie sehr Sie sich auch bemühen, dann stimmt mit Sicherheit irgend etwas mit seine Psyche nicht oder mit seinen Ansichten über Sex. Obwohl ich generell gegen die Couch des Psychiaters bin, glaube ich doch ganz sicher, daß Ihr Liebhaber in diesem speziellen Falle einen kompetenten Analytiker finden sollte, der ihm über seine Schwierigkeiten hinweghelfen könnte. Masters und Johnson beispielsweise zitieren an dieser Stelle den Fall eines jüdischen Jungen, der mit der weiblichen Vagina nichts zu tun haben wollte, weil nach Ansicht orthodoxer religiöser Lehren weibliche Sexorgane während der Menstruation unrein seien. Er konnte sich nie vollständig von der Tatsache befreien, daß eine Vagina auch beschmutzt sein könnte, und das verhinderte seine Fähigkeit zur Ejakulation. Mit etwas mehr Hühnerbrühe und weniger Religion wäre aus ihm wohl ein ganz anderer Bursche geworden, aber in diesem Fall lag die Antwort auf das Verhalten des Jungen in der Psychotherapie.

Was fangen die Nutten mit der Unfähigkeit zur Ejakulation an? Die Mädchen, mit denen ich sprach, bedienen sich alle verschiedener Varianten einer Methode. Ingrid, ein in Schweden geborenes Callgirl aus New York, sechsundzwanzig Jahre alt und mit der heftigen Erotik des Nordens ausgestattet, beschrieb mir am klarsten die Anwendung einer bestimmten Methode.

»Man führt den Penis zwischen Hand und Vagina, ganz leicht, und für gewöhnlich bekommt ein Mann seinen Orgasmus. Meist merkt man schon nach den ersten Minuten des Geschlechtsverkehrs, ob ein Mann ejakulieren kann oder nicht. Man merkt das daran, daß er zu heftig zur Sache geht. Er spannt all seine Muskeln an und versucht, eine Position zu finden, die den stärksten Druck auf seinen Penis auszuüben in der Lage ist. Dann, nach ungefähr zehn Minuten oder so, bricht er erschlafft ab und murmelt so etwas wie ›Kriege das heute nicht hin‹. Einige Kunden täuschen sogar Ejakulation vor, um ihr Gesicht nicht zu verlieren. In diesem Falle gehe ich auf ihre Vortäuschung ein und schlage ihnen vor, noch einmal zu kommen.

Das Schlimmste, was man einem Mann in diesem Fall antun kann, besteht darin, daß man ihm sagt, er sei kein Mann. Dann hört sich alles auf. Er *denkt* dann überhaupt nicht mehr daran, daß er überhaupt kommen könnte, und man ist einen guten Kunden los. Möglicherweise machen sich Ehefrauen oder Freundinnen keine großen Gedanken darüber, aber ihre Ehemänner und Liebhaber werden mit Sicherheit das Weite suchen, wenn sie im Bett als Versager hingestellt werden.

Der erste Schritt, den man unternimmt, wenn ein Mann nicht ejakulieren kann, ist in Richtung Entspannung. Beide Partner müssen sich entspannen. Dann sollte die Frau wieder damit beginnen, unter Zuhilfenahme von Vagina und Hand, an ihm zu arbeiten. Ich mache das so, daß ich zunächst sehr schnell masturbiere, um den Penis ungewöhnlich steif zu bekommen, dann stoße ich den Mann mit dem Rücken auf das Bett. Diese Technik funktioniert aber nur dann, wenn die Frau über dem Mann ist und der Typ auf dem Rücken liegt. Dadurch hat man als Frau alle Freiheiten und die notwendigen Kontrollmöglichkeiten, die man in diesem Falle braucht.

Ich kauere mich gewöhnlich über den Mann und führe seinen Penis in meine Vagina ein, dann bewege ich mich, so energisch wie ich kann, über ihm auf und ab und versuche dabei, meinen Rücken so steif und gerade wie nur möglich zu halten. In dieser Position kann man einen Penis wesentlich besser stimulieren als in einer anderen.

Zu Anfang merkte ich, daß alles in Ordnung war, dann aber fiel der Penis wieder ein wenig in sich zusammen. Er spürte, daß er es nicht schaffen würde, und dadurch verlor er auch seinen Harten. Ich stieg also kurzerhand wieder von ihm herunter und masturbierte so lange, bis das Glied wieder steif war. In diesem Falle war es leichter, denn er war durch die Flüssigkeit meiner Vagina einfacher zu handhaben. Als ich ihn hart hatte, kauerte ich mich wieder über den Mann und führte seinen Penis erneut in meine Vagina ein. So verfuhr ich dreimal oder sogar viermal, indem ich einmal mein Geschlechtsteil einsetzte, ein anderes Mal meine Hand. Beim dritten oder vierten Mal spürte ich, als ich auf ihm saß, daß seine Hüften in Bewegung gerieten und er plötzlich ›ich komme, ich komme tatsächlich‹ zu mir sagte. Das war ein solch starker Orgasmus, daß ich jedesmal, wenn er kam, auch sofort einen Orgasmus hatte.

Diese Methode wende ich immer an, wenn ein Mann zur Ejakulation unfähig ist. Und das klappt jedesmal. Ich kann mich nicht erinnern, daß es einmal nicht funktioniert hätte.«

Ein anderes Mädchen, eine hübsche, kleine Brünette aus San Francisco, berichtete mir, daß sie immer dann zu analem Geschlechtsverkehr übergehen würde, wenn ihr Kunde nicht zur Ejakulation fähig sein würde. »Es ist so *eng*«, kicherte die Brünette aus San Francisco. »Beim Analverkehr müssen die Burschen kommen.« Analer Geschlechtsverkehr ist sicherlich eine Möglichkeit, wir werden jedoch in diesem Buch noch einmal näher darauf zurückkommen.

Später werden Sie dazu fähig sein, Ihren Mann mit der Masturbations-Massage zu verwöhnen, eine Methode, die in den Massagesalons angewendet wird. Der Fachbegriff hierfür heißt »Entspannungsmassage« (oder auch Handentspannung), aber Sie sollten in Ihrem eigenen Haus nicht allzusehr mit technischen Begriffen umgehen.

Für diese sexuelle Massage sollten Sie natürlich auch Kenntnisse von Methoden und Kniffen der üblichen Massage haben. Über Massage gibt es auf dem Markt einige gute Bücher, und wenn Sie sich mit dem Ritual der Handentspannung befassen wollen, schlage ich vor, daß Sie sich eines dieser Bücher beschaffen, damit Sie über Muskelbehandlung etwas mehr in Erfahrung bringen können.

Sie müssen natürlich auch wissen, daß Ihr Mann während dieser Masturbationsmassage *entspannt* sein sollte. Wenn Sie also gelernt haben, die Muskeln Ihres Gatten zu lockern, dann sollten Sie auch dafür sorgen, daß seine verkrampften Nackenmuskeln entsprechend behandelt werden. Dadurch bringen Sie ihn in die richtige Stimmung für intime Stunden.

Machen Sie sich bitte nicht allzugroße Sorgen, wenn Sie die Fähigkeit, eine richtige Massagebehandlung durchzuführen, nicht erlangen können. Viele der Mädchen, die in professionellen Massagesalons arbeiten, haben keinen blassen Schimmer von unverfälschter Massagebehandlung. Jennifer Sills (ein Pseudonym) schreibt in ihrer Autobiographie *Massage Parlor*: »Viele meiner Kunden kommen deshalb zu mir, weil es ihnen peinlich ist, ihre Fauen mit den speziellen Tricks und Maschen vertraut zu machen, die bei ihnen zu einer Erregung führen könnten.«

Einer ihrer Kunden verlangte nichts weiter als eine Handentspannung. Ein anderer wurde durch die Verschmelzung von oralem Sex mit Masturbation erregt. Solch einfache, leichte erotische Wünsche, und die Männer waren nicht in der Lage, ihre Frauen für eine solche Betätigung zu interessieren.

Sie werden sich nicht so leicht entmutigen lassen, das glaube ich. Sie kennen Ihren Liebsten besser als jede andere Frau, das bedeutet, daß Sie sich in einer idealen Position befinden, denn niemand könnte Ihren Mann oder Liebhaber besser befriedigen als Sie selbst – ebenso besitzt auch er die Fähigkeit, *Sie* nach Ihren Wünschen und Vorstellungen zu befriedigen.

Eine Flasche handwarmen Sonnenblumenöls in Reichweite, und Sie können mit der Massage beginnen. Lesen wir, was Sylvia, eine einundzwanzigjährige dunkelhäutige Masseuse aus New York, zu sagen hat, wenn es um die Masturbationsprobleme ihrer Klienten geht.

»Meiner Meinung nach liegen die Erfolge der Massage darin begründet, daß man dem entsprechenden Klienten die Spannungen des täglichen Lebens von den Schultern nimmt und eine andere Spannung im Manne aufbaut – eine sexuelle Spannung sozusagen. Muß man versuchen, die alltäglichen Probleme eines Mannes fortzuwischen, während man nebenher bereits für seine sexuelle Erregung sorgt. Man muß ihn glauben machen, er befände sich im sexuellen Paradiese Eden, und dann erst kann man sich ihm voll und ganz hingeben.

In diesem Zusammenhang meine ich auch, daß es sehr wichtig ist, welche Bekleidung man dabei wählt. Ich glaube nicht, daß es gut ist, wenn eine Masseuse vollkommen nackt ist. Ich mag es, wenn ich beim Massieren nackte Brüste habe, denn so kann man bewirken, daß die Brustwarzen ganz beiläufig hin und wieder gegen den Körper des Kunden streichen, und das fördert immer wieder seine Erregung. Daneben trage ich gewöhnlich weiße, durchsichtige Höschen und hochhackige Schuhe, und das ist alles. Das wirkt sehr verlockend. Der Mann hat dadurch die Möglichkeit, die Umrisse der Muschi durch die Hose auszumachen, aber alles sehen kann er nicht. Das ist sehr wichtig, wenn man erreichen will, daß ein Kunde seinen Alltag vergessen soll, während man auf der anderen Seite für eine sexuelle Spannung sorgt.

Zunächst sollte sich der Kunde ausziehen und sich bäuchlings auf den Massagetisch legen. Für den Anfang legt man ihm gewöhnlich ein Handtuch über den mittleren Teil seines Körpers. Das mag wohl zunächst etwas blödsinnig aussehen, aber es ist ein Teil der Aktion und gehört dazu. Es ist doch durchaus sehr angebracht, wenn man irgendwann einmal beiläufig das Handtuch zur Seite zieht und dann ganz kurz auf das starrt, was darunter gepocht hatte. Dann sagt man gewöhnlich: ›Mein Gott, Sie haben aber da unten allerhand zu bieten!‹ Die Männer fressen das. Sie müßten bei diesen Worten mal ihre Gesichter sehen. Sie sind so stolz wie kleine Kinder.

Tauchen Sie dann Ihre Hand in ein Öl, eine Creme, oder was Sie an Ähnlichem gerade zur Stelle haben, um mit der Massage beginnen zu können. Ich ziehe die Benutzung von Sonnenblumenöl vor, aber einige Mädchen nehmen auch sehr gern Olivenöl. Man kann sich auch ganz spezielle aromatische Massageöle besorgen, vielleicht in einer Parfümerie. Dann sollte man damit beginnen, die Knoten in Nacken und Rücken zu lösen. Der Nacken ist eine sehr spannungsgeladene Region, ganz besonders bei Männern, die Auto fahren oder den ganzen Tag hinter dem Schreibtisch hocken. Wenn Sie die Verspannungen und Knoten fortgeknetet haben, sollten sie sich das Rückgrat herunterarbeiten und die Rückenmuskeln entspannen. Gelangen Sie an die Ausläufer des Rückgrates, dann schlüpfen Sie unter das Handtuch, damit Sie an den nackten

Hintern herankommen. Dann plazieren Sie Ihre Hände an seiner Hüfte und massieren die Muskeln um seinen Becken herum. Was immer Sie auch tun, berühren Sie nicht seinen Penis. Dazu ist es noch zu früh.

Nachdem Sie sich einige Zeit mit dem Rücken beschäftigt haben, drehen Sie den Burschen auf die andere Seite, legen ihm das Handtuch wieder über die Mitte und massieren Sie Brustmuskeln, Bizeps und die Oberarmmuskeln. Kneten Sie seine Bauchmuskeln durch und massieren Sie den Unterleib. Arbeiten Sie sich nach unten voran. Zu diesem Zeitpunkt sollte das Handtuch bereits wie ein Indianerwigwam in die Höhe stehen.

Überraschen Sie ihren Klienten. Überspringen Sie das Handtuch und kneten Sie die Oberschenkel Ihres Kunden. Dann arbeiten Sie sich nach oben vor, in Richtung auf seinen Pimmel und seine Eier. Die Nerven zwischen seinen Beinen sind besonders sensitiv, und das wird bewirken, daß er noch erregter werden wird. Massieren Sie direkt die Stellen zwischen seinen Beinen, wobei Ihre Finger ruhig schon seine Nebenhoden und seinen After berühren dürfen. Und *dann* nehmen Sie das Handtuch fort und sagen das, was er am liebsten hört und worauf er schon so lange gewartet hat: ›Gütiger Himmel, was für einen gewaltigen Pimmel haben Sie denn da?‹ Aber benutzen Sie ruhig Ihre eigenen Worte.

Jetzt benetzen Sie Ihre Hände mit einer ausreichenden Menge Öl. Nehmen Sie seine Hoden in die linke Hand, seinen Steifen in die rechte. Beginnen Sie sanft und leicht. Regen Sie ihn auf und machen Sie ihn glauben, daß es sich um eine richtige Massage handelt. Dann vergrößern Sie die Geschwindigkeit beim Masturbieren, aber werden Sie nicht zu schnell. Der springende Punkt bei einer solchen Masturbation besteht darin, daß sie sich leicht und langsam vollziehen muß. Sie sollte nicht länger dauern, als eine normale Masturbation, denn Sie haben den Burschen ja schon entsprechend aufgereizt, indem Sie seinen nackten Körper massiert haben und bereits mit ihm kokettierten, da Sie ja seine Haut bereits mit Ihren nackten Brüsten gestreift haben.

Auch wenn Sie spüren, daß er es selbst gern schneller hätte, behalten Sie den gleichen stetigen Rhythmus bei. Hören Sie auch dann nicht auf seine Bitte nach schnellerer Gangart, wenn er kurz vor der Ejakulation steht. Behalten Sie Ihr einmal eingeschlagenes Tempo bei. Er wird es Ihnen am Ende zu danken wissen. Ein langsamer Höhepunkt ist für einen Mann ungewöhnlich sexy. Er wird einen Orgasmus von der Qualität haben, daß er das Gefühl bekommt, es flöge ihm die Schädeldecke fort.«

Lassen Sie sich durch die blasierten Worte einer Professionellen nicht stören. Diese Mädchen haben eine ganz besondere Befähigung und Kompetenz, wenn es um die Frage geht, wie man auf exakte Weise mit den Geschlechtsorganen von Männern umzugehen hat. Es wird ihr Vorteil sein, wenn Sie das Gelernte bei Ihrem Manne anwenden können.

Nutten haben zu ihren Klienten selten eine langandauernde Beziehung, und obwohl sie, was den technischen Ablauf anbelangt, außergewöhnliche Geschicklichkeit haben, kommen sie sehr selten in den Genuß der vielen kleinen sexuellen charakteristischen Eigenarten eines jeden Kunden. Da sind Sie in einer wesentlich vorteilhafteren Lage, denn sie haben Zeit, den erotischen Geschmack Ihres Ehemannes oder Liebhabers zu entdecken und zu fördern.

Wenn Sie den einen oder anderen Trick anwenden und sich nur ein wenig mit den Geheimnissen der Nutten vertraut machen, in deren Genuß die Kunden dieser Damen gelangen, dann wird es Ihnen leicht möglich sein, Ihre eigenen Fähigkeiten aufzubauen und auszubauen. Auf diese Art wird es Ihnen von Tag zu Tag leichterfallen, Ihrem Mann zu gefallen.

Versuchen Sie, seinen Penis und seine Hoden so exakt kennenzulernen, wie Sie es mit Ihrer eigenen Vagina machen. Wenn er nackt auf dem Bett liegt (vielleicht, nachdem er gerade gebadet hat), legen Sie sich neben ihn und betrachten Sie alles eingehend. Befühlen Sie die Nebenhoden in seinem Hodensack. Ertasten Sie, wie sie an der Spermaschnur hängen (die Sie sicherlich innerhalb der Umhüllung finden), und testen sie ihre Sensitivität mit den Fingern. Berühren Sie den Penis des

Mannes, den Sie lieben, und betrachten Sie sein ganzes Ausmaß vom Beginn des Schaftes bis hinauf zur Eichel.

Und darüber hinaus scheuen Sie sich nicht danach zu fragen, wie sich *dies* und wie sich *das* anfühlt. Fragen Sie Ihren Mann oder Liebhaber, was ihm am besten gefällt, was er bevorzugt, was ihm am meisten Spaß bereitet. Fordern Sie ihn auf, Ihnen zu zeigen, wie er mit seinen Geschlechtsorganen umgeht. Bitten Sie ihn liebenswürdig darum, Ihnen zu zeigen, wie er onaniert. So haben Sie die Möglichkeit zur Beobachtung, und Sie können es zu einem anderen Zeitpunkt selbst versuchen. Abgesehen davon, daß Sie dabei etwas lernen, wird dieser Unterricht Sie beide erregen.

Mit der Zeit werden Sie die Fähigkeit, die Sicherheit und das Vertrauen einer Frau bekommen, die weiß, wie man mit den Geschlechtsorganen eines Mannes, Ihres Mannes, umzugehen hat, und sich darüber informieren können, was Ihrem Mann am besten gefällt. Sie werden es verstehen, den »Freudenspender« Ihres Mannes mit der Hand zu dirigieren.

Kapitel 3

# Suck It To Him, Baby! – Oraler Sex

Wann haben Sie zum letzten Mal am Penis Ihres Liebhabers gelutscht? Heute früh, kurz vor Ihrer täglichen Hafersuppe? Letzte Nacht, wobei der Geschmack von Wein und gutem Essen noch auf Ihren sinnlichen Lippen war? Letzte Woche vielleicht? Letzten Monat? Vergangenes Jahr vielleicht? Was, noch nie?

Heutzutage spricht man über oralen Sex sehr offen, was noch vor ein paar Jahren nicht denkbar gewesen wäre. Das kann man teilweise der stark vermehrten Ausbreitung von Büchern über Liebes- und Sextechniken zuschreiben und vielleicht auch der Publicity, die mit dem Film *Deep Throat* einherging, worin Linda Lovelace einen Einblick in ihre außergewöhnlichen oralen Sexaktivitäten vermittelt; hinzu kommt, daß die Engländerin Tuppy Owens im New Yorker Kabelfernsehen dem Herausgeber und Verleger des Magazins *Screw*, Al Goldstein, ihre oralen Künste unter Beweis stellte. »Dürfen Sie überhaupt Sperma im Fernsehen zeigen?« fragte Miss Owens zu Ende der »Sitzung« offenherzig, indem sie sich die Lippen leckte.

Aber zwischen Gespräch und Praxis klafft eine extrem breite Lücke. Obwohl fast jeder dicke Wälzer für sexuelle Ratschläge mit dem Rat aufwartet, jedes Paar sollte oralen Sex in das tägliche Sexprogramm hineinbringen, erzählten mir trotzdem zahllose Frauen, daß sie mit dem Begriff des Penislutschens in der Praxis nichts anzufangen verstünden.

Warum? Wo liegt da das Problem?

Nun ja, hier haben wir ein Problem, zusammengefaßt von einer Frau aus Minnesota. »Ich nehme den Penis meines Mannes nicht in den Mund, weil ich nicht richtig weiß, wie ich mich dabei anstellen muß. Ich versuchte es einmal, und es schien, als würde ihm das nicht sonderlich viel bedeuten. Also gab ich auf und versuchte es seitdem nicht mehr.«

Hier ein weiteres, allgemein bekanntes Problem, das ein

Mädchen aus Boston anschneidet: »Ich spürte genau, daß mein Freund begierig darauf war, mir seinen Penis in den Mund zu stecken, aber für mich bedeutet oraler Sex etwas ganz Intimes, und ich weiß, daß ich meinen Freund dazu besser kennenlernen sollte. Er versucht ständig mir seinen Penis in den Mund zu drängen, und gerade das hält mich immer wieder von der ganzen Sache ab.«

Hier ein anderes Problem einer Frau, die in Albany lebt: »Ich weiß, daß ich es machen sollte, aber ich kann mich nicht von der Vorstellung lösen, daß es eine schmutzige Angelegenheit ist. In der Jugend ist einem immer und immer wieder erzählt worden, die unteren Hälften der Menschen seien schmutzig, und daß man niemals etwas Schmutziges in den Mund nehmen dürfe. Ich weiß, daß ich es trotzdem tun sollte, aber ich kann meinen Ekel einfach nicht überwinden.«

Es gibt noch verschiedene andere Gründe, die Frauen vom oralen Sex abhalten, aber hierbei handelt es sich um drei Probleme, die sehr weit verbreitet sind. Sie sollten keineswegs als albern oder dumm abgetan werden. Es sind ernsthafte Schwierigkeiten, die man aber überwinden kann. Ich hoffe, daß die freimütigen Äußerungen der erfahrensten amerikanischen *Fellatricen* (das ist der Ausdruck im Fachjargon für solche Damen, die ihre sexuelle Arbeit mit dem Mund verrichten) dazu angetan sein werden, Ihre Meinung über oralen Sex zu revidieren.

Lassen Sie uns auf das letzte Problem – die Hygiene – zuerst einen Blick werfen. Angenommen, Sie bestünden darauf, Ihr Liebhaber würde sich vor dem Geschlechtsverkehr mit Ihnen sorgfältig waschen, und angenommen, Sie würden genau dasselbe tun, dann gibt es überhaupt nichts Unhygienisches mehr, was Sie davon abhalten könnte, seinen Penis in den Mund zu nehmen. Ebenso könnten Sie beispielsweise auch seinen linken Ellbogen in den Mund nehmen. Der Kuß von Mund zu Mund ist weit verbreitet, aber er ist unreiner und unhygienischer, als man sich vorstellen kann.

Einige Frauen berichteten mir, daß sie davor Angst hätten, ihr Liebhaber könnte versehentlich (oder auch bewußt) in ihren Mund urinieren. Das ist nahezu unmöglich, denn ein Mann, dessen Glied in ihrem Mund ist, wird für gewöhnlich eine Erektion bekommen, und einem Mann mit einer Erektion ist es physisch nahezu unmöglich, in Ihren Mund zu pinkeln.

Das Rektum ist tatsächlich eine bevorzugte Zone für zahllose gefährliche Bakterien, wenn Sie aber trotzdem aus Gründen der Hygiene eine Abneigung gegen den Unterleib Ihres Freundes, Mannes etc. haben, dann sollten Sie diskret ein sterilisiertes Tuch verwenden und damit den Anus Ihres Liebhabers auswischen. Auf diese Weise vergewissern Sie sich einer perfekten Sauberkeit, und Ihrem Spaß an oralem Sex steht nichts mehr im Wege.

Versuchen sie, sich nicht allzusehr an Bakterien zu stören. In Ihrem Alltagsleben können Sie sich wesentlich gefährlichere Infektionen holen als beim oralen Sex. Es ist wichtig, daß Ihr Sexleben nicht zu einer nüchternen Angelegenheit wird oder gar klinisch. Es ist Ihre Bestimmung, Ihren Mann zu erregen. Sie sollen aber keineswegs an seiner Vorsteherdrüse eine Operation vornehmen.

Lesen wir also, was Jenny, eine Vierundzwanzigjährige, die in einer Bar arbeitet, über das Vergnügen zu berichten hat, das für sie mit dem Begriff des oralen Sex verbunden ist. Jenny ist sehr hübsch, fast ein wenig spröde, und während sie freimütig und offen spricht, kann man es sich schwerlich vorstellen, daß eine so große Anzahl männlicher Glieder zwischen ihren kleinen pinkfarbenen Lippen gelegen haben soll. Wenn Jenny erzählt, kommt man nicht umhin, sie wie eine Kuriosität neugierig anzustarren.

»Für mich gehören der Geruch und der Geschmack eines männlichen Gliedes zu den *erotischsten* Dingen dieser Welt. Das ist alles ein wenig süß und ein wenig scharf. Der Penis riecht stets ein wenig nach Moschus. Man riecht es sofort, wenn man den Penis eines Mannes in die Nähe seines Gesichts bringt. Er sieht aus und schmeckt wie eine fremdartige exotische Frucht. Man braucht nur den Mund zu öffnen und mit der Zunge ein wenig an der Eichel zu lecken, und man verspürt sofort den Geschmack von Schärfe. Diese Schärfe hält nicht sehr lange an, wenn man erst mal einen Penis ›probiert‹ hat, aber es ist furchtbar erotisch. Für mich ist das eine der größten Stimulantien, die es überhaupt gibt. Männer müssen wie Männer riechen. Ich will sagen, daß ich Körpergeruch auch nicht ausstehen kann. Der geht mir auch über die Hutschnur. Ich liebe es, meine Nase zwischen die Hoden und Oberschenkel eines Mannes zu legen. Dieser frische Geruch macht einen Mann aus.«

Was hat es aber mit irgendwelchen Infektionsproblemen auf sich? Jenny bearbeitet pro Tag fünfzehn unterschiedliche Geschlechtsteile mit ihrem Mund, die alle zu irgendwelchen fremden Personen gehören. Gibt es Probleme?

»Hin und wieder habe ich eine Halsentzündung, aber ich schaue mir stets den jeweiligen Pimmel des Mannes genau an, um mich zu vergewissern, daß er keine Entzündungen oder gar Geschwüre oder sonst etwas dran hat. Ich wäre ja nicht ganz normal, wenn ich einem Burschen einen blasen würde, dessen Ding schmutzig und infektiös aussehen würde. Gewöhnlich habe ich überhaupt keine Probleme. Der Mann unserer Tage hat so viele Werbefilme im Fernsehen betrachten können, die ihm alle sagten, es wäre nicht schicklich, wie ein Gorilla durch die Gegend zu laufen und dabei auch noch so zu riechen. Die Männer duschen alle regelmäßig.«

Es ist wichtig, sich daran zu erinnern, daß Ekel oder Widerwillen vor oralem Sex angesichts des Vorhandenseins von Bazillen oder Schmutz nicht notwendig sein muß, obwohl man dazu neigen könnte, sich aus den genannten Gründen eine Entschuldigung zurechtzubasteln. Einige Frauen kommen sehr schlecht über das Gefühl hinweg, oraler Sex sei eine entwürdigende, erniedrigende Angelegenheit.

Viele andere zeitgenössische Sexbücher ermuntern ihre Leser immer wieder dazu, aus oralem Sex etwas ganz Besonderes zu machen, indem die Frauen, bevor sie den Penis ihres Mannes mit dem Mund bearbeiten, Schlagsahne oder andere Süßigkeiten über das Glied schmieren. Dadurch werden absolute sexuelle Wohlgenüsse versprochen. Aber so leicht ist das ja nun auch wieder nicht, oder vielleicht doch?

Man muß sich dem oralen Sex Schritt für Schritt nähern. Man muß dabei Geduld mit sich selbst haben, und auch Ihr Liebhaber sollte Sie mit Geduld behandeln und nicht allzusehr drängen. Jeder Mann, der ein Mädchen dazu zwingt, seinen Penis in den Mund zu nehmen, tut sich damit keinen Gefallen. Die Frau wird sich schwer damit tun, ihrem Manne auf diese Weise wieder gefällig zu sein.

Wenn Sie es aus ganzem Herzen wünschen, den Penis Ihres Mannes in den Mund zu nehmen, aber doch irgendwie noch davor zurückschrecken, dann sollten Sie dem Beispiel von Trixie folgen. Trixie ist ein einundzwanzigjähriges Callgirl aus San Francisco. Das erste, was Ihnen an ihr besonders auffallen würde, sind ihre phantastischen dunklen Augen und ihre ungewöhnlich enganliegende Kleidung. Sie schaut mehr wie eine erfolgreiche Herausgeberin einer Modezeitschrift aus als wie ein Callgirl.

»Sie können es glauben oder nicht, von meinem vierzehnten Lebensjahr an hatte ich eine negative Einstellung dem oralen Sex gegenüber. Ich war so etwas, was Sie wohl mit den Worten ›schwierige Jugendliche‹ bezeichnen würden. Das war das Unterstatement des Jahrhunderts. Für gewöhnlich blieb ich die ganzen Nächte aus, und meine Eltern wußten nichts mit mir anzufangen. Ich traf mich mit Jack, einem älteren Mann. Ich glaube, er war irgendwie so um die Mitte dreißig. Vermutlich hatte er einen Bock auf junge Mädchen, aber das war mir damals nicht klar, mit vierzehn Jahren. Ich hielt mich für erwachsen und weltoffen. Es fiel mir auch gar nicht auf, daß die Leute mich für seine Tochter hielten, als wir zusammen in seinem Wagen durch die Gegend fuhren.

Ich habe ihn wirklich auf der Straße kennengelernt. Ich ging zu ihm hin und bat ihn um Feuer für meine Zigarette. Nachdem wir ein paar Minuten miteinander gequasselt hatten, fragte er mich, ob ich Lust hätte, mit ihm ein wenig übers Land zu fahren, um irgendwo etwas zu trinken. In dieser ersten Nacht versuchte er überhaupt nichts mit mir, er berührte mich noch nicht einmal. Aber wir trafen für den nächsten Tag eine Verabredung. Also zog ich mich schick an und ging hin.

In einem Restaurant in der Stadt aßen wir sehr gut, und danach wollte er mit mir hinaus an die Küste fahren. Es war bereits dunkel, angenehm kühl und irgendwie romantisch. Wir fanden einen abgelegenen Strand, saßen im Auto und lauschten dem Klang der Wellen. Ich lehnte mich zu ihm hinüber und gab ihm einen Kuß, und er griff nach meiner Hand und legte sie zwischen seine Oberschenkel. Ich konnte nicht glauben was da geschah. In der Dunkelheit hatte er seinen Schwanz herausgeholt, der heiß und hart aus seiner Hose ragte.

Er sagte: ›Halte ihn, nimm ihn in die Hand‹, und ich glaube, ich fürchtete mich und war erregt zur gleichen Zeit. Ich tat, was er mir gesagt hatte, hielt aber seinen Penis nicht sehr fest. Meine Hand muß wohl so erregend gewesen sein wie ein nasser Kopfsalat. Das war nun das erste Mal, daß ich wirklich den nackten Penis eines Mannes in der Hand hielt. Wir hatten immer mal die Jungens in der Schule betatscht, und ich hatte auch schon mal einen Jungen nackt gesehen, aber ich hatte niemals zuvor einen Penis in die Hand genommen. Ich war überrascht, wie warm das Ding war.

Dann sagte Jack zu mir: ›Hast du Lust mir einen zu blasen?‹. Ich sagte: ›Waaaas?‹ oder so etwas Ähnliches, denn ich war überrascht. Er antwortete: ›Nimm ihn in den Mund, komm her mit deinem Kopf‹. Ich wußte nicht, wovon er sprach. Also sagte er: ›So wird das gemacht‹, griff mir in die Haare und zog meinen Kopf über seinen Schoß. Ich fing zu kreischen an und zappelte ein wenig, aber ich wußte nicht, was zum Teufel überhaupt vor sich ging. Verstehen Sie, ich war so unschuldig, aber ich strampelte nicht allzu sehr. Ich glaube, daß ich ›Du tust mir weh‹ oder so etwas Ähnliches sagte.

Er hielt meine Haare in der einen und seinen Penis in der anderen Hand. Dann drückte er das Ding gegen meine Lippen. Ich gab ihm zwei kleine Küsse auf die Spitze, denn ich nahm an, daß es das gewesen wäre, was er von mir wollte. ›Mach deinen Mund auf, verdammt noch mal‹ sagte er, und ich tat es. Er drückte meinen Kopf noch tiefer herunter. Sein Schwanz verschwand in meinem Mund, und ich hatte das Gefühl, vollkommen geknebelt zu sein. Er sagte: ›Los mach schon, fang an, zum Teufel‹. Ich hatte Tränen in den Augen. Ich versuchte ihm zu sagen, daß ich keine Ahnung hätte von dem, was ich tun sollte, aber sein Schwanz stak vollkommen in meinem Mund, so daß ich kein Wort herausbrachte. Er schien gewaltig zu sein und hart und überhaupt schrecklich, und ich hatte das Gefühl, ich müsse sterben.

Ich versuchte meinen Kopf von da unten wegzubringen, aber er ließ mich nicht gewähren. Ich glaube, diese Kämpferei muß Jack wohl erregt haben, denn er kam in meinen Mund. Erst dann ließ er mich wieder los. Ich heulte wie verrückt und war vollkommen hysterisch. Jack schloß seinen Reißverschluß an der Hose und fuhr mich wortlos nach Hause. Nach dieser schrecklichen Fahrt setzte er mich ab und sagte, er wüßte nicht, ob er mich noch einmal wiedersehen möchte oder nicht, denn die ganze Sache sei *mein* Fehler. Ich ging rauf in mein Bett, spülte mir den Mund aus und inhalierte irgendwas Mentholhaltiges, um den Geschmack des Spermas aus meinem Mund zu bekommen. In diesem Augenblick schwor ich mir, daß ich niemals mehr den Penis eines Mannes in den Mund nehmen würde.

Mit sechzehn ging ich von zu Hause fort. Ich hatte eine Menge Freunde. Ich lernte ficken, und ich bekam Spaß daran, aber ich hatte kein Interesse daran, das Glied eines Mannes in den Mund zu nehmen. Ich erinnerte mich stets an die Angst und die Qualen, die mir Jack zugefügt hatte, als er mir seinen Pimmel in den Hals geschoben hatte. Ich glaube, ich hatte zu diesem Zeitpunkt eine krankhafte Abneigung dagegen entwickelt.

Ich begann als Callgirl zu arbeiten, als ich Davey traf, den man als meinen Manager bezeichnen konnte. Einige mögen Zuhälter dazu sagen, aber ich nahm dieses Wort nie in den Mund. Manager hörte sich besser an. Na ja, ich arbeitete einige Monate für ihn, und ich lehnte es immer noch ab, einen Penis in den Mund zu nehmen. Dann, eines Tages, rief einer meiner Kunden Davey an und beschwerte sich deswegen, also kam Davey in mein Apartment und fragte: ›Was zum Teufel geht hier vor sich? Irgendein Typ hat mich gerade angerufen und mir gesagt, du hättest ihm keinen blasen wollen. Wie kannst du überhaupt als Nutte arbeiten und einen solchen Service verweigern? Angenommen, ein Taxifahrer würde seine Kunden in die Stadt fahren, es aber ablehnen, sie nicht wieder aus der Stadt herauszufahren, egal, wie sie ihn auch bitten würden. Würdest du so was als Taxifahrer bezeichnen?‹

Jetzt wußte ich also, worauf er aus war. Er war sympathisch, aber der Vorfall mit dem Kunden machte ihn sauer. Er hatte einen gewissen Ruf zu verteidigen. Seine Kunden waren nicht auf nonnenhafte Unschuldslämmer aus.

Also versuchte ich, Davey die Sachlage zu erklären. ›Davey‹, fing ich an, ›ich kann das nicht machen, was die Kunden von mir verlangen, ich kann keinen Penis in den Mund nehmen. Es sträubt sich alles in mir, wenn ich so etwas machen soll. Tu mir einen Gefallen, und laß es mich bei dir versuchen. Vielleicht kann ich mich dann zusammenreißen und es bei anderen Leuten auch tun. Aber du mußt es langsam und vorsichtig machen, damit du mir nicht weh dabei tust.‹

Er dachte einen Augenblick darüber nach und stimmte dann zu. Am nächsten Abend kam er wieder in mein Apartment, zog sich die Klamotten aus und duschte sich. Dann legte er sich rücklings aufs Bett. Er ist ein sehr gutaussehender Bursche gewesen, also hatte ich in dieser Hinsicht keinerlei Einwände. Er war groß und schlank, mit schwarzen Haarlocken. Die meiste Zeit verbrachte er am Strand, also war er sehr braun und in bester körperlicher Verfassung. Er hatte einen herrlichen Schwanz, den eine Menge schwarzer, lockiger Haare umrahmten. Ich zog mich aus und verdunkelte den Raum ein wenig. Dann legte ich mich neben ihn, und wir sprachen miteinander. Die ganze Zeit über liebkoste ich Daveys Penis mit meiner Hand, bis er steif geworden war. Dann bewegte ich mich zu Daveys Glied hinunter und schaute es mir ganz genau an. Ich küßte ihn ein paarmal auf die Spitze und liebkoste auch die Hoden mit meinen Lippen. Ich rieb den Penis gegen mein Gesicht und gewöhnte mich zunächst an ihn. Dann drückte ich die Eichel gegen meine Lippen, und ein kleiner Tropfen

Flüssigkeit trat aus ihr hervor. Ich leckte ihn auf, und der Geschmack war mir nicht unangenehm.

Dann öffnete ich meine Lippen ein wenig und bewegte sie von einer Seite seiner Eichel zur anderen. Aber ganz plötzlich geriet ich in Panik über die ganze Sache, und ich wußte, daß ich spucken mußte, wenn ich Daveys Penis in den Mund nehmen würde. Also hörte ich lieber auf. Ich sagte Davey, es würde mir leid tun, aber er gab keine Antwort, lächelte nur, wodurch ich mich schuldig fühlte.

Ein paar Nächte später kam er wieder zu mir, und wir machten das Ganze noch einmal. In dieser Nacht kam ich allerdings auch nicht weiter, aber zu jenem Zeitpunkt hatte ich nicht mehr so große Angst vor seinem Pimmel. Ich war zuversichtlich, daß Davey mir seinen Pimmel nicht so in den Mund rammen würde, wie es seinerzeit Jack getan hatte. Ich wußte, Davey würde mich gewähren lassen, und das war mir eine sehr große Hilfe, denn ich wurde nicht zu etwas gezwungen.

Aber ich war noch nicht so weit. Ich wollte nicht einfach ins kalte Wasser springen. Also sprach ich mit Davey noch einmal über die Sache, und er bat mich, mit einem seiner besten Mädchen, einer Schwarzhaarigen namens Esther, zu reden. Mit Esther ging ich in eine Bar in der Stadt, und wir redeten bei ein paar Drinks miteinander.

Esther war wirklich sehr nett. Ich erzählte ihr von meinem Problem und sagte ihr auch, daß ich es vergebens versucht hätte, den Penis eines Mannes in den Mund zu nehmen. Esther berichtete mir, daß sie ähnliche Schwierigkeiten hatte, die aber inzwischen überwunden seien. Eine Frau muß erregt sein, erregt werden, um so etwas ganz Intimes mit einem Typen machen zu können. Auch sie fühlte sich nie genug erregt, wenn ein Mann von ihr forderte, seinen Penis in den Mund zu nehmen und zu bearbeiten.

Esther sagte mir, daß sie ihr Problem dadurch zu lösen versuche, indem sie bei sich masturbiere, während sie mit ihrem Mund dem jeweiligen Kunden und seinem Penis gefällig wäre. Auf diese Art und Weise würde sie einigermaßen

Spaß an der Sache bekommen. Sie sagte mir, keiner ihrer Kunden würde einen Einwand machen, da sie es alle gern sähen, wenn ein Mädchen an sich selbst herumfummeln würde. Dadurch kamen sie in den Genuß einer weiteren Attraktion. Die Männer dachten stets, daß Esther deshalb masturbieren würde, weil sie vom Anblick der männlichen Glieder erregt worden war, was wiederum den Männern großen Spaß machte. Aber sie wußten nicht, daß sie nur deshalb masturbierte, weil sie sich selbst erregen wollte, um den Mut aufbringen zu können, ihre Schwänze in den Mund zu nehmen.

Am nächsten Abend kam Davey wieder zu mir, und ich versuchte es mit Esthers Masche. Ich hatte ein paar Drinks zu mir genommen, um mich zu entspannen. Und als Davey ins Bett stieg, wollte ich gleich zur Sache kommen und seinen Penis mit meiner Zunge liebkosen. Ich mußte mich zwingen, nichts zu übereilen. Oft genug bleiben die Leute unbefriedigt, weil sie es zu eilig haben. Ich leckte die Spitze seines Gliedes, bis es vor Spucke glänzte. Dann steckte ich meine Zunge in das kleine Loch auf der Eichel und bewegte meine Zunge und meinen offenen Mund über seinen dicken, harten Pimmel.

Mit meinen Zähnen biß ich immer wieder in die schlaffe Haut seiner Hoden und zwickte sie liebkosend. Und die ganze Zeit über lag eine Hand von mir zwischen meinen Oberschenkeln, und ich tat, was Esther mir geraten hatte: Ich rieb und drückte meine Klitoris, bis sie wie ein Vogelschnabel hervorstand. Davey wußte nicht, was ich da tat, denn meine Beine waren geschlossen. Er lag auf dem Rücken und war mit sich und seinen Gefühlen beschäftigt.

Ich wurde langsam erregt und wollte nun auch Davey erregen. Also schwindelte ich so lange weiter, bis ich spürte, daß die Nässe über meinen Oberschenkel rann. Ich leckte mit meiner Zunge beständig um Daveys Eichel herum, während ich das Glied fest in meiner Hand hielt. Dann schloß ich die Augen, öffnete meinen Mund und schob Daveys Eichel vollkommen hinein.

Ich war vorsichtig. Ich versuchte, wie das Glied in meinem

Munde schmeckte. Bisher hatte ich nur die Eichel im Mund, begann aber schon, meinen Kopf auf und ab zu bewegen, so daß Davey mir in den offenen Mund fickte. Ich ließ den Kopf seines Pimmels gegen die Wände meiner Mundhöhle stoßen, und jedesmal, wenn er meine Lippen berührte, leckte ich die Unterseite mit meiner Zunge. Ich spürte wieder den salzigen Geschmack, und wußte, daß Daveys Erregung sich steigerte.

Die ganze Zeit über machte ich mir an meiner Klitoris zu schaffen und drängte meine Finger in meine Vagina. Nach einiger Zeit schien das Gefühl der eigenen Masturbation mit dem Gefühl, das Daveys Penis in meinem Mund hervorbrachte, zu verschmelzen, so daß ich immer erregter wurde.

Beim ersten Mal ging ich nicht so weit, daß es ihm kam. Erst einige Wochen später wußte ich, daß es für gewöhnlich länger dauert, bis er kommt, als beim Ficken. Die Stimulation ist in diesem Falle nicht so stark.

Aber schließlich schaffte ich es doch. Und das war für mich wie ein persönlicher Sieg. Ich war über das Trauma mit Jack hinweggekommen. Ich hatte es wirklich getan, ohne mich dabei zu betrügen und ohne irgendwelche Höllenqualen dabei auszustehen. Die Geduld hatte mir geholfen und Esthers Ratschlag, zu masturbieren, um Daveys Penis besser kennenzulernen.

Die einfache Technik, bei sich selbst zu masturbieren, während man sich selbst mit der Fellatio vertraut macht, hat verschiedene offensichtliche Pluspunkte. Zunächst einmal wissen sehr viele Frauen, daß sie sich durch schnelles Masturbieren in die notwendige erotische Stimmung bzw. Erregung versetzen können.

Zweitens verhilft diese erotisierende Erregung der Frau dazu, daß sie Gefallen daran findet, den Penis ihres Mannes mit ihrem Mund zu liebkosen, und dadurch partizipiert wiederum der Mann an der Erregung der Frau. Später werden Sie als Frau auch ohne das zusätzliche Hilfsmittel der Masturbation in den notwendigen Erregungszustand versetzt werden, indem Sie nur die Fellatio bei Ihrem Liebhaber ausüben. Aber zu Beginn wird Ihnen die Masturbation zu Hilfe kommen. Die

Verbindung aus Fellatio und eigener Masturbation wird Ihrer eigenen Freude am Sex dienlich sein (obwohl das auch auf die Erregung Ihres Liebhabers zutrifft). Einen besseren Ansporn könnte es gar nicht geben.

Drittens können Sie, wenn Sie bei der Masturbation Schuldgefühle verspüren, für eine diskrete Ausübung sorgen, allerdings gibt es keinen Grund für irgendwelche Schuldgefühle. Wenn Ihr Liebhaber auf dem Rücken liegt und Sie zwischen seinen Beinen, dann wird er schwerlich mehr von Ihnen sehen können, als Ihr Gesicht. Eine Hand ist mit ihm beschäftigt, was Sie mit der anderen machen, ist Ihre Sache.

Sogar wenn Ihr Liebhaber weiß, was Sie mit der anderen Hand tun, sollte er niemals etwas dagegen einwenden, egal, ob er ein sehr förmlicher Mensch ist oder nicht. Erinnern Sie ihn daran, daß Sex ein Tauschgeschäft ist – man gibt und man nimmt – und wenn er Sie während der Fellatio nicht stimulieren will, so müssen Sie es eben selbst tun. Ich weiß von einer jungen Frau, die zwei surrende Vibratoren benutzt, wobei sie einen Vibrator in ihren After, den anderen in ihre Vagina einführt, während sie ihrem Mann oralen Sex vermittelt. ›Warum soll nur er immer einen Riesenspaß vermittelt bekommen?‹ sagte sie mit einem Augenzwinkern.

Das beste an Esthers Masturbationstechnik ist die Tatsache, daß Sie auf diese Weise eine vollkommene Kontrolle über Ihre eigenen Gefühle erhalte, ein springender Punkt also innerhalb Ihrer eigenen sexuellen Entwicklung. Ich weiß, daß es sehr einfach ist, eine Frau von der Idee der Fellatio fortzuführen, weil Ekel und Abscheu bewirken, daß die eigenen erotisierenden Gefühle überlagert werden, aber eine Frau sollte sich in dieser Hinsicht selbst überwinden, denn vollkommene Kontrolle über ihre eigenen Gefühle im Hinblick auf ihre sexuelle Ansprechbarkeit ist unbedingt wichtig.

Was, zum Beispiel halten Sie von Stellung 69? Das ist die orale Sexposition, in der ein Paar nebeneinander liegt und der Mann die Genitalien seiner Partnerin leckt, die Frau hingegen die Genitalien des Mannes.

Nun ja, meiner Ansicht nach und auch nach Ansicht der

Damen aus dem horizontalen Gewerbe, wird diese Stellung 69 überschätzt, überbewertet. Das wichtigste beim oralen Sex ist doch, daß *ein* Partner dem *anderen* Freude bereitet, wobei die eigenen Gefühle zurückgestellt werden sollten. Jenny Fabian, die sich selbst zur Fellatio bekennt und Autorin des offenkundig autobiographischen Romans *Groupie* ist, bringt ihre Ansichten über die 69iger-Stellung (auch für mich) auf einen Nenner:

»Es gibt Menschen, die zur gleichen Zeit beides tun, aber ich kann mich nicht konzentrieren, wenn man mich leckt und ich zur gleichen Zeit Ähnliches tun soll. Es mag mir wohl anfangs Freude bereiten, aber dann vergesse ich, was ich tue. Ich habe nichts dagegen, wenn man sich zur gleichen Zeit gegenseitig leckt, aber nacheinander gefällt es mir besser.«

Wie wir gehört haben, neigen sehr viele Frauen dazu, oralen Sex abzulehnen, weil sie der Ansicht sind, die Regeln nicht zur Genüge zu kennen. Es gibt nichts Übleres, als einen Penis zwanzig Minuten lang mit dem Mund zu bearbeiten, ohne daß man weiß, ob der Mann Spaß daran hat oder nicht. Möglicherweise toleriert ein Mann auch die Sache, um die Gefühle seiner Partnerin nicht zu verletzen.

Es ist sehr wichtig, sich daran zu erinnern, daß Menschen während oraler Stimulation selten in der Lage sind, ihren Gefühlen Ausdruck zu verleihen. Während des eigentlichen Geschlechtsverkehrs tun sie es schon eher. Die Gefühlsempfindungen bei oralem Sex ähneln den Gefühlsempfindungen der Masturbation sehr stark, denn der Empfänger sexueller Reize tendiert dazu, sich zurückzulehnen und seiner eigenen erotischen Fantasie freien Lauf zu lassen. Abgesehen davon ist es wohl sicherlich nicht einfach, eine bedeutungsvolle Konversation zu führen, während man auf der unteren Hälfte des Bettes liegt und den Mund voll hat.

Haben Sie keine Angst! Wenn der Penis Ihres Mannes hart bleibt und Ihr Mann selbst stumm, und wenn Sie sich der Tricks und Maschen jener erfahrenen Mädchen bedienen, dann haben Sie den Grundstein für einen reibungslosen Ablauf oralen Sexes gelegt.

Kommen wir zu Melissa. Sie ist siebenundzwanzig Jahre alt, schlank, kommt aus Chicago und hat ein freundliches Naturell. Ihre Brüste sind groß und voll, spricht sehr leise, zuversichtlich und mit deutlicher Artikulation.

»Wissen Sie, was meiner Ansicht nach beim Schwanzlutschen falsch gemacht wird? Daß jedermann diese sexuelle Betätigung auch als ›Schwanzlutschen‹ bezeichnet! Mit Saugen oder Lutschen hat das überhaupt nichts zu tun. Als ich das erstemal einen Penis in den Mund bekam, saugte ich tatsächlich daran. Ich saugte und saugte, nahezu zehn Minuten lang, und als der Bursche keine Anzeichen des Genusses von sich gab, saugte ich noch härter. Irgendwann tippte er mir auf die Schultern und sagte: ›Hör zu, Mädchen, wenn ich daran interessiert gewesen wäre, daß man mir den Schwanz leersaugt, hätte ich mir einen Staubsauger genommen.‹ Über diesen Vorfall schämte ich mich so sehr, daß ich es die folgenden Monate unterließ, einen Penis in den Mund zu nehmen, denn ich wußte überhaupt nicht, was ich da tat. Und wer zeigt es einem schon? In der Schule kriegt man so was nicht beigebracht, und viele Mütter reden noch nicht einmal über schmutzige Unterwäsche, von Sex ganz zu schweigen.

Aber schon sehr bald fand ich heraus, was es mit oralem Sex auf sich hat, als ich mich mit einer Kollegin namens Georgia zusammentat und wir gemeinsam unserem Gewerbe nachgingen, wenn es von Kunden gefordert worden war. Zu jener Zeit waren wir beide achtzehn Jahre alt und lebten nicht mehr zu Hause. Wir lernten uns in einer Diskothek in der Wabash Avenue kennen. Gewöhnlich stolzierten wir in engen kurzen Röcken herum, so daß jedermann, der daran interessiert war, einen Blick auf unsere Höschen werfen konnte. Dazu trugen wir schwarze Plastikstiefel. Eines Nachts gingen wir durch das Strichviertel nach Hause, wo wir mit zwei Seeleuten zusammentrafen. Sie wohnten nicht allzuweit entfernt in einem Hotel und fragten uns, ob wir nicht Lust hätten, mit ihnen zu kommen. Ich selbst wußte nicht, was ich dazu sagen sollte, aber Georgia war dafür, nannte unseren Preis und wir gingen mit, nachdem die Matrosen zugestimmt hatten.

Das Hotel war sehr klein und schäbig. Die Seeleute hatten ein Doppelzimmer belegt. Zwei einzelne Betten nebeneinander. Ich wußte nicht, daß wir alle vier im selben Raum vögeln sollten, bis Georgia sich auszog und die Matrosen es ihr gleichtaten. Georgia sagte: ›Komm, Melissa, zieh dich auch aus‹, und ich zog Bluse, Büstenhalter und Rock aus, aber der Matrose, mit dem ich beisammen war, hielt es für besser, wenn ich meine schwarzen Stiefel anbehielt. Dann legten wir uns auf das Bett. Ich war sehr aufgeregt. Ich konnte Georgia und den anderen Matrosen sehen, und bemerkte, daß beide Männer einen Steifen hatten. Ich hatte noch nie zugesehen, wenn zwei Leute miteinander fickten. Es ist sehr erregend, wenn man selber vögelt und dabei zusehen kann, wie nebenan zwei andere Leute das gleiche tun.

Ich legte mich auf meinen Rücken, und mein Seefahrer stieß seinen Pimmel bereits in mich hinein, obwohl ich auf ihn noch gar nicht vorbereitet war. Mit meinen schwarzen Stiefeln klebte ich an seiner Taille, während wir schon wild miteinander vögelten.

Georgia kniete vor ihrem Matrosen und lutschte seinen Schwanz. Ich schaute ihr eine Weile dabei zu. Sie war bereits eine richtige Expertin im Schwanzlutschen, und während ich ihr so zusah, merkte ich, was ich falsch gemacht hatte.

Wenn ich sage, daß sie ihn lutschte, dann tat sie das nicht so, wie ich mir das vorgestellt hatte. Ich meine, sie lutschte nicht so, wie Kojak an seinem Dauerlutscher lutscht. Man kann nicht das Sperma eines Mannes aus seinem Penis lutschen. Das begriff ich damals. Ein Mann hat nur dann seinen Höhepunkt, wenn man seinen Penis mit Lippen und Mund bearbeitet.

Zunächst einmal leckte Georgia um den Penis ihres Matrosen herum. Dabei leckte sie auch den Schlitz auf der Eichel und stülpte dabei ihre Lippen über ihre Zähne, um den Burschen nicht zu verletzen. Sie hatte ihren Mund wie ein ›O‹ geöffnet und bewegte ihren Kopf auf und ab, wobei das Glied des Mannes einmal ganz in ihrem Munde verschwand und bei der nächsten Bewegung wieder zum Vorschein kam. Es sah so aus, als würde er ihr in den Mund ficken.

Zwischendurch lutschte sie die Eichel seines Gliedes, aber nicht zu fest. Manchmal drückte sie den Penis auch an die Innenseiten ihrer Wangen, entblößte die Zähne und fuhr mit ihnen sanft über die Oberfläche des Schaftes, aber die übrige Zeit behielt sie diesen *Fickrhythmus* bei, wobei sie mit ihrem Mund an seinem Schwanz onanierte. Darin besteht das eigentliche Geheimnis gekonnter Schwanzlutscherei. Es spielt dabei keine Rolle, ob man rasche Drehungen dabei ausführt, man muß den Rhythmus des ›Rein und Raus‹ beibehalten.

Georgia hatte eine Hand um seine Eier gelegt, liebkoste und kitzelte sie, und scheute auch nicht davor zurück, ihre Finger bis hinauf zu seinem After zu führen. Ich konnte all das genau sehen, es geschah nur zirka zwei Meter von mir entfernt. Es war einfach toll, und ich bekam allein vom Zusehen einen Orgasmus, obwohl der Matrose auf mir hing und mich wie ein Holzfäller vögelte.

Ich konnte beobachten, daß sich der Penis von Georgias Partner versteifte und noch mehr anzuschwellen schien. Das geschah, als sie sich immer schneller mit dem Mund auf und ab bewegte. Ich sah genau zu, als das Sperma herausschoß. Sie ließ sich nicht in den Mund spritzen, hielt aber ihre Hand dafür auf, und melkte ihn förmlich in ihre Handfläche. Dann schmierte sie sich sein Sperma über die nackten Brüste und rieb es um ihre Brustwarzen herum, bis sie spitz hervortraten. Das erregte sie richtig.

Zu diesem Zeitpunkt spürte ich ein warmes Gefühl zwischen meinen Oberschenkeln, denn mein Matrose war dabei zu kommen. Ich erlebte einen irren Orgasmus.«

Nachdem sie gelernt hatte, daß Fellatio mit dem Begriff ›Schwanzlutschen‹ eigentlich nicht zu umschreiben war, probierte Melissa Georgias Techniken aus und stellte zum ersten Mal fest, daß es sie nicht mehr stört, das Sperma eines Mannes in ihrem Munde zu spüren. Und sie entdeckte einige neue Tricks, die ihr bei ihrer eigenen Fellatioanwendung zugute kamen.

»Man kann auch seine Zunge so benutzen, daß ein Mann schneller kommt. Man muß dabei die eigene Zunge um den

Penis des Mannes herumrotieren lassen, während man mit dem Kopf die Auf- und Abwärtsbewegung vollzieht, von der Georgia sprach. Man kann selber überprüfen, ob man dazu fähig ist, wenn man seine Zunge versteift und im eigenen Mund kreisen läßt und sie dabei gegen die Innenseiten der Wangen drückt. Wenn man diese Bewegung sehr schnell vollzieht und den Kopf dabei auf und ab bewegt, dann umschließt die Zunge den Penis des Mannes wie eine Spirale.

Aber man kann noch etwas tun, um den Ablauf der Fellatio zu verfeinern, indem man die Unterseite des Gliedes mit den Zähnen streift. Man muß allerdings dabei sehr sorgfältig vorgehen und den richtigen Druck ausüben, nicht zu stark, nicht zu sanft. Der leichte zusätzliche Druck der Zähne wird den Mann noch schneller erregen.«

Judith, ein neunzehnjähriges Barmädchen aus Queens, New York, das es mehr als meisterhaft versteht, mit hoher Geschwindigkeit den Penis eines Mannes zu bedienen, kennt noch einen weiteres Trick innerhalb der Ausübung der Fellatio, der bei ihr immer dann Anwendung findet, wenn Männer da sind, die sehr schwer zu einem Orgasmus gelangen.

»Ich stecke eine Fingerspitze in seinen After, und mit dem Daumen derselben Hand drücke ich gegen die Unterseite des Gliedes. Ich drücke also den Pimmel und ziehe am After zur gleichen Zeit. Man kann dabei schon recht fest zudrücken. Gewöhnlich kommt der Kunde in ein paar Minuten.«

Ein anderer Trick, den Judith anwendet, um schwerfällige Klienten zum Ausstoßen des Spermas zu bewegen, ist eine subtile Mischung aus manueller Masturbation in Verbindung mit oralem Sex.

»Ich nehme den Penis des Klienten aus dem Mund und bearbeite ihn in der gleichen Geschwindigkeit mit der Hand. Aber der Kunde kriegt gar nicht mit, daß ich ihn mit der Hand bediene anstatt mit dem Mund, denn ich lecke ihm dabei die Eichel und reibe seinen Schwanz gegen meinen Mund, gegen meine Wangen und gegen meine Nase. Der Kunde ist so erregt, daß er seine Augen gar nicht von mir abwenden kann. Mitunter, wenn ein Kunde mich dabei beobachtet, erregt er sich so sehr, daß er sofort kommt. Nachdem ich seinen Penis eine Zeitlang mit der Hand geschüttelt habe, nehme ich ihn wieder in den Mund, so daß er noch längere Zeit etwas davon hat.«

Ingrid, eine achtzehnjährige Schwedin aus Stockholm, Darstellerin in einem berühmten Live-Sex-Club, kann mit einer weiteren, teilweise visuellen, teilweise stimulatorischen Technik aufwarten, mit der sie ihre Männer in Schwung bringt.

»Wenn ich mit einem Manne oralen Sex betreibe, dann richte ich mich für gewöhnlich mittendrin einmal auf und setze mich direkt auf seinen Pimmel, so daß dieser genau in mir steckt. Ich bewege mich ein paarmal rauf und runter, nehme das Glied wieder heraus und mache oral weiter. Der betreffende Mann hat sehr viel Spaß an diesem Fickgefühl, das ihn natürlicherweise noch mehr erregt. Aber er erregt sich deshalb so sehr, weil er weiß, daß ich sein Glied im Mund habe, das noch eben in meinem Körper steckte und natürlich glitschig von meiner Flüssigkeit ist. Männer mögen das. Ich glaube, sie mögen es, wenn eine Frau besudelt ist. Sie stellen Frauen auf ein Piedestal und sehen gern dabei zu, wenn sie sich mit schmutzigen Dingen befassen.«

Ingrids Psychologie, obwohl eine Vereinfachung einer sehr komplexen sexuellen Vorliebe, trifft den Nagel auf den Kopf. Wie wir später noch hören werden, lassen sich viele Männer stimulieren, wenn sie beobachten können, daß Frauen (oder Mädchen) »schmutzige« oder unnatürliche Geschlechtsakte ausführen. Der Gedanke daran, daß es Mädchen gibt, die zwanzig Dollar kassieren, damit ein Mann ihnen beim Urinieren zusehen darf, ist sehr ernüchternd, denn oftmals würden diese Männer diesen Wunsch auch zu Hause äußern, aber ihre eigenen Frauen verwehren ihnen den Blick durch die Badezimmertür.

Dies bringt uns zu einem anderen verwickelten Problem, das mit oralem Sex einhergeht. Schlucken Sie sein Sperma herunter oder nicht? Jede sexuell befreite Frau betrachtet den männlichen Samen als eine Art Medizin, die man einnehmen kann. Darüber, daß Sperma allerdings nicht zu den feinschmeckerischen Errungenschaften unserer Welt zählt, wollen wir aber gar keinen Zweifel aufkommen lassen.

Rein chemisch enthält das Sperma nichts, was Ihnen irgendwie schaden könnte. Sperma ist eine Mischung aus Proteinen, reinem Zucker und Enzymen; abgesehen davon haben die darin enthaltenen mikroskopisch kleinen Samenfäden die Aufgabe, Ihre Eier zu befruchten (allerdings nicht auf oralem Wege).

Sperma macht nicht dick, zumindest nicht in der Quantität, in der sie es trinken. Sperma bewirkt auch nicht, daß Ihre Brüste größer werden; und Sperma kann Sie nicht schwängern, wenn Sie es herunterschlucken.

Wie Sie immer wieder sehen können, ist Sperma eine trübe, milchigweiße Flüssigkeit, dem Eiweiß des Eies ähnlich, von gallertartiger, leicht zähflüssiger Konsistenz. Sperma schmeckt leicht salzig, leicht bitter, und manche Mädchen sagen, die Flüssigkeit hätte in ihrem Mund einen zusammenziehenden Effekt.

Wenn Sie es aus religiösen Gründen ablehnen, Sperma zu schlucken, dann sollten Sie davon Abstand nehmen. Einige römische Katholiken glauben, es würde dabei eine von Gott gegebene Saat verschwendet. Wenn Sie darüber hinaus aber keinerlei solcher Einschränkungen unterliegen und nur mit der Möglichkeit spielen, es könnte Ihnen dabei schlecht werden, dann sollten Sie trotzdem den Versuch unternehmen, Sperma herunterzuschlucken. Schluckt man das Sperma seines Liebhabers herunter, so ist das schließlich und endlich der logische Abschluß der Fellatio. Ich gebe ganz offen zu, daß es sich dabei innerhalb oraler Sexpraktiken um den zufriedenstellendsten Höhepunkt handelt. Jenny Fabian erzählte mir:

»Ich meine, es handelt sich hierbei unter den gegebenen Umständen um das Praktischste und Artigste. Wenn man als Frau soweit geht, daß ein Mann seinen Orgasmus bekommt, und man bewerkstelligt das dabei auch noch mit dem Mund, dann sollte man auch noch den letzten logischen Schritt tun, indem man das Sperma schluckt. Es ist verrückt, es nicht zu tun, glaube ich.«

Wenn Sie Mies- und Flußmuscheln essen können, Krustentiere, Schnecken oder rohe Eier, dann dürfte es Ihnen überhaupt keinerlei Schwierigkeiten bereiten, das Ejakulat Ihres Mannes zu schlucken. Wenn Sie tatsächlich einmal den Versuch unternehmen möchten, Sperma zu schlucken, aber bislang dafür noch nicht den Mut aufgebracht haben, dann versuchen Sie sich zunächst einmal an einigen Löffeln ungekochten Eiweißes oder essen rohe Austern.

Aber das beste Training ist das Training im »Gelände«, und das bedeutet, sich am echten, lebenden Sperma zu versuchen. Auch hier gibt es List, und Lindy, eine zweiundzwanzigjährige Prostituierte aus Los Angeles, erklärt, was es mit dieser List auf sich hat. Diese attraktive Brünette, die so bezaubernd lächeln und so ansteckend lachen kann, begann ihre Sexkarriere mit einer tiefverwurzelten Abneigung gegen alles Intime, insbesondere gegen das Herunterschlucken von Sperma.

»Ich war stets ein freies und ungezwungenes Mädchen. Sex mag ich jetzt, aber das war nicht immer so. Meine Unschuld verlor ich hinter einem Scheunentor durch einen Speiseeisverkäufer. Damals war ich zwölf. Ich war unschuldig genug, denn ich ging nach Hause und erzählte alles meiner Mutter. Sie fragte mich, ob der Mann mich verletzt hätte. Ich antwortete ihr, daß mir nichts wehgetan hätte – es hätte mir *Spaß* gemacht. So war das. All ihr Mitgefühl verwandelte sich in Zorn. Von meinem Vater erhielt ich eine gewaltige Tracht Prügel und durfte während der folgenden Woche nicht aus dem Haus. Mein Vater machte sich nach dem Eisverkäufer auf die Suche, konnte ihn aber nicht ausfindig machen.

Ich traf mich mit Jungens von meinem vierzehnten Lebensjahr an, und einige davon fragten mich stets, ob ich ihre Pimmel in den Mund nehmen würde. Aber ich konnte mich nicht mit dem Gedanken anfreunden, den Samen eines anderen in den Mund zu nehmen oder gar herunterzuschlucken. Auf keinen Fall. Mir gefiel der Geschlechtsverkehr. Ich hatte regelmäßig Geschlechtsverkehr, aber, dieses Spermazeugs herunterschlucken, damit wollte ich nichts zu tun haben.

Als ich das erste Mal damit zu tun hatte, war ich neunzehn Jahre alt und lernte einen Burschen von der Universität kennen. Er hieß Mike, und er war wohl der gebildetste und zuvorkommendste Bursche, den ich je kennengelernt hatte. Ich weiß nicht, aus welchem Grunde er sich in mich verliebte, aber es war so wie ich Ihnen berichte. Wir blieben sieben Monate beieinander, und das war für mich eine sehr lange Zeit.

Er beschäftigte sich mit seiner Zunge immer unten bei mir, aber ich tat es niemals bei ihm; eines Tages aber fragte er nach dem Grund. Ich sagte ihm, daß ich kein Sperma schlucken würde. Er erwiderte darauf gar nichts, aber ich wußte, daß ich ihn irgendwie verletzt hatte. Danach liefen die Dinge zwischen uns beiden nicht mehr so recht. Ich glaube, er war der Meinung, daß irgend etwas an ihm wäre, was mir nicht gefiel, und das war so schrecklich zerstörend.

Schließlich sprach ich mit Mrs. Sadonick, der Mutter einer meiner Freundinnen und sie fragte mich, wie ich mit Mike zurechtkäme. Ich weiß nicht warum, aber ich erzählte ihr die Wahrheit. Ich erzählte ihr, warum verschiedene Dinge nicht so liefen, wie sie laufen sollten und warum ich eine Abneigung davor hatte, das Sperma meines Freundes zu schlucken. Man sollte es nicht glauben, Mrs. Sadonick verstand mich wirklich. Sie berichtete mir, daß sie sich nebenbei etwas verdient hätte, und zwar während des Krieges, als ihr Mann im Pazifik gefallen war, indem sie hin und wieder Männer mit nach Hause nahm. Sie wußte also alles über solche Dinge. Ich war verblüfft. Ich hatte stets gedacht, bei der alten Dame handele es sich um einen ganz gewöhnlichen Großmütterchentyp.

Sie erzählte mir von dem Trick, den Penis eines Mannes in der Sekunde aus dem Mund zu nehmen, wenn man spürt, daß er kommt. Dann spritzt das Zeug einem über das Gesicht, das schaut zwar furchtbar aus, aber man braucht dabei nichts herunterzuschlucken. Der Bursche ist dann sehr zufrieden mit einem, und darum geht's ja schließlich. Man geht dann ins Badezimmer und wäschst sich das Zeug aus dem Gesicht.

Das versuchte ich mit Mike. Ich nahm seinen Penis in den Mund und bearbeitete ihn. Beim ersten Mal war ich nicht sonderlich gut, aber beim fünften oder sechsten Mal hatte ich soviel Gespür, daß ich fühlen konnte, wenn es ihm kam. Ich machte genau das, was Mrs. Sadonick mir gesagt hatte, denn ich nahm den Pimmel aus dem Mund und sein ganzes Zeug bespritzte mich von oben bis unten. Mike schaute mich verdutzt an, wie ich da vor ihm kniete und sein Sperma im Gesicht hatte. Er wollte nicht glauben, was er da sah. Er dachte, er hätte das Verrückteste seines Lebens gesehen. Er küßte mich sogar, während sein Sperma auf meinen Lippen klebte.

Er war so sehr von der Sache angetan, daß wir das Ganze am nächsten Tag wiederholten. Wenn auch dieser Trick furchtbar clever war, so hatte ich doch keine Möglichkeit, Mikes Sperma zu schmecken. Zwar hat man den Samen auf den Lippen, kann sich aber meist nicht dazu überwinden, ihn zu schmecken, also etwas davon abzulecken. Allerdings klappt es nicht immer mit dem richtigen Zeitpunkt, so daß man manchmal doch etwas von der Portion in den Mund geschossen bekommt. Auf diese Weise kriegt man dann doch etwas von dem Geschmack mit.

Nach ein paar Wochen gewöhnte ich mich so sehr an den Geschmack, daß ich mich gar nicht mehr darum scherte, wenn irgendwann einmal etwas in meinen Mund geriet. Wenn man das Zeug erst einmal über das Gesicht gespritzt bekommt, dann macht einem das sehr bald nichts mehr aus. Das ist ganz irre, wenn man sich daran gewöhnt hat, Sperma zu schlucken, ohne daß es einem dabei übel wird.

Dann, an irgendeinem Tag, als wir einmal durch gutes Gras richtig angeturnt waren, blies ich Mike einen, und als es ihm kam, nahm ich erst gar nicht mehr seinen Pimmel aus meinem Mund. Ich ließ all das cremige Zeugs meine Kehle herunterspritzen und schluckte es. Beim Schlucken war es klebrig, aber wenn man es in seinem Mund mit etwas Spucke verdünnt, dann kann man es besser herunterkriegen. Es schmeckte gar nicht übel.

Ich war so sehr von mir angetan, daß sich dieser Vorfall zwischen mir und Mike jeden Tag wiederholte, und zwar immer morgens, wenn wir gerade aufgewacht waren. Abends ging's dann noch einmal ran. Der Ärmste war vollkommen erschöpft. Ich war ganz wild darauf. Ich lutschte ihn so lange, bis ich spürte, daß es ihm kam. Dann legte ich mich unter ihn, hielt meinen Mund auf und ließ ihn hineinspritzen. Hatte ich dann jedesmal die Portion Sperma geschluckt, nahm ich Mikes Penis wieder in den Mund und saugte so lange, bis der letzte Tropfen verschwunden war.«

Dieses »Sadonick-Gewöhnungs-Programm« ist ein Weg, wie man sich in zunehmendem Maße mit der Kunst des »Spermaschluckens« vertraut machen kann. Es hat den Vorteil, den Liebhaber zu erregen, auch wenn man dabei nicht den Samen des Mannes zu sich nehmen möchte.

Ein zusätzlicher Ratschlag kommt von Ellie, einem zweiunddreißigjährigen Callgirl aus New York. Ellie haben wir bereits in Kapitel 1 kennengelernt.

»Spucken Sie niemals das Sperma eines Mannes vor seinen Augen aus, auch dann nicht, wenn sich ihr ganzes Denken darauf konzentriert. Ist das Sperma in Ihrem Munde und möchten Sie es loswerden, dann stöhnen Sie einmal richtig vor Befriedigung auf und lassen sich mit dem Gesicht nach unten auf das Kissen fallen. Heben Sie eine Ecke des Kopfkissens an und spucken Sie leise das Sperma aus. Den Mund können Sie sich dann ebenfalls abwischen. Spucken Sie das Sperma eines Mannes vor seinen Augen aus, dann ist das für einen Mann die Verschmähung von etwas sehr Wertvollem, und er wird Ihnen eine solche Tat niemals vergeben.«

Einige Mädchen entwickeln für Sperma einen Geschmack, eine Vorliebe, die nahezu einer Sucht gleicht. Obwohl ich nicht erwarte, daß Sie sich so weit ins Extrem vorwagen, möchte ich doch von einigen Frauen berichten, die gelernt haben, den Geschmack und die Beschaffenheit des männlichen Ejakulats zu lieben.

Ruth, ein vierundzwanzigjähriges Barmädchen aus New Jersey vermittelte mir eine halbstündige Lobrede auf die Wunder des Spermas, die auch diese verblüffenden Zugeständnisse enthielt:

»Einmal ging ich auf eine Party, wo auch zehn oder zwölf Burschen zugegen waren. Aus der Party wurde eine Orgie. Ich ging mit einem Plastikbecher herum und sagte, wenn jeder der Anwesenden einen Schuß Sperma beisteuern würde, dann würde ich den Becher vor aller Augen leertrinken. Einige der anwesenden Mädchen trauten ihren Ohren nicht, andere hingegen wollten nicht, daß ihre Männer etwas beisteuern sollten. Na ja, egal wie dem auch im einzelnen war, die Burschen holten sich einen runter und gaben mir was sie hatten. Von ungefähr fünfzehn Burschen hatte ich den Becher halb voll. Ich stellte mich also vor allen auf und trank den Becher leer. Während das schlüpfrige Sperma meine Kehle herunterrann, bekam ich selbst meinen Orgasmus.«

Kommt es also zum Herunterschlucken des Spermas, so hat es gewiß sehr lange gedauert, bis Sie sich dazu entschließen konnten, Sperma zu schlucken, nachdem Sie sich daran gewöhnt hatten, den Penis Ihres Mannes im Munde zu dulden. Gewiß wird man über Nacht nicht zu einem Sperma-Fanatiker. Vergessen sie nicht, wenn Sie Ihrem Sexrepertoire die Fähigkeit hinzufügen, Sperma zu schlucken, dann tun Sie etwas, was im Hinblick auf das sexuelle Ego und die Eitelkeit Ihres Liebhabers Wunder wirkt. Und nach gewisser Zeit werden Sie vielleicht für sich das Spermaschlucken als ein erregendes Unterfangen empfinden.

Nach dem Spermaschlucken gibt es noch eine Technik, die mich mehr als jede andere interessierte. Es handelt sich hierbei um das »deep throat«, das Schlucken des männlichen Gliedes. Hier eine der Fragen der Befragten.

»Mein Ehemann hörte von Linda Lovelace, und er bat mich, seinen Penis so zu schlucken, wie Linda das in ihrem Film getan hatte. Ich weiß nicht, wie ich das bewerkstelligen soll. Ich hab's irgendwann einmal versucht, aber ich mußte dabei würgen. Was muß ich machen?«

Bevor Sie damit beginnen, müssen Sie erst einmal eine einigermaßen positive Haltung zu dieser Sache einnehmen und zur Kunst der Fellatio im besonderen. Sie sollten sich erst gar nicht mit dem Penisschlucken befassen, bevor Sie sich nicht dem Schwanzlutschen im allgemeinen hingegeben haben. Es ist eine Technik für Fortgeschrittene, und wie bei allen sexuellen Techniken benötigt man Training dazu, Disziplin und die richtige geistige Einstellung.

Wenn Sie ganz ehrlich ein brennendes Verlangen verspüren, den Penis Ihres Liebhabers so tief in Ihrem Munde verschwinden zu lassen, bis seine Hoden gegen Ihr Kinn prallen, dann müssen Sie sich mehrere Wochen konzentriert darauf vorbereiten.

Nebenher bemerkt war Linda Lovelace keineswegs die Erfinderin des Schlundfickens. Es gehört, was die Fellatiotechniken anbelangt, zum Standardrepertoire der »Damen der Nacht«, und zwar seit Jahrhunderten, und das Sextagebuch eines elisabethanischen Zeitgenossen erwähnt unter anderem: »...ein Mädchen verschluckte mich bis zu meiner Samenkapsel...«

Katie, eine dreißigjährige Nutte aus Milwaukee, berichtet, wie das Schlundficken ihr von ihrer jüngeren Schwester, ebenfalls einer Prostituierten, beigebracht wurde. Katie ist eine Irin mit strahlenden Augen, deren heisere Stimme Sie möglicherweise über die Nebeneffekte des Penisschluckens nachdenken lassen könnte.

»Das geschah alles, als ich einen Typ aus Kalifornien beservicte, der sich auf einer Geschäftsreise in Milwaukee befand. Ich wurde von einer Firma in Milwaukee bezahlt, um den Mann zu unterhalten. Und ich wurde gut dafür bezahlt. Er war sehr nett, in mittlerem Alter mit grauen Schläfen und sehr respektabel.

Als er in der ersten Nacht bei mir war, erzählte er mir, daß er den Film *Deep Throat* gesehen hatte und fragte mich, ob ich auch die Fähigkeiten von Linda Lovelace besäße. Ich sagte ihm, daß ich nicht ganz sicher sei, was er sich da vorstellte, aber er antwortete mir, ich solle seinen Penis in meine Kehle herunterschlucken. Ich sagte ihm, daß ich so was Ähnliches gelegentlich mal versucht hätte. Ich kniete mich vor ihm auf den Boden und bekam sein Ding ein ganzes Stück meinen Schlund hinunter, aber nicht tief genug, um ihn zufriedenzustellen. Er versuchte es mit Nachdrücken, aber das bewirkte lediglich, daß ich mich übergeben mußte.

Am nächsten Tag sprach ich mit meiner Schwester Maureen über den Vorfall, und sie sagte mir, sie wisse, wie man so etwas machen müßte, weil es ihr ein Kunde vor ein paar Jahren beigebracht hatte. Der Trick besteht darin, daß man das Verlangen nach Würgen und Erbrechen verlieren muß.

Sie befahl mir, einen meiner Finger in die Kehle zu stecken. Als ich es das erstemal machte, fühlte ich mich kank. Aber sie befahl mir, es immer und immer wieder zu tun, und bereits nach einem Tag konnte ich meine Finger in meine Kehle stecken, ohne dabei zu würgen.

Nachdem ich fähig war, einen Finger in den Hals zu schieben, ohne dabei zu würgen oder zu erbrechen, sagte sie mir, ich solle das gleiche mit einem Vibrator versuchen und mit ihm die Wände meiner Kehle berühren und ihn dann herunterschieben. Ich tat das, aber ich mußte mich wieder einmal übergeben. Doch ein paar Stunden später fand ich heraus, daß auch das nicht allzu schwierig war.

Bis zum Mittwoch hatte ich die Fähigkeit erlangt, den Penis des Mannes zu schlucken, der diese Technik von mir verlangt hatte. Maureen kam mir dabei zu Hilfe. Zunächst machte es dem Manne etwas aus, daß sie dabei war, aber nachdem sie sich ausgezogen hatte, beruhigte er sich.

Maureen kümmerte sich um uns beide. Sie legte mich rücklings auf mein Bett, wobei mein Kopf über die Bettkante hing. Sie sagte mir, mein Kopf und mein Schlund müßten sich in einer geraden Linie befinden. Ich kam mir wie ein Schwertschlucker im Zirkus vor.

Dann kniete sich der Mann vor mich hin, während Maureen seinen Schwanz festhielt und in meinen Mund dirigierte. Sie sagte mir, ich müsse immer dann atmen, wenn er sein Ding herausziehe, denn wenn sein Schwanz tief in meiner Kehle sitzen würde, würde das meine Luftröhre blockieren, und ich könnte überhaupt nicht atmen. Und dann sagte sie mir noch, ich müsse mich entspannen. Wenn ich nicht vollkommen relaxed wäre, und nicht ehrlich die Absicht hätte, den Schwanz des Mannes in meine Kehle einzuführen, dann könnte ich es auch nie lernen.

Ich erinnere mich daran, daß ich nickte. Mein Genick war zurückgedrückt, und der Schwanz dieses Burschen befand sich in meinem Mund. Dann drückte Maureen ihn nach vorn, geradewegs meine Gurgel hinunter, und meine Nase befand sich zwischen seinen beiden haarigen Eiern. Ich konnte ganz deutlich spüren, wie sein Pimmel in meiner Kehle steckte.

Er schob ihn hin und her, während ich immer wieder durch meine Nase atmete. Er fickte mich also tatsächlich mit seinem Schwanz in den Rachen. Mitunter mußte ich immer wieder ein wenig würgen, aber ich konzentrierte mich voll und ganz auf meine Arbeit, holte immer dann Luft, wenn meine Kehle frei war und beschränkte mich darauf, meinen Schlund auf einer Linie mit meinen Kopf zu halten. Ich realisierte noch nicht einmal, als es dem Burschen kam. Er sagte lediglich ›Ohh‹ und blieb mit seinem Ding länger als üblich in meiner Kehle, aber dann zog er sich mit einem Ruck zurück. Erst als ich einen langen Spermafaden am Ende seines Schwanzes sah, registrierte ich, was geschehen war.

Durch diese Rachenfickerei bekommt man den Geschmack des Spermas überhaupt nicht mit. Man kriegt das Zeug einfach die Kehle hintergespritzt.

Eine ganze Menge Männer wollen heutzutage mit dieser ›deep-throat‹-Sache amüsiert werden, denn sie haben davon gehört. Für die Mädchen in unserem Gewerbe, die sich damit befassen, ist das ein Pluspunkt. Aber wenn sich ganz gewöhnliche Mädchen damit befassen wollen, so wie Sie mir sagen, dann kann ich ihnen sagen, daß sie es trainieren müssen. Wenn sie es ein paar Tage aushalten können, sich immer und immer wieder einen Finger in den Hals zu stecken und dann etwas Größeres zur Hand nehmen, dann werden sie recht bald die Fähigkeit erlangen, einen ganzen Penis in ihrer Kehle zu ertragen. Ich wünsche ihnen Glück, denn alle Männer, mit denen ich es versucht habe, sagen mir, es gäbe in dieser Beziehung nichts Besseres.«

Katies Anweisung ist sehr wichtig. Sex mit dem Schlund kann für beide Partner ungemein erotisch sein und erregend zugleich, aber es ist sehr wichtig, sich selbst zu trainieren, bevor man damit beginnt. Wenn Ihr Partner sich, gegen Ihre zusammengezogenen Halsmuskeln, in Ihre Kehle hineindrängen will, wird er Sie nicht nur zum Erbrechen bringen, sondern möglicherweise auch am Kehlkopf verletzen.

Ein Trick, den jede Prostituierte kennt, die ihr Geld wert ist, fußt darauf, daß man die Temperatur ungestüm verändert. Das kann auf besondere Weise höchst erotisch sein. Sie können diesen Trick dann anwenden, wenn Sie den Penis Ihres Mannes mit dem Mund bearbeiten, geradeso, wie Sally das tut, ein fünfundzwanzigjähriges Barmädchen aus Denver, Colorado.

»Habe ich in meiner Bar einmal einen Burschen, der meinen Service mit dem Mund in Anspruch nehmen will, dann fülle ich mir aus dem Eiskübel den Mund mit zerkleinertem Eis, bevor ich mich mit seinem Unterteil befasse. Ich spüle das Eis solange in meiner Mundhöhle herum, bis meine Zunge, meine Zähne und die Innenseiten meiner Wangen eiskalt sind. Dann öffne ich den Reißverschluß des jeweiligen Typen, hole seinen heißen Pimmel raus und stecke ihn geradewegs in meinen eiskalten Mund. Das sorgt natürlich für einen gewaltigen Schock. Man kann hören, wie die Burschen jedesmal ›aaahhh‹ stöhnen.

Man kann das gleiche auch mit ungewöhnlicher Hitze tun. Es beruht auf dem gleichen Prinzip. Ist es Winter und so kalt, daß man sich auf dem Heimweg den Hintern anfriert, dann kann man den Mund voll heißen Kaffee nehmen und damit solange den Mund ausspülen, bis dieser innen brennend heiß ist. Danach nimmt man den Schwanz des jeweiligen Burschen in den Mund. Das ist heißer als alles, was er jemals zuvor gefickt hat.

Meine wirkliche Spezialität ist die ›Heiß-und-kalt‹-Behandlung. Das ist wirklich etwas ganz Besonderes. Ich nehme dabei einige Eiswürfel in den Mund und dazu einen Schluck heißen Kaffee oder Tee, und erst dann schiebe ich den Pimmel des jeweiligen Burschen nach. Man darf dabei den Mund nicht allzu weit öffnen, sonst hat der Bursche Eiswürfel und heißen

Kaffee auf der Hose. Aber wenn man das alles auf einmal im Mund halten kann, dann schnappt der Typ über. Als ich so etwas das erstemal mit einem Burschen tat, fing er aus voller Lunge zu schreien an und spritzte seine Ladung durch die Gegend. Meine Nachbarn klopften daraufhin an meine Tür, weil sie der Meinung waren, ich würde ermordet.

Das ist eine ganz tolle Masche, aber Sie sollten stets ein Handtuch oder eine entsprechende Menge von Papiertaschentüchern zur Hand haben, denn man kann nicht allzulange heißen Kaffee *und* Eiswürfel im Mund behalten, und es ist wirklich nicht nötig, daß man das ganze Zeug herunterschluckt. Bei der Gelegenheit, als es dem Burschen so schnell kam, verschluckte ich drei Eiswürfel, eine halbe Tasse Kaffee und 'ne ganze Ladung Sperma – alles auf einen Schluck.«

Ganz generell gesehen bin ich nicht sonderlich für jene Fellatiovariationen, bei denen man alles Mögliche verwendet wie Honig oder Sirup oder Weinbrandkirschen. Das ist irgendwie eine schmutzige und schmierige Angelegenheit, ist eine Abwandlung dessen, was das Wahre sein sollte: des richtigen, gut ausgeführten und im höchsten Maße stimulierenden Mundficks. Hier biete ich Ihnen die Beschreibung eines Mundficks an. Bill Rotsler, ein Pornofilmkritiker beschreibt einen Mundfick auf der Leinwand, den Marilyn Chambers ausführte:

»Nackt zwischen Johnnies Beinen kniend, demonstrierte Marilyn eine Fellatiotechnik, die sehr erotisch anzusehen war, eine Technik, die sie in dem exzellenten Film *Behind The Green Door* nicht entsprechend demonstrieren konnte. Bei jedem Ansauger bewegte sie wellenförmig ihren Körper, und es schien, als würde sich dieser Ansauger sinnesfroh über ihren ganzen Körper bewegen, wie die Bewegung einer kriechenden Raupe. Wenn das ›gespielt‹ war, dann war es perfekt gespielt; wenn es echt war, dann kann ich ihrem Liebhaber nur gratulieren. Aber wie auch immer, es war schön, raffiniert und erotisch.«

Wenn Sie sich dieser Technik erst einmal bedienen können, dann kann das sehr erregend sein, und es bedarf keiner

»Requisiten« wie Schlagsahne oder zerhackter Nüsse mehr. Es mag in Ihrem Sexleben wohl einmal die Zeit kommen, wo Sie Lust darauf haben, den wunderschönen Penis Ihres Liebhabers mit verschiedenen Lebensmitteln zu zieren, aber das lohnt sich nur dann, wenn Sie die Grundtechniken beherrschen.

Es gibt noch einen weiteren einfachen aber spektakulären Fellatiotrick, dessen sich die Pariser Prostituierten sehr gern bedienten, er ist aber heute ein wenig aus der Mode gekommen, denn unsere zeitgenössischen Prostituierten verhalten sich da eigentlich antiseptischer. Er ist irgendwie derb, und als ich ihn einmal den Lesern von *Penthouse Forum* offenbarte, dem Sexmagazin der Gesellschaft, da hatte ich Wind gesät und Sturm geerntet, denn nicht nur Erregung wurde laut, sondern auch Ekel. Es liegt aber vollkommen an Ihnen, ob Sie diesen Trick anwenden wollen oder nicht, und wenn ja, dann sollten Sie es nur dann tun, wenn Sie vier oder fünf Gläser Alkoholisches zu sich genommen haben.

Kommen wir also zu Sandy, einer hübschen achtzehnjährigen Nutte aus San Francisco. Sandy beschreibt uns diese eben erwähnte Technik. Obwohl es eine Spielart der traditionellen Techniken der Huren ist, entdeckte Sandy diesen Trick per Zufall. Ihre Klienten waren so sehr beeindruckt, daß Sandy diese Masche zum Kernpunkt ihrer bezahlten Unterhaltungskünste machte.

»Den ersten Pimmel hatte ich im Mund, als ich zwölf Jahre alt war. Er gehörte zu dem Jungen aus der Wohnung über der unseren. Ich verehrte ihn ganz schön. Er war fünfzehn oder sechzehn, glaube ich, und eines Tages, als seine Eltern nicht zu Haus' waren, lud er mich in die Wohnung seiner Eltern ein. Wir versuchten uns zunächst am Bourbon, aber das gefiel uns nicht. Dann zog er ganz einfach seine Sachen aus. Ich kann mich noch heute an das genaue Aussehen seines steifen Gliedes erinnern. Ich wurde aufgefordert, den Penis anzufassen, falls ich dazu Lust verspürte. Ich hatte irgendwie Angst, aber ich kam der Aufforderung nach. Dann sagte der Nachbarsjunge, daß die erwachsenen Mädchen ihren Burschen gern die Pimmel lutschen würden, und wenn ich seinen lutschen würde, dann wäre auch ich ein großes Mädchen. Ich wollte so gern ein großes Mädchen sein, und ich wollte auch so sehr, daß der Bursche mich mochte, also kniete ich mich vor ihn hin und lutschte ihm seinen Schwanz. Es war alles so neu, aber gerade weil es so neu war, weil es verboten war und schmutzig, erregte es mich so sehr. Es kam ihm aber nicht. In den Nächten lag ich wach und dachte daran, wie ich seinen Pimmel im Mund gehabt hatte. Dann hielt ich den Burschen im Treppenhaus auf und bat ihn, seinen Penis noch einmal lutschen zu dürfen. Na ja, ich glaube, daß ich den Pimmel des Burschen so ein paar Jahre lutschte. Und mit fünfzehn Jahren war ich perfekt im Pimmellutschen.

Ich kann mich eigentlich gar nicht mehr so recht daran erinnern, wann ich das erstemal dafür Geld nahm. Irgendwie bin ich so in die Sache hineingeschlittert, nehme ich an. Aber als ich so richtig in das Busineß einstieg, machte ich mir gerade einen *Namen*, als ich für ein Unternehmen arbeitete, das professionelle Begleiter zur Verfügung stellte. Ich war wohl für vier oder fünf Monate in ihren Angebotsbüchern. Mir machte diese Arbeit Spaß, denn man wurde zum Dinner ausgeführt, Essen und Trinken alles kostenlos, und zum Ende des jeweiligen Abends lag es vollkommen an einem selber, ob man mit dem Burschen, den man gerade begleitete, ins Bett gehen wollte oder nicht. Die Typen legten bei einer Nummer gewöhnlich einen Fünfziger auf den Tisch. Wenn man es sich allerdings überhaupt nicht vorstellen konnte, mit dem jeweiligen Typen zu ficken, dann konnte man immer noch entrüstet den Fünfziger anschauen und sagen: ›Also, Mr. Sowieso, was denken Sie eigentlich, was ich für ein Mädchen sei?‹ Dann mußte man aber sehr schnell sein und den Fünfziger einsakken, bevor der blöde Trottel überhaupt erkannt hatte, was eigentlich vorging und daß aus einer möglichen Nummer nichts werden konnte.

Eines Abends begleitete ich jenen Burschen aus Texas. Er war gewaltig. Ich fühlte mich neben ihm wie einer jener sieben Zwerge. Er war wie ein Büffel gebaut. Na ja, also gegen Ende des Abends fragte er mich, ob ich bereit sei, ihm ein paar schöne Stunden zu vermitteln. Ich sagte ihm, daß ich gehört hatte, daß solche Elefantenbabys wie er stets mit kleinen Pimmeln ausgestattet seien, also war die Frage wohl eher, ob *er mir* ein paar schöne Stunden vermitteln könnte.

Wir gingen also zurück zu seinem Hotel, und er bezahlte mir einen Hunderter fürs Blasen, was eigentlich für solche Sachen ein wenig zu teuer ist, aber ich denke mir, diese Texaner scheren sich nicht allzusehr ums Geld. Ich zog mich vollkommen aus für diese Geldsumme, und er ließ sich am Fußende des Bettes nieder. Ich kniete mich vor ihm nieder, zog seinen Pimmel aus der Hose und begann mit meiner Arbeit. Na ja, und was ich über große Typen mit kleinen Pimmeln gesagt hatte ... dieser hier war jedenfalls elefantös, ebenso wie sein Besitzer.

Ich hatte enorme Schwierigkeiten, seinen Pimmel vollkommen in meinem Mund unterzubringen. Ich vermittelte ihm alles, was ich jemals gelernt hatte, und er klammerte sich so sehr an seinem Bett fest, daß seine Knöchel weiß aus seinen Handrücken hervorstachen. Ich erinnere mich daran, daß es ihm eigentlich gar nicht so schnell kam. Ich arbeitete eine ganz schöne Zeit an ihm herum, aber ich konnte nicht vernehmen, daß er irgendwie ins Keuchen geraten wäre.

Er kam dann allerdings ohne jegliche Vorwarnung. In der einen Minute war ich noch ernsthaft mit ihm beschäftigt und in der nächsten stieß er mir seinen Penis vollkommen in den Rachen, und der heiße Samen schoß in meinen Mund. Ich konnte überhaupt nicht atmen, denn sein Ding stak vollkommen in meinem Mund, also versuchte ich es durch die Nase, ich meine, ich atmete durch meine Nase aus. Ich schnaubte aus, wenn Sie wissen, was ich meine. Sein Sperma war mir durch die Mundhöhle in die Nase geraten und kam in Form von Blasen wieder aus meinen Nasenlöchern heraus. Ich war so überrascht, daß ich mich zurücklehnen mußte. Ich spürte, wie mir die Soße auf die Oberlippe tropfte, also streckte ich ganz automatisch meine Zunge heraus und leckte das Zeug ab.

Der Texaner konnte sich überhaupt nicht mehr kriegen. Er

gab mir fünfhundert Mäuse und bat mich, die Nacht über bei ihm zu bleiben. Alle drei oder vier Stunden weckte er mich auf, und ich mußte ihm wieder diese Nasensache demonstrieren. Er hatte eine Polaroidkamera dabei und machte sogar Fotos von mir, während ich mit dem Zeug in der Nase da saß. Er war so versessen auf diese Geschichte, daß ich mich daraufhin entschloß, es auch mal bei ein paar anderen Typen auszuprobieren, und jedem von denen gefiel es ebenfalls. Nun ja, das ist also mein Trick, meine große Spezialität. Es ist ganz leicht, wenn man erst einmal den Bogen 'raus hat. Man muß sich dabei vergewissern, daß das Sperma auf die Zunge zu liegen kommt, und dann bläst man so stark man kann durch die Nase. Dabei muß man die Zunge mit dem Sperma hochdrükken, damit das Zeug von unten in die Nasenhöhle eintreten kann.«

Das ist, in aller Kürze, der Nasentrick. Er ist leicht auszuführen, und es schaut verblüffend aus, aber wie bei allen sexuellen Tricks muß man im rechten Moment in der rechten Stimmung sein. Bevor wir uns von dem Thema der Fellatio abwenden, muß ich noch kurz auf eine Frage zu sprechen kommen, die mir fast von jeder Frau gestellt wurde, die mit ihrem Manne oder Liebhaber oralen Sex ausprobieren möchte. Wie *oft*, so fragten die Frauen, soll ich es tun? Soll ich es jedesmal tun, wenn wir uns lieben? Oder nur manchmal? Oder nur selten?

Die einzig richtige Antwort ist die: Tun Sie es so oft wie Sie Lust dazu haben. Es ist sehr wichtig, daß oraler Sex nicht stellvertretend für Beischlaf ausgeführt werden soll, denn der Beischlaf hat verschiedene vital-psychologische Faktoren, die für Sie und Ihren Liebhaber von Bedeutung sind. Wenn ich so über den Daumen eine Regel anzubieten hätte, so besteht sie darin, daß man in einer langanhaltenden sexuellen Verbindung ein- oder zweimal pro Woche Fellatio ausüben sollte. Das dürfte durchaus genug sein.

Richten Sie nun Ihre Aufmerksamkeit auf ein mehr oder minder frivoleres Thema, das ebenso wichtig ist und zum Komplex der Kunstfertigkeiten zählt, die dazu vonnöten sind, seinen Mann in die entsprechende Stimmung zu versetzen...

## Kapitel 4

# Wie man sich kleidet, um verführen zu können...

»Männer sind wie Säuglinge – sie wollen alles haben was einigermaßen verlockend für sie ist, ganz speziell dann, wenn sie es nicht sofort haben können. Man kann vollkommen nackt vor einem Mann herumlaufen, und er schaut einen noch nicht einmal an. Trägt man aber ein hauchdünnes Kleid, durch das der Mann vermeint hindurchsehen zu können, oder vielleicht auch ein Hemd, das bis zum letzten Knopf aufgeknöpft ist und ihm einen flüchtigen Blick auf die Brustwarzen gewährt, oder einen Rock, der so kurz ist, daß er einen Blick auf den Slip gestattet, dann wird sich dieser ganz spezielle Mann so sehr erregen, daß es ihm schwerfallen dürfte, Augen und Hände von einem fernzuhalten.«

Diese Worte stammen von einer dreiunddreißigjährigen Puffmutter, die es vorzieht, nur mit dem Namen Shirley genannt zu werden. Shirley hat Stil, sie ist elegant, und sie wählt ihre Kleider nach erotischen Gesichtspunkten aus. Als wir uns trafen, trug sie etwas wallend-durchsichtiges mit Blumenmuster, und man konnte dabei sehr schwer unterscheiden, ob man Rundungen erkannte, die Umrisse nackter Brustwarzen, das Dunkel der Schamhaare oder ob das alles nur eine Illusion war, die die Kleiderfabrik kreiert hatte.

Mädchen, die es sich zur Lebensaufgabe gemacht haben, Männern auf den ersten Blick zu gefallen, entwickeln nicht nur einen Stil innerhalb ihrer Bekleidung, der dazu angetan sein soll, die Augen der Männer zu fesseln, sondern dieser Stil soll auch die Lüsternheit, die Geilheit der Männer wecken. Im Bruchteil weniger Sekunden will ein solches Mädchen durch seine Bekleidung ansprechen, durch seinen Stil, seinen Charakter und durch sexuelle Intensionen.

»Heutzutage«, so sagte Shirley, »sind die professionellen Mädchen die bestangezogensten der Stadt. Ich spreche jetzt nicht von den abgerissenen Nutten, die sich am Times Square und in der Lexington Avenue aufhalten. Ich spreche von den Spitzenverdienerinnen unserer Sparte, von den Klassegirls. Die besitzen Eleganz, die sind etwas Besonderers, die vergessen aber auch nicht, warum sie solche Bekleidung wählen. Sie tragen ihre modischen Sachen nur deshalb, weil sie bei den Männern auffallen wollen, weil sie wollen, daß die Männer sie mitnehmen.«

Was müssen *Sie* nun tun, ohne ein Vermögen auszugeben, damit die Männer in Ihrem Leben sich fortwährend in einem Stadium der sexuellen Hypertonie befinden? Wie mir Kathy, ein vierundzwanzigjähriges New Yorker Callgirl versicherte, kann man bereits eine Menge mit den Bekleidungsstücken ausrichten, die man bereits zur Verfügung hat:

»Ich habe schon so viele bezaubernde Kleidungsstücke gesehen, die gar nicht wirkten, weil sie nicht in der richtigen Art und Weise getragen wurden. Viele Frauen tragen ihre Kleider nur deshalb, weil sie bei anderen Frauen Neid erregen wollen. Das ist eigentlich dann vollkommen richtig, wenn man Lesbierin ist, aber die Durchschnittsfrau will in der Richtung nichts erreichen. Sie will bei *Männern* Eindruck schinden.

Eine Frau, die ausgehen möchte, sollte zunächst einmal in den Spiegel schauen und sich denken: ›Wäre ich jetzt ein Mann, und würde ich in einer Bar oder einem Restaurant herumschnüffeln, würde ich mich ansprechen?‹ Fällt die Antwort mit ›Nein‹ aus, dann sollte die Frau sich überlegen was an ihr nicht stimmt, was also mit ihrer Kleidung nicht in Ordnung ist. Es ist wichtig, modisch gekleidet zu sein. Es ist wichtig, daß man sich in den Kleidern, die man trägt, wohl fühlt. Aber es ist ebenso wichtig, sexy und attraktiv zu sein.

Wenn man die Brüste dafür hat, dann kann eine ganz gewöhnliche Bluse ohne BH Wunder bewirken. Wenn Sie allerdings ohne Büstenhalter ausgehen, dann müssen Sie wissen, was Sie da tun. Sie sollten also keineswegs herumschlendern und dabei die Handtasche oder ein Taschenbuch vor den Busen halten. Sie sollten stolz sein, stolz auf Ihren Busen, und den Rücken geradehalten. Wenn Sie das tun, dann sehen Sie sexy aus, elegant und fraulich. Wenn Sie durch die

Gegend schleichen und dabei Ihre Schultern hängenlassen, dann schwingen auch Ihre Brüste schrecklich hin und her.

Eine dünne Bluse mit aufgesetzten, undurchsichtigen Taschen auf der Brust ist da sehr gut, ebenso wie eine gazeartig dünne Bluse mit einem dunkelgedruckten Muster. Man kann dann beobachten, wie die Männer nach den Brustwarzen Ausschau halten, ohne daß man als Frau ganz offensichtlich darauf hinweist. Das ist gut. Das vermittelt Ihnen einen Vorteil, es versetzt Sie in eine Position, aus der heraus Sie etwas anzubieten haben, was der Mann haben will, gleich von Anfang an. Sie sind eine Frau, Sie sollten stolz auf Ihren Körper sein, stolz auf Ihren Körper als Instrument zum Erregen von Männern.

Haben Sie nicht so schöne Brüste, um ohne BH gehen zu können, dann versuchen Sie, einen Stützbüstenhalter zu tragen, der Ihre Brustwarzen nicht verdeckt. Es muß ja nicht gleich so ausschauen, als wären Sie einer eindeutigen Striptease-Show entsprungen. Versuchen Sie es zunächst einmal mit einem weißen Büstenhalter und einer weißen Chiffonbluse oder so etwas in der Richtung.

Einige der heutigen Modestilarten bewirken selbst ohne BH Wunder und schauen wunderschön aus. Sogar ein Mädchen mit großen Brüsten macht sich ohne BH sehr gut in einem entsprechenden Abendkleid bzw. in Kleidern, die man untertags trägt.

Auch Hosen können ungewöhnlich sexy aussehen, aber viele amerikanische Frauen haben den Kniff nicht raus, wie man Hosen trägt. Oft ähneln sie chinesischen Kulis mit ihren ausgebleichten aschfarbenen Hosen. Es gibt da eine ganze Menge von Regeln, wie man eine Hose trägt, und es gibt da auch entscheidende Unterschiede, ob etwas wirklich sexy und elegant aussieht oder nur nichtssagend.

Zunächst einmal sollte man als Frau eine Hose tragen, die so eng ist, die den Hintern so fest umschließt, daß es gar nicht mehr möglich ist, darunter noch etwas, ein Höschen vielleicht, anzuziehen. Unter einer engen Hose sollte man niemals zusätzlich einen Slip tragen, denn dadurch könnte man einen

Frauenpo mit einer befahrenen Kreuzung verwechseln. Die Hose sollte nicht nur den Hintern eng umschließen, sondern auch die Pussy, so daß man die Ausbuchtungen der Schamlippen sehen kann. Diese hochhüftigen Hosen sehen recht stilvoll aus und ganz toll, wenn man sie nur sehr enganliegend trägt.

Darüber hinaus sollten die Hosenbeine lang sein und möglichst mit einer Bügelfalte versehen. Und wenn Sie Schuhe dazu tragen, sollten die Hosenbeine lediglich einen Millimeter über dem Boden enden.

Wenn Sie nicht dazu in der Lage sind, Ihre Hosen so eng und so lang zu tragen, dann lassen Sie es ganz sein, es lohnt sich nicht. Denn Hosen sehen nur sexy aus, wenn sie eng und lang sind.«

Kay, die zwanzigjährige Straßendirne, die wir bereits aus Kapitel zwei kennen, glaubt daran, daß eine Frau wie ein sexuelles Kraftbündel aussehen kann, wenn sie nur einige Knöpfe ihrer Bekleidung offen läßt: »Es ist wichtig, daß ein Hemd eng anliegen soll, denn wenn es nicht eng ist, sieht man zu salopp darin aus. Als ich das erste Mal wirklich alle Blicke auf mir vereinte, da trug ich eine gutsitzende Bluse, wobei ich die Knöpfe offen ließ. Wenn man wissen will, wie viele Knöpfe man offen lassen kann, dann sollte man sich vor einem Spiegel verbeugen. Wenn man dabei einen flüchtigen Blick auf seine Brustwarzen werfen kann, dann sollte man den unteren Rest der Knöpfe nicht mehr öffnen. Auch an den Jeans – wenn es solche zum knöpfen sind – macht es mir Spaß, den einen oder anderen Knopf offen zu lassen. Ich meine damit diese offensichtlich zu großen Knöpfe, die so aussehen und speziell so gestaltet sind, als wären sie zum zuknöpfen überhaupt nicht geeignet.«

Welche Bekleidungsstücke wählen die Prostituierten, wenn sie umgehend auf Männer attraktiv wirken wollen? Alle Mädchen stimmen darin überein, daß engsitzende Kleidung ein absoluter Pluspunkt ist, dazu enthüllende Oberteile, speziell solche mit einem tiefangesetzten Ausschnitt.

»Ein tiefer Ausschnitt ist ein großer Anziehungspunkt«,

sagte mir ein Mädchen. »Man geht in einen Raum voller Männer, trägt dabei einen tiefen Ausschnitt, und schon hat man eine ganze Traube von Typen um sich herum und wird angestarrt.«

Aber es sind nicht nur geeignete Bekleidungsstücke, die dafür sorgen, daß Erektionen zustande kommen. Einige der intelligenteren Callgirls haben auch herausgefunden, daß ihnen der modische Stil der vierziger Jahre besonders gut steht, wobei wadenlange Kleider erregend sein können.

»Es liegt daran, *wie* man sich anzieht, darin liegt der Unterschied«, sagt Ursula, eine Siebenundzwanzigjährige aus Manhattan, die sich schonungslos modisch kleidet.

»Für gewöhnlich ziehe ich mich ganz wie Marlene Dietrich an, mit allem Drum und Dran. Das steht mir gut. Mein Haar kämme ich nach einer Seite, und meine Augenbrauen zupfe ich zu Strichen zusammen. Ich trage ein ungewöhnliches Make-up, wobei ich Rouge auf die Wangen lege und flache Schuhe anziehe. Das sieht aus wie die Mode der vierziger Jahre, nur sehr stark überbetont. Die Männer heutzutage sind davon *fasziniert*. Man wirkt dabei so elegant, daß man sie förmlich erschreckt oder aufscheucht, und das bringt sie auf Hundert, dieses Aufscheuchen. Wenn sie erst mitbekommen haben, daß sie einen ins Bett zerren können – mysteriös, sündhaft, der Garbo ähnlich –, dann flippen sie vollkommen aus. Ganz besonders die älteren Männer, und die älteren Männer haben das meiste Geld.«

Die Schuhe, von denen Ursula sprach, wirken ungemein erotisierend auf Männer. Männer müssen keine Schuhfetischisten sein, um die Schuhe einer überbetonten Frau erregend zu finden. Egal, ob man dabei über das althergebrachte Fußeinbinden der Chinesen spricht, über die Wolkenkratzerschuhe der vierziger Jahre, die Pfennigabsatzschuhe der sechziger Jahre, die Schuhe mit den Keilabsätzen der siebziger Jahre oder den Trompetenabsätzen der achtziger. Männer scheinen sich das ganze Jahr über zu erregen, wenn sie einer Frau ansichtig werden, die auf ausgefallenem oder wunderlichem Schuhwerk durch die Gegend stolziert.

Wenn Sie vollkommen sexy sein möchten, dann ist es lebenswichtig, daß Sie Ihre Füße, Ihr Schuhwerk nicht ignorieren. In einer Kleinstadt tragen die Frauen vielleicht weiße Micky-Maus-Schuhe, gewiß aber nicht an den Orten, wo etwas los ist. Durchstöbern Sie einmal den Schuhladen in Ihrer Nachbarschaft und suchen Sie sich das modischste Paar Schuhe aus, das Sie auftreiben können.

»Letztes Jahr besaß ich ein Paar roter Schuhe mit sehr hohen Sohlen«, sagte mir ein Mädchen. »Sohlen, die vielleicht sieben Zentimenter dick waren. Ich zog sie immer zusammen mit einem wunderschönen wadenlangen Kleid an. Und dazu rotlackierte Fingernägel. Ich muß irre ausgesehen haben, denn zirka dreißig Kunden bestanden darauf, daß ich die Schuhe im Bett anbehielt. Sie bestanden darauf! Einer dieser Männer tat nichts anderes als nur masturbieren, während ich, vollkommen nackt, durch das Zimmer stolzierte, diese roten Schuhe an. Fragen Sie mich nicht, warum Schuhe sexy sein können, aber sie sind es. Von diesem Zeiptunkt an trage ich ständig Schuhe, wenn ich mit einem Kunden ins Bett gehe. Das mögen sie. Das ist eine Masche, derer sich viele normale Frauen bedienen könnten. Vollkommen nackt, nur die Schuhe an, ich glaube, das erregt die Männer sehr!«

Abgesehen von Schuhen üben auch Strümpfe eine gewaltige Wirkung auf Männer aus. Ich sagte bewußt »Strümpfe«, denn nach all den Jahren der Strumpfhosen haben die Männer die Wirkung von zwei einzelnen Strümpfen immer noch nicht vergessen. Der erotisierende Wert von Strümpfen wird von Männern hoch eingeschätzt.

Kommen wir zu Maria, einer zweiundzwanzigjährigen Brasilianerin, die als Callgirl in Rio de Janeiro arbeitet. Sie ist dunkelhäutig, lebhaft und sehr, sehr schön. Wenn sie mit ihren strahlenden Augen einen Blick auf Sie wirft, wobei ihre Zähne blitzen, dann kann man sich sehr schwer vorstellen, daß sie sich kaum mehr an all die vielen Männer erinnern kann, zu denen sie in sexueller Beziehung stand.

»Sie wissen, daß Strümpfe sehr interessant sind. Als ich zum ersten Male als Callgirl arbeitete, war ich mit meinen beiden

Freundinnen zusammen, Constanza und Luzia. Es war kein außergewöhnlicher Abend, aber ich erinnere mich deshalb daran, weil mir meine Freundin Luzia etwas über Strümpfe verriet.

Ich stand damals im Badezimmer, richtete mir mein Haar und hatte nichts an außer meiner Strumpfhose. Luzia stand in der Badezimmertür und sah mir zu. Sie rauchte eine Zigarette und sagte: ›Du wirst doch wohl nicht solche Dinger tragen? Hör mir mal zu, du bist jetzt ein absolutes Klassegirl. Die Männer, die du treffen wirst, mögen Strumpfhosen nicht. Sie mögen Strümpfe und Hüfthalter. Ich leihe dir von mir ein Paar aus.‹

Ich kam mir komisch vor, mit Strümpfen und Strumpfhalter, zog aber Luzias weißen Strumpfhalter an, der mit Spitzen besetzt war, also Reizwäsche, dazu weiße Strümpfe, ein kurzes weißes Kleid und einen weißen Hut. Luzia meinte, ich würde wie eine Unschuld aussehen, aber das würden die Männer mögen. Na ja, sie hätte es nicht treffender sagen können. Den Männern gefiel's! Wir gingen in eine Bar und angelten uns jede einen Mann. In ihrem Mercedes fuhren sie uns zurück in unsere Apartments. Die Männer kamen mit uns herauf, und jede von uns nahm einen Mann mit in ihr Apartment. An den Mann selbst kann ich mich nicht mehr erinnern, ich erinnere mich aber genau an das, was er sagte.

›Ich zog also mein Kleid aus, und er schaute mich mit weitaufgerissenen Augen an und sagte: ›Deine Strümpfe, die sind herrlich.‹ Im Spiegel gegenüber konnte ich mich selbst sehen, und ich mußte dem Mann zustimmen. Er hatte vollkommen recht. Die Strümpfe sahen sexy aus. Ich zog mein Höschen aus, aber der Mann wollte nicht, daß ich meine Schuhe und Strümpfe auszog. Er kniete sich vor mich hin und küßte meine nackten Oberschenkel dort, wo die Strümpfe aufhörten.

›Weiße Strümpfe‹, sagte er, ›und warme braune Oberschenkel.‹ Dann sagte er: ›Ich möchte gern auf deine Oberschenkel kommen.‹ Also gut, er zahlte den ausgemachten Preis, also sollte er auch haben, was er wollte. Er bat mich, mich rücklings auf das Bett zu legen, aber wir fickten nicht miteinander. Er plazierte vielmehr seinen Kopf zwischen meinen Beinen und küßte mir die Oberschenkel und die Strümpfe. Mitunter küßte er mir auch meine Pussy, aber es waren die Strümpfe, die ihn auf Hundert brachten. Er leckte sogar mit seiner Zunge an meinen Beinen herum, da, wo an den Oberschenkeln die Strümpfe endeten.

Die ganze Zeit über masturbierte er. Nach einer Weile kam er mit seinem Kopf wieder zwischen meinen Oberschenkeln hervor, setzte sich rittlings auf meine Hüfte, den Rücken mir zugewandt. Zuerst konnte ich gar nicht begreifen, was er damit bezwecken wollte, dann aber drückte er seinen Penis zwischen einen meiner Strümpfe und meinen Oberschenkel, stöhnte und erschauderte und kam in meinen Strumpf hinein.

Dieser Mann war etwas Besonderes, obwohl ich sehr viele Männer kenne, die etwas ganz Bestimmtes mit mir und meinen Strümpfen zu tun pflegen. Denn auch ganz einfache Männer mögen Strümpfe. Die ganze Zeit über trage ich deshalb Strümpfe und dazu den entsprechenden Hüfthalter, sogar wenn ich ficke. Die Männer mögen das. Ich weiß nicht warum, aber ich traf bislang noch keinen Mann, der Strümpfe nicht mochte.«

Als zeitweilige Herausgeberin von *Penthouse* hatte ich auch Gelegenheit, Fotos von Mädchen auszuwählen, und ich kann Marias Meinung nur bestätigen. Fünfzehn Jahre, nachdem Strumpfhosen zur bevorzugten Unterwäsche von Frauen und Mädchen wurden, forderten Männer immer wieder nackte Mädchen in Strümpfen und Hüfthaltern, und es gibt sogar Pin-up-Zeitschriften, die sich vollkommen Fotos von Mädchen mit Strümpfen und Hüfthaltern verschrieben haben.

Aber auch Strumpfhosen können sexy sein, obwohl die Strumpfliebhaber unter den Männern immer wieder verstimmt behaupten, Frauen in Strumpfhosen sähen aus, als hätte man sie bis zu den Hüften hinauf in billige Milchschokolade getaucht.

Jenny, das vierundzwanzigjährige Barmädchen, das wir

bereits in Kapitel drei kennenlernten, sagte, daß ihr eigener Freund verrückt auf Strumpfhosen gewesen sei. Sie kann noch das eine oder andere Wort als Ratschlag beisteuern, und zwar für jene Mädchen, die in ihren Unterhöschen sexy aussehen wollen:

»Tragt eure Hösen stets über der Strumpfhose, denn wenn ihr euer Höschen auszieht, dann kann er, euer Freund, euch vor sich sehen, wie euer Unterleib durch das Nylon hindurchschimmert. Eine ganze Menge Männer mögen das. Oder, was noch besser ist, tragt neben euren Strumpfhosen überhaupt kein zusätzliches Höschen mehr. Ich trage auch keine Höschen mehr darüber. Das wäre irgendwie so, als würde man einen BH über dem anderen tragen, oder etwa nicht?«

Wenn es um die Höschen geht, so ist die Skala männlicher Vorliebe besonders groß. Ein Ratschlag über den Daumen, der mir durch die Gespräche mit zahlreichen Prostituierten zuteil wurde, scheint auf der Tatsache zu basieren, daß Männer über Vierzig auffällige Nylons mit vielen Rüschen bevorzugen, jüngere Männer hingegen mögen kleine, enge Höschen.

»Es gibt da viele kleine Unterscheidungen, die die Männer bevorzugen«, sagt Lin, eine Vierundzwanzigjährige. »Wenn ich einen kurzen Rock trage, dann ziehe ich ein weißes Höschen darunter an, und meine Schamhaare kämme ich so, daß sie an den Seiten des Höschens hervorlugen. Ich setze mich auf der anderen Seite eines Raumes einem Mann gegenüber hin, den ich mag. Dann hebe ich gewöhnlich ein Bein über das andere, und ich kann beobachten, wie dieser Mann in drei Phasen reagiert. Zunächst einmal bekommt er mit, daß er mir unter den Rock sehen kann, dann fällt ihm auf, daß er mein Höschen darunter sehen kann, und zuletzt wird es ihm klar, daß er meine Schamhaare entdeckt hat. Eine Frau kann das auch mit ihrem Ehemann ausprobieren. Ich glaube, daß auf diese Weise ein langweiliges Sexleben aufgemöbelt werden kann, und wenn nicht, dann möchte ich gern wissen warum.

Wenn man jeden Tag Unterhöschen trägt, dann vergißt man sehr schnell, daß sie für Männer sexy sein können. Ich hatte mal einen Freund, der bestand darauf, daß ich während des

Beischlafs mein Höschen anbehielt. Er drückte das Höschen lediglich zur Seite. Es gefiel ihm sich vorzustellen, ich hätte für ihn den Slip feucht gemacht. Flüstern Sie mal Ihrem Ehemann ins Ohr, Ihr Höschen sei wegen ihm feucht geworden, und schauen Sie sich mal an, was er daraufhin tut. Ich bin ganz sicher, es wird etwas Aufregendes sein.«

Marsha, eine erfahrene sechsundzwanzigjährige Prostituierte aus Los Angeles, hat ihre eigenen Theorien über das Tragen von Höschen und wie man damit seinen Mann glücklich machen kann. Sie ist eine ernsthafte Brünette, und wenn sie über Sex spricht, so hat man das Gefühl, man hätte einen Doktor der Soziologie vor sich:

»Man muß zunächst einmal verstehen, was Männer in Verbindung mit Höschen empfinden, wenn man drangeht, ein entsprechendes Höschen zum Tragen auszuwählen. Höschen sind verlockend, unwiderstehlich, sie sind das letzte Hindernis des Mannes vor dem Eindringen in die Vagina. Höschen ziehen die Männer zu unseren Genitalien hin, auf der andern Seite verdecken sie sie aber auch.

Männer haben da eine befremdliche Phantasie, denn sie glauben, eine Frau sei ständig ›läufig‹, in Hitze also. Wenn sie ein Mädchen in Jeans sehen, die so eng sind, daß sich im Schritt alles abzeichnet, dann denken die Männer gewöhnlich, das jeweilige Mädchen masturbiere während des Gehens. Sie glauben auch, daß Fahrrad fahrende Mädchen während des Fahrens masturbieren würden, und zwar mit dem Sattel.

Also, was ein Mann sehen will, das sind Höschen, die so eng sind, daß sie sich bis in die Muschi hineindrängen. Sie wollen *Enge* sehen und Fleisch, das herausgedrückt wird. Sie wollen *Druck* sehen, etwas, das sich spannt. Das turned die Männer an!

Die besten Höschen sind die, die ganz offen sind. Ich trage diese Dinger immer, und ich mag sie sehr. Sie sind leicht und kühl und bedecken alles, was man bedeckt haben möchte. Männer kriegen sich meist nicht mehr ein, wenn sie solche Dinger sehen.

Vorn ist da lediglich ein kleines Satindreieck dran, gerade

groß genug, um die Pussy zu bedecken. Dann geht ein dünner elastischer Rand hinauf über die Pobacken bis auf den Rücken, und ebenso ein dünner elastischer Rand um die Hüfte. Man kann sie sich kaufen, aber auch selber machen. Man braucht dazu nur eine Schere, ein paar Minuten und etwas Gummiband.

Meine Höschen mache ich mir alle selber, denn man kann alle möglichen Fabrikstoffe benutzen, die man sonst nicht in Form von fertigen Höschen kaufen kann. Man kann sie sich durchscheinend aus Satin machen, man kann Rippsamt nehmen, Baumwollstoff, Leinen, Brokat oder was man sonst will oder bevorzugt. Und man kann sie sich so eng anfertigen, daß sie wirklich sexy ausehen.«

Die meisten Bücher über Sexualtechniken sagen sehr wenig oder auch gar nichts über erotische Bekleidung aus. Alex Comfort gab in seinem Buch *The Joy of Sex* seinen Lesern Anweisungen, wie man sich so ein von Marsha beschriebenes Höschen selbst schneidert, aber das sah so »entzückend« aus wie ein sanitärer Monatsbindengürtel.

Also, Sie sind darauf aus, den Mann, den Sie lieben, zu erregen, und da sind natürlich die Kleider – das erste, was er von Ihnen zu sehen bekommt – sehr wichtig. Wenn diese Kleider wirklich feminin und sexy sind, dann sorgen Sie damit für eine erste Erregung des Mannes. Sie können Ihre Bekleidung (oder auch Ihre Minderbekleidung) auf jeden Fall dazu *benutzen,* Ihren Liebhaber in sexuelle Spannung zu versetzen. Hier die Meinung eines weiteren Mädchens:

»Das Irrste, was man zu einem Mann sagen kann, ist: ›Ich habe kein Höschen drunter.‹ Sie stehen also dort vor ihm in einem lieblichen Kleid, und plötzlich wird es ihm klar, daß Ihre Pussy *nackt* ist. Die beste Gelegenheit, ihm so etwas zu sagen, findet sich dann, wenn Sie mit ihm in der Mitte eines mit Menschen angefüllten Raumes stehen.«

Während der Minirockzeit peinigte ein Mädchen, das ich gekannt habe, ihren Freund einmal damit, daß es sich hinter ihn stellte, seine Hand nahm und sie unbemerkt zwischen ihre

Oberschenkel führte. »Ich wollte mal herausfinden, ob er immer noch in der Lage war, mit den Herumstehenden ein ernsthaftes Gespräch zu führen, während er spürte, daß er an einer nackten Pussy herumfingerte«, sagte das Mädchen schadenfroh. »Den Rest des Abends verbrachte er damit, mich durch den Raum zu scheuchen, um mit seiner Hand noch einmal unter meinen Rock gelangen zu können. Das hielt ihn auf Trab.«

Während wir uns mit der Bekleidung befassen, sollten wir bei dieser Gelegenheit auch gleich einen Blick auf Ihr Haar, Ihre Nägel und Ihr Make-up werfen. Etwas, was mir an den Prostituierten auffiel, mit denen ich sprach, lag in der Tatsache begründet, daß sie stets makellos aussahen. Offensichtlich verwenden sie mehr Zeit zum Herausputzen als jede andere Frau, aber auch Sie sollten um den sexuellen Wünschen Ihres Mannes gerecht zu werden, schon eine halbe Stunde darauf verwenden, sich Ihrem Haar und Ihrem Make-up zu widmen. Es lohnt sich. Wie auch Sie es gerne sehen, daß Ihr Mann sein Haar pflegt, seine Achselhöhlen frisch hält, sich die Schuhe bürstet und das Gesicht rasiert, sollten Sie sich auch um Ihre eigene Körperpflege bemühen.

Möglicherweise achtzig Prozent der Prostituierten, die ich kennenlernte, gaben zu, daß sie sich das Schamhaar rasierten. Das ist nun nicht immer deswegen notwendig, weil »auch Harvard-Studenten Filzläuse haben können«. Die Mädchen taten es vielmehr deshalb, weil ihre Kunden es für erotisch hielten.

»Ich kann einfach nicht glauben, daß Männer weibliches Schamhaar für besonders sexy halten«, meinte Suzy, ein sechsundzwanzigjähriges Barmädchen aus Atlanta. Suzy sieht nicht einen Tag älter als Zwanzig aus, weil es ihr gelang, die Zeichen ihres Mittzwanzigeralters zu verbergen, indem sie sich sehr pflegt und teuren Gesichtsmassagen unterzieht.

»Schamhaare verdecken nur die Pussy und sehen durchaus nicht sexy aus. Ich enthaare mich stets, und die Männer finden das sexy, sehr sexy. Oftmals sagen sie zu mir: ›Ich wünschte, meine Frau würde sich dazu überreden lassen, sich die Schamhaare zu entfernen.‹ Und ich antworte gewöhnlich darauf: ›Nun ja, warum bittest du sie nicht darum?‹ Und die Männer antworten mir stets: ›Das würde meine Frau niemals machen. Sie würde denken, ich sei irgendwie pervers.‹ Ich glaube, daß diese Frauen für nicht geringe Überraschung sorgen könnten, wenn sie sich mal eines abends mit glattrasierter Muschi präsentieren würden. Dann würden sie sehen, daß eine glattrasierte Muschi nichts Perverses ist. Wo soll da der Unterschied sein, wenn man sich die Achselhöhlen rasiert und die Muschi nicht?«

Linda Lovelace verkündete einst:

»Ich habe einmal gelesen, daß Ärzte behaupten, eine behaarte Stelle auf dem Venushügel sei für einen genüßlichen Fick unbedingt notwendig. Ist das nicht blödsinnig? Hat schon mal jemand, der so fickt wie ich, davon gehört, daß ein Schamhaarbüschel einem Mann zu größeren Liebesfreunden verhelfen konnte? Wenn die Natur zu uns hier im Westen so gütig gewesen ist, uns mit Schamhaaren auszustatten, warum hat sie dann die Asiaten ausgeklammert, die selten einmal mit Schamhaar bewaffnet sind? Nein, aus Gründen der Schönheit, der Erotik und der Sauberkeit sage ich: rasiert euch, Freunde, rasiert euch. Und was das Jucken anbelangt, das tritt nur auf, wenn die Haare nachwachsen. Wenn ihr euch auch weiterhin rasiert, dann habt ihr damit keinerlei Probleme.«

Magda, eine neunzehn Jahre alte, in Finnland geborene Prostituierte aus New York City, mit langen blonden Locken und eisgrünen Augen, ruft sich noch einmal erste Schamrasur ins Gedächtnis und beharrt darauf, daß die ständige Rasur Teil des Geschlechtsverkehrs sein kann.

»Es passierte nach einer Party. Einer meiner Freunde feierte seinen Hochschulabschluß, und wir tranken die ganze Nacht Champagner. Ich kam mit einem netten, großen Buschen namens Peter zusammen. So um fünf oder sechs Uhr am Morgen, als gerade die Sonne aufging, fuhr er mit mir zurück in sein Apartment, von wo aus man über den East River blicken kann. Ich lachte wie eine Geistesgestörte – muß wohl nicht ganz bei Verstand gewesen sein. Wir brachten es gerade noch fertig, den Wagen in die Tiefgarage zum Einstellplatz zu kutschieren und versuchten dann, uns im Aufzug gerade zu halten. Als wir die Tür zu seinem Apartment hinter uns gelassen hatten, schafften wir es bis zum Bett. Ich war vollkommen erschöpft, vermutlich vom vielen Lachen und vom vielen Champagner.

Nach ein paar Minuten erhob sich Peter wieder mühsam. Er zog mir die Schuhe aus, dann die Strumpfhose. Aber dadurch mußte ich nur noch mehr lachen, während ich auf dem Bett lag, die Beine in die Höhe und die Strumpfhose an den Füßen. Dann zog er mir mein Höschen aus und stand dort und starrte mich an. Er konnte sich nur schwer auf den Beinen halten, aber er schaffte es, sich auszuziehen. In ein oder zwei Minuten war er ebenso nackt wie ich.

Er versuchte etwas zu sagen, und nach einer Weile brachte er die Worte heraus: ›Deine Muschi..., deine Muschi ist vollkommen unter Haaren *begraben*!‹ Ich legte meine Hände zwischen meine Beine, um mich zu schützen, aber er zerrte sie wieder weg und starrte meine Pussy an, aus ein paar Zentimetern Entfernung. ›Keines meiner Mädchen kommt mir mit einer Muschi unter die Augen, die vollkommen mit Haaren bedeckt ist‹, sagte er und verschwand im Badezimmer. Ich hörte ihn dort irgendwelchen Lärm veranstalten und alles mögliche durcheinanderwerfen. In ein oder zwei Minuten kam er mit einer Prozellanschüssel zurück, einem Rasierpinsel und einem Rasierapparat. Er setzte mich aufrecht auf das Bett und hob mein Kleid. Dann füllte er die Schüssel mit warmem Wasser und plazierte sie zwischen meinen Beinen. Mit dem Pinsel produzierte er eine Unmenge Rasierschaum, den er auf meine Pussy auftrug. Es war recht angenehm, als er mir die Muschi mit Rasierschaum und einem Pinsel bearbeitete.

Dann begann er damit, mir die Schamhaare fortzurasieren. Zuerst rasierte er vorn, dann legte er mir einen Finger auf die Muschi, dehnte die Haut und entfernte sorgfältig die Haare, die um meine Schamlippen herum gewachsen waren. Mit dem Wasser aus der Schüssel spülte er nach. Ich blickte nach unten und sah das Ganze zum erstenmal nackt. Wie bei einem kleinen Mädchen, dachte ich. Meine Pussy sah draller aus, rundlicher als vorher, und ich konnte auch meine Klitoris sehen, die zwischen den nackten Schamlippen hervorlugte. Es sah so aus, als würde jemand seine Zunge herausstrecken. Obwohl ich durch den vielen Champagner nicht mehr nüchtern war, konnte ich doch feststellen, daß mir der Anblick durchaus gefiel. Es sah niedlich und sexy aus. Sicherlich wurde auch Peter davon erregt, denn er stieg anschließend auf mich und fickte mich, als würde das Ende der Welt bevorstehen.

Gegen elf Uhr am Vormittag wachte ich auf, und für ein paar Minuten wußte ich nicht, was am frühen Morgen geschehen war. Ich glitt mit meinen Händen unter die Bettdecke und betastete meine nackte Pussy. Das Gefühl sagte mir zu. Von diesem Zeitpunkt an war meine Pussy stets ohne Haare, und das ist jetzt bereits über zwei Jahre her. Einen Rasierapparat benutze ich nicht mehr, ich nehme eine Haarentfernungscreme. Ich komme damit gut zurecht, denn meine Schamhaare sind sehr hell und fein, so daß sie sich sehr schnell entfernen lassen. Hat eine Frau allerdings dickes, dichtes schwarzes Haar da unten, dann wird sie sich sicherlich rasieren müssen. Ein elektrischer Rasierapparat ist da wohl angebracht. Man kann ihn sehr gut zwischen die Beine pressen; er surrt so angenehm, daß er fast so gut wie ein Vibrator ist.

Einige Männer mögen Schamhaar – verstehen Sie, sie sind davon besessen. Aber was ich zu diesem Thema sagen kann, fußt auf der Tatsache, daß ich Dutzende und Aberdutzende von Männern kenne, und alle sind begeistert, wenn sie meine nackte Pussy sehen.«

Für Ihre eigene geschlechtliche Erregung kann eine Rasur der Schamhaare den Aufwand lohnen, zumal es mit keinerlei finanziellen Aufwendungen verbunden ist. Und wenn Sie und Ihr Mann an einer nackten Muschi keinen Gefallen finden können, dann ist auch noch nichts verloren, denn die Haare wachsen sehr schnell nach.

Getreu unserer Philosophie, daß die Männer gern zurückgeben, was sie an Gutem empfangen haben, können auch Sie von Ihrem Mann fordern, daß er sich, quasi als Gegenleistung, sein

Geschlechtsteil rasiert, d. h. sich die Schamhaare entfernt. Ein haarloser Penis schaut wie eine künstlerische Skulptur aus. Und wenn Sie mit Ihrem Manne schlafen, dann werden Sie feststellen, um wie vieles sie sich doch näher gekommen sind, wenn Ihre nackten Schamlippen sich um die Haut seines Gliedes schließen.

Wir haben bereits darüber gesprochen, wie man in sexueller Hinsicht das beste aus seiner Straßenbekleidung machen kann, und wir sprachen darüber, wie man seinen Körper pflegt. Was aber hat es mit jenen Bekleidungsstücken auf sich, die speziell aus sexuellen Gründen angefertigt wurden, freche Nachtgewänder also und erotische Damenunterwäsche? Und gibt es irgendeine Art sich Zurechtzumachen, die für die intime Sphäre des eigenen Boudoirs taugt und die dafür sorgt, daß Ihr Liebhaber davon gefesselt ist?

Sie können sich sicherlich gewagte Nachtbekleidung besorgen und auch erotische Unterwäsche, entweder durch den Postversand oder in dem Ort, in welchem Sie leben. Eine typische Verkaufsanzeige offeriert: »Ködern Sie den Mann! Unser Angebot in verführerischer Unterwäsche. Der Büstenhalter mit dem Guckloch aus reinem Nylon, dazu das gewagte freche Unterhöschen mit der vornliegenden Öffnung, Marke Schwedenliebe – in schwarz oder in purpur!« Dazu gleich kostenlos noch eine Zusatzlieferung: »...den verführerischen, mit Rüschen besetzten Strumpfhalter aus Spitzen und dazu ein Paar hauchdünner schwarzer Strümpfe.« Eine andere Verkaufsanzeige bietet französische Miederwaren an: »Verführen Sie ihn mit diesem zauberhaften Mieder aus Satin! Dazu, zur Unterstützung, den berühmten Büstenhalter aus Frankreich!« Und immer wieder bieten die Hersteller »abtrennbare Strumpfhalter gemeinsam mit Strümpfen« an.

Eine andere Firma offeriert »eine skandalös-dekadente und knappe Garnitur«, bestehend aus »verblüffend provokativem Büstenhalter«, dazu den »verführerischen Strumpfhalter mit entsprechend schmückenden Strümpfen (alles in marineblau oder weiß, aus Seide oder Nylon)«.

Viele Prostituierte haben stets eine Auswahl dieser Art von Unterwäsche zur Verfügung, denn ihr Garderobenschrank muß voll sein für jene Männer, denen solche Bekleidung gefällt. Und es gibt eine große Anzahl von Männern, denen das gefällt!

»Aber dabei handelt es sich um Unterwäsche für den besonderen Fall«, sagte ein Mädchen. »Ein Mann erwartet von einer Frau nicht, daß sie die ganze Zeit solch ausgefallene Unterwäsche trägt. Nur in den ganz speziellen Nächten, wo man bei Kerzenlicht ein Dinner zu zweit arrangiert und einschmeichelnde Musik über die Stereoanlage hört, bei Geburtstagen, Jahrestagen oder Feiern. Dann kann man schon einmal in einem verführerischen Büstenhalter oder in einem Höschen zur Tür gehen, das im Schritt offen ist. Das gefällt den Männern ganz besonders. Die Schwierigkeit besteht nur darin, daß z. B. Ehefrauen derlei Unterwäsche nur ungern zu tragen pflegen, da sie zu herausfordern scheint. Aus diesem Grund sind ihre Männer nicht selten auf der Suche nach irgendwelchen Mädchen, die solche Unterwäsche immer tragen.«

Wenn Sie es nicht über das Herz bringen, ein paar Mark für skandalöse Unterwäsche zu opfern, dann gibt es auch andere Wege, wie man mit Bekleidungsstücken seinen Mann zu Hause verführen kann.

Nehmen Sie also ein paar Tricks aus dem horizontalen Gewerbe zur Kenntnis, von denen mir die dreiundzwanzigjährige Anita berichtete, ein Callgirl aus New York. Anita versicherte mir, daß sie mit dem schrullenhaften Getue aus der Szenerie, was Unterwäsche anbelangt, nichts zu tun habe, aber sie hat auch in dieser Hinsicht für ihre zahlenden Kunden immer wieder ein paar Überraschungen auf Lager. Anita ist eine Brünette, die ihr Arbeitsleben in einem Supermarkt begann, dann aber sehr bald herausfand, daß es leichtere Möglichkeiten gibt, wie man sein Geld verdienen kann.

»Ich habe mit dieser Lederbekleidungsmasche nichts im Sinn. Ich glaube, daß das kitschig und abgedroschen ist. Ihr Mann kommt müde und abgeschlafft aus dem Büro nach Hause, und was machen Sie? Sie schwänzeln durch die Küche und durchs Wohnzimmer, haben einen BH an, aus dem die Brustwarzen hervorstehen und ein Höschen, das mit Spitzen besetzt ist. Was muß der arme Kerl also annehmen? Er soll sich auf der Stelle erregen, nicht wahr? Man muß doch mal darüber nachdenken – er hat zwei Stunden gebraucht, um durch den Verkehr mit Bus oder Bahn nach Hause zu kommen, und dann soll er sich sofort betätigen? Laden Sie ihm da keine Last auf. Die meisten Klienten, die ich habe, sind müde Geschäftsleute, physisch und psychisch erschöpft. Sie wollen ein wenig aufgemöbelt werden, aber sie wollen nicht, daß man sie zum Kampf herausfordert. Kein Wunder, daß viele Frauen enttäuscht sind, aber das beruht auf ihren eigenen Fehlern. Sie kommen daher in voller Aufmachung und stellen sexuelle Forderungen, sobald der arme Bursche die Wohnungstür hinter sich geschlossen hat.

Ich erinnere mich daran, daß ich einmal einen Freund von mir aufs höchste erregte. Er kam zum Dinner. An jenem Tag hatte ich eine Menge Kunden gehabt, und es war sechs Uhr abends als ich Schluß mit der Arbeit machte. Ich hatte gerade noch Zeit, mein Haar in Locken zu legen und das Make-up zu überprüfen, aber ich hatte vor dem Dinner keine Zeit mehr, mich gescheit anzuziehen. Außerdem wollte ich mich zunächst um die Sauce kümmern, hatte meine blaugestreifte Küchenschürze um und war mit dem Kochen beschäftigt.

Bevor ich überhaupt wußte, was vor sich ging, war es acht Uhr, und David kam zur Tür herein. Er war wie gewöhnlich müde und ließ seine Aktenmappe und sein Jackett achtlos irgendwo hinfallen; dann kam er in die Küche. Wir sagten ›Hallo‹ und ich drehte mich um, um die Knoblauchpresse zu benutzen. Dann sagte er ›Oha!‹ ich wußte aber gar nicht, was los war, bis ich feststellte, daß ich, abgesehen von der Schürze, überhaupt nichts anhatte. Als ich mich umgedreht hatte, konnte David auf meinen nackten Hintern blicken.

David trat hinter mich, schlüpfte mit seinen Händen unter die Schürze und begann, meine Brustwarzen zu reiben. Dann vernahm ich das Geräusch seines Reißverschlusses. Das nächste, was ich verspürte, war sein harter Pimmel, der sich einen

Weg zwischen meine Beine bahnte. Ich beugte mich nach vorn und hielt mich am Rand der Spüle fest. Er ließ seine Hosen fallen, drückte mir die Hinterbacken auseinander und schob seinen Penis einfach in meine Muschi.

Er fickte mich dann mitten in der Küche. Ich hatte einen Orgasmus, der mir das Gefühl vermittelte, es sei etwas in mir zersprungen. Ich hielt mich an der Spüle fest und stöhnte und zitterte. In der nächsten halben Stunde war ich wie benebelt. Aber das war nicht deswegen, weil ich das beste Gericht meines Lebens zum Abendbrot gekocht hatte.

Das war ein Abend, an dem David müde gewesen war. Wäre ich ihm von der fordernden Seite gekommen und hätte etwas von ihm verlangt, dann glaube ich kaum, daß er auf meine Forderungen eingegangen wäre. Aber ich tat etwas, was ganz natürlich und lieb aussah, und gerade das hatte ihn so erregt. Er war damit in die Lage geraten, den ersten Schritt tun zu können. Ich war lediglich der Köder gewesen, der ihm vor der Nase herumgehangen hatte. Und wenn er mich nicht gefickt hätte, wäre das auch nicht schlimm gewesen, denn ich war ja gerade beim Kochen und hatte mit Sex überhaupt nicht gerechnet.

Dann gibt es aber noch eine andere Möglichkeit, wie man den eigenen Mann anmachen kann. Man braucht dazu nur mit dem Pelzmantel bekleidet ins Bett zu gehen, mit sonst nichts. Das Gefühl ist herrlich. Viele Männer lassen sich durch Pelz erregen, er ist so weich, so geschmeidig, so sinnlich. Ich weiß, daß Pelz sogar mich anmacht.

Aber ich nehme an, daß es gerade die *unbeabsichtigten* Momente sind, die einen Mann erregen, wie die Sache mit der Küchenschürze. Oder nehmen wir an, man kniet auf dem Küchenboden, ist gerade damit beschäftigt ihn zu säubern und hat dabei eines *seiner* Hemden an und keine Höschen. Oder man sitzt einfach da, wenn er nach Hause kommt, liest ein Buch oder hört Musik, und hat dabei nur Jeans an und den Busen frei. Das sieht so aus, als wäre man den ganzen Tag über nackt herumgerannt. Vielleicht haben Sie das schon mal versucht, ich weiß nicht. Ich kenne eine ganze Menge junger

Frauen, die ihre tägliche Hausarbeit vollkommen nackt verrichten.«

Wie immer ist es am besten, seinen Liebhaber direkt zu fragen, wenn man in Erfahrung bringen will, welche Bekleidung er bei einer Frau vorzieht und welche er am verführerischsten findet. Fragen Sie ihn so, daß er das Gefühl vermittelt bekommt, Sie seien darauf vorbereitet, eine Ausstattung zu tragen, die deshalb erotisch ist, weil sie aus dem Grund angeschafft worden sei, ihm, dem Liebhaber, zu gefallen. Erinnern Sie sich daran, daß es *lustvoll* aussehen muß, wenn Sie sich mit erotischen Siebensachen bewaffnen. Können Sie mit erotischen Kinkerlitzchen nicht glücklich werden, dann bleiben Sie bei dem, was Sie kennen und mögen. Und vergessen Sie nicht – wenn Sie die Bekleidung tragen, die Ihr Mann sexy findet, bedeutet das für ihn eine Verpflichtung, denn Sie ziehen ja so etwas nur an, um ihm zu gefallen. Also sollte er etwas als Gegenleistung tun und Bekleidungsstücke anziehen, die *Sie* für sexy halten. Was er zunächst für Sie tun könnte, besteht darin, daß er einmal seine Schublade mit seiner Unterwäsche »ausmisten« sollte, um sich danach Unterwäsche zu kaufen, die nicht nur hübsch sein sollte, sondern auch »penisbewußt« gearbeitet ist und darüber hinaus wirlich »sitzen« sollte.

Wir haben uns nun ein wenig mit Seide, Samt und Pelzen befaßt, nicht zu vergessen die Küchenschürze und die Jeans ohne »Oberteil«, aber wie steht es denn mit den aufwendigeren Bekleidungsstücken? Nehmen wir doch einmal an, Ihr Liebster würde Ihnen anheimstellen, einmal »in Gummi« zu erscheinen?

Zunächst etwas Wichtiges: Nur keine Panik! Es steht außer Frage, daß Ihr Mann kein ausgefuchster Latexverehrer sein muß, sollte es aber doch der Fall sein, dann besteht kein nennenswerter Grund, sich darüber den Kopf zu zerbrechen. Zum Zweiten: Warum sollten Sie sich nicht einmal in gummiartiger Bekleidung präsentieren? Verschiedene Mädchen haben mir berichtet, daß sie es sexy finden, aus Gummi gefertigte Bekleidung zu tragen, und daß es durchaus erregend sein kann, darin betrachtet zu werden. Bei *Penthouse* kleideten wir die drei schwarzen Sängerinnen der Gruppe *The Three Degrees* in schwarze Gummi-BHs, Höschen und Stiefel, alles aus Gummi. Die drei sahen toll aus. Gummibekleidung sitzt sehr eng und hat meist einen seidigen Glanz. Billig ist sie gerade nicht, denn sie wird gewöhnlich maßgeschneidert, aber wenn Ihr Mann scharf auf Gummibekleidung ist, dann wird er auch gewillt sein, das Bezahlen der Rechnung zu übernehmen.

Vieles am Sex ist ein Spiel, und es ist nichts Schlimmes dabei, sich harmlosen erotischen Spielereien hinzugeben, z. B. ein wenig Fetischismus zu betreiben. Irgendwie besitzen manche Gegenstände etwas Prickelndes, ohne daß man sie deswegen unbedingt ernst nehmen muß. Und wenn Sie in Gummibekleidung herumtänzeln, so will das noch lange nicht heißen, daß Sie eine Nutte sind.

Harriet, ein fünfundzwanzigjähriges Callgirl aus Los Angeles, versicherte mir, daß sie sich einmal eine teure Gummigarderobe zugelegt habe. Harriet ist groß und schlank, hat einen Körper wie Raquel Welch und sieht so aus, als könne sie die größten Fetischisten an einer einzigen Schnur dirigieren.

»Meiner Erfahrung nach kann ich sagen, daß die Leute, die sich aus Gummi nichts machen, es auch niemals versucht haben. Ich will damit nicht sagen, daß man ein sklavischer Spinner sein muß oder ein Gummibesessener, um daran Spaß und Freude zu haben. Gummibekleidung hat ihr eigenes Flair, und immer, wenn ich eine neue Freundin treffe, dann sage ich irgendwann einmal zu ihr: ›Hast du schon mal versucht, Gummisachen zu tragen?‹ Normalerweise bekomme ich ein Nein zur Antwort, also nehme ich sie mit in mein Schlafzimmer und lasse sie ein paar Sachen aus meinem Kleiderschrank probieren. Ist etwas dabei, was ihr besonders gut gefällt, dann überlasse ich ihr diese Dinge leihweise, denn es handelt sich hier ja um eine Freundin.

Meistens ziehe ich irgendetwas aus Gummi an, wenn ich arbeite. Es bringt die Männer ganz schön in Fahrt, wenn sie herausgefunden haben, daß man Gummihöschen trägt oder Strümpfe und Strumpfhalter aus diesem Material. Ich kann durchaus für den Rest meines Lebens ohne Gummi auskommen und dabei doch vollkommen beruhigt schlafen, aber ich bin der Meinung, daß Gummi wirklich sehr sexy ist, und so hat es sich auch schon damit.

Ich hatte mal einen Kunden, der darauf stand, daß man bei ihm mit Gummihandschuhen masturbierte. Das waren allerdings keineswegs diese Dinger, die man in der Küche zum Abspülen hernimmt, sondern es handelte sich dabei um schwarze Handschuhe aus Gummi, die man bis über die Ellbogen hinaufziehen konnte. Sie waren sehr eng und glänzend und sahen fantastisch aus. Ich habe auch ganz gewöhnliche Burschen als Kunden, die zu mir kommen und geradezu neugierig auf Gummi sind. Die wollen mich dann ficken, während ich oberschenkellange Gummistiefel trage oder so etwas in der Preislage.

Ich vergesse nie den Abend, als ein Typ zu mir kam und mich darum bat, seinen Freund zusehen zu lassen, während wir fickten. Nun ja, ich stimmte zu. Ich *mag* es, wenn man mir zuschaut, während ich gefickt werde. Das erregt mich. Also, es war Winter, und ich trug einen langen Ledermantel, einen richtigen Gestapomantel, der auf Hüfte zugeschnitten war; ich nahm also diese beiden Knilche mit auf mein Zimmer und zog den Mantel aus.

Darunter hatte ich ein kurzes wollenes rotes Kleid und Gummistrümpfe an. Diese Burschen starrten mich an, als sei ich ihren wildesten Sexträumen entsprungen. Ich zog mein Kleid aus und war darunter vollkommen nackt.

Der eine Typ war schneller wie der Blitz aus seinen Klamotten heraus. Aber erst dann verstand ich, was ihn so erregte. Es waren die roten Gummistrümpfe. Er griff immer wieder nach ihnen und befummelte sie, und ich glaube, es kam ihm bereits, bevor wir überhaupt zur Sache gelangten.

Ich schaute mir den anderen Burschen an, und der war auch vollkommen ausgezogen. Er sah mich an und masturbierte dabei, mit einem intensiven Blick im Gesicht, den ich schwer beschreiben kann. Ich hob meine Beine hoch und klammerte sie um die Hüfte des Mannes, der mich ficken wollte, während der andere Bursche darauf bestand, mit auf das Bett zu klettern. So hatte ich also plötzlich zwei Typen auf mir und in mir, und beide waren wie besessen von meinen roten Gummistrümpfen. Die beiden Kerle zogen und zerrten an meinen Strümpfen, ließen ihre Hände zwischen Bein und Strumpf gleiten und benahmen sich im übrigen, als befänden sie sich im ›Gummifieber‹, ganz ehrlich. Ich nehme nicht an, daß sie irgendwie Fetischisten waren oder so etwas ähnliches. Ich glaube, sie beide waren lediglich zwei ganz gewöhnliche Burschen, mit denen die Fantasie ein wenig durchgegangen war. So etwas können sexy Kleider bewirken, das ist meine Meinung!

Glauben Sie mir das, bei diesen beiden Kerlen war ich nahe daran, selber zu kommen. Den beiden Burschen kam es gemeinsam, und mir kam es kurze Zeit später. Wir schlugen wie wild um uns und wälzten uns auf dem Bett herum, während es uns kam. Ich muß dazu sagen, daß mir die Sache ganz gut gefiel.

Ich habe Dutzende von Männern gesehen, die sich beim Anblick von Gummi erregten, und ich könnte es mir nicht vorstellen, wenn eine Frau behaupten würde, ihr Mann hielte nichts davon. Da ist doch nichts Schlimmes dabei; Gummi hat etwas, was sehr viele Männer erregt, aber auch Frauen lassen sich vom Anblick von Gummi anmachen. Das ist, als befände man sich irgendwie in einem Zauberland, denn Gummi dehnt sich, verliert trotzdem nicht seine Form, sitzt sehr eng am Körper und fühlt sich seidenweich an.«

Nach dieser intensiven Schilderung einer Professionellen im Umgang mit Gummibekleidung müßte man annehmen, daß Sie jetzt sofort losrennen würden, um im nächsten Laden um die Ecke Ihren Garderobenschrank mit Gummibekleidung aufzufüllen und dadurch für die nächsten Nächte sozusagen vorzusorgen. Aber, tun Sie mir und sich bitte einen Gefallen: Nehmen Sie die Sache nicht allzu ernst. Das kann eine amüsante und erotische Angelegenheit sein, eine Unterabteilung der bekannten Sexvarianten sozusagen, und man sollte keineswegs daran zweifeln, daß ein bezaubernd enges Unterhöschen aus schwarzem Gummi nicht dazu angetan wäre, Ihren Ehemann nahezu um den Verstand zu bringen und zu neuen Taten im Bett zu führen, aber es handelt sich hierbei keineswegs um das *non plus ultra*. Sollte Ihnen eine Verkaufsanzeige für Gummiwaren in Ihrer Zeitschrift in die Augen fallen, dann fragen Sie bitte wegen einer Broschüre an und überzeugen sich erst, ob etwas aus dem Angebot Ihrem Geschmack gerecht werden kann. Wer kann das schon wissen, vielleicht eröffnen Sie damit für sich oder Ihren Ehemann und Liebhaber eine neue Welt sexueller Fantasien? Aber es kann Ihnen sicherlich auch passieren, daß Sie an Gummibekleidung letztlich keinerlei Gefallen finden werden.

Nach Gummi ist Leder der Stoff, der bei sexueller Betätigung besonders beliebt ist. Auf Kleidungsstücke aus Leder ist man erst so richtig aufmerksam geworden, nachdem eine große Anzahl einschlägiger Sexmagazine sich mit Fotos beschäftigten, auf denen man schwarzgewandete Damen in Leder bewundern konnte. In den USA allerdings erfuhr Lederbekleidung erfolgreiche Verbreitung, nachdem die Amerikaner die englische Fernsehdarstellerin Honor Blackman in ihrer Fernsehserie *The Avengers* bewundern konnten, worin sie beständig in enganliegendem schwarzem Ledergewand präsentiert wurde. Marianne Faithful, in ihrer besten Zeit Mick Jaggers (von den »Rolling Stones«) Geliebte, zog ungewöhnlich viel Aufmerksamkeit auf sich, als sie in dem Film *A Girl on a Motorcycle* eine Harley Davidson fuhr und dabei von Kopf bis Fuß in schwarzes Leder mit Pelzbesatz gewandet war.

Auch Sie könnten in Leder wunderbar aussehen. Dazu brauchen Sie eine auf Taille gearbeitete und mit Reißverschluß versehene Lederjacke, unter der man erahnen kann, was die Trägerin körperlich zu bieten hat. Das bringt die Fantasie fast eines jeden Mannes unbedingt auf Vordermann. Oder tragen Sie einen wadenlangen Mantel, in der Mitte mit Gürtel versehen; auf jeden Fall werden Sie damit erreichen, daß die Männer an nichts anderes als Sex denken, ganz gewiß sogar, wenn Sie sonst nichts anhaben.

»Meistens ist der scheue, weniger aggressive Typ von Mann derjenige, dem Leder etwas vermittelt«, sagte mir eine Straßendirne aus Manhattan. »Wenn ich mich sehr modebewußt anziehe, dann lese ich beständig jene Typen auf, die sehr selbstbewußt sind, die wissen, was sie wollen und denen es auch nichts ausmacht, auf einen zuzugehen und nach dem zu fragen, was man zu bieten hat. Gehe ich aber in einem Lederjackett aus oder habe einen Ledermantel an, kämme mein Haar zurück und sehe dadurch streng aus, dann habe ich es jedesmal mit zaghaften, schüchternen Typen zu tun. Es scheint, als würden sie denken, daß ich diejenige sei, die ihnen sagen würde, um was es ginge. Die Tatsache, daß ich dominant aussehe, erregt sie.«

Ist Ihr Partner der weniger fordernde Teil, also mehr ein passiverer Liebhaber, dann dürfte durchaus ein aggressiver Schritt von Ihnen angebracht sein. Mit Lederjacke und engem Gürtel bekleidet könnten sie durchaus dazu in der Lage sein, die Glutasche seiner erotischen Feuerstelle erneut zum Aufflackern zu bringen. Stolzieren Sie herum und fordern Sie von ihm, er möge den Abwasch besorgen, fordern Sie, er möge vor Ihnen auf die Knie gehen, fordern Sie den Cunnilingus für sich.

Wieder einmal dreht es sich hierbei um ein Spielchen, und Sie sollten sich der Tatsache versichern, daß es ein Spiel ist, denn unterschwellig führt jedes sexuelle Spielchen automatisch zu einer sexuellen Voreingenommenheit. Ihr Liebhaber muß keineswegs in klinischer Hinsicht oder unter psychologischen Aspekten ein Masochist sein, aber er wird sich wohl immer wieder den sexuellen Forderungen, die einer dominierenden Verhaltensweise Ihrerseits entsprechen, unterwerfen. Benutzen Sie Ihre Bekleidung dazu, diese Veranlagung zu verstärken!

Natürlich steht das Gegenteil von Bekleidung, also vollkommene Nacktheit, unter dem Leitbild, sich aus Gründen des Gefallens zu bekleiden. Wir wissen alle, daß es in der viktorianischen Zeit üblich war, daß ein Ehemann seine Frau niemals nackt zu Gesicht bekam und daß der Sexualverkehr stets unter mehreren Lagen von Flanell und Nachtgewändern vollzogen wurde. Aber es versetzt mir immer noch, gelinde gesagt, einen Schock, wenn ich hören muß, daß *heute,* in einer freizügigen Gesellschaft, wo moralische Gesichtspunkte entspannter aufgenommen werden, es immer noch zahllose verheiratete Paare gibt, die es ablehnen, sich gegenseitig nackt zu präsentieren. Hierbei handelt es sich keineswegs um alte, verknöcherte Käuze. Nein, diese Leute sind jung, junge Männer und Frauen, die es aus verschiedenen Gründen ablehnen oder die sich schämen, wenn sie ihre nackten Körper zeigen müssen. Mitunter ist die Erziehung daran schuld, mitunter handelt es sich dabei auch um chronische Scheu und falschverstandenes Schamgefühl. Wo auch immer die Gründe liegen mögen – bei uns gibt es heute so etwas noch, wie die verzweifelten Briefe unterstreichen, die ich von Ehemännern wie Ehefrauen gleichermaßen erhalte.

Für jene Leute, die immer noch Scheu an den Tag legen, sich vor denjenigen nackt zu zeigen, die sie mögen, erwähne ich die Ansichten von Roslyn, einem dreiundzwanzigjährigem Callgirl aus dem nördlichen Teil von New York. Roslyn ist sehr hübsch und bezaubernd und gelegentlich recht witzig, obwohl ihr Lebensstil zur Genüge dafür Sorge getragen hat, daß der Witz sich oftmals in Zynismus und Härte verwandelte und Roslyn dadurch älter erscheinen mag, als sie in Wirklichkeit ist.

Ich ziehe niemals irgendwelche Bekleidungsstücke an, wenn nicht ein zwingender Grund dafür vorliegt. Wenn ich runter in den Supermarkt gehe und mir etwas zum Essen kaufe, ziehe ich mich natürlich an. Jeans, ein T-Shirt und Sandalen. Gerade genug, um respektabel auszusehen und mich wohlzufühlen. Komme ich dann wieder nach Hause, ziehe ich mich gleich wieder aus. Wenn ich in meinem Apartment bin, entweder allein oder mit einem Kunden, meiner Schwester oder meiner Mutter oder mit Freunden, dann bleibe ich nackt. Es ist warm bei mir, warum also sollte ich etwas anziehen? Wenn es Leute gibt, die auf meine Muschi starren möchten – bitte sehr. Wenn ich das mag, nackt zu sein, warum sollte dann jemand nicht schauen? Ich finde, jemand den ich gern mag, der darf auch gern hinstarren. Wenn ich jemanden nicht besonders mag, dann ist das dessen Problem.

Ich liebe es, mich richtig fesch anzuziehen, um dann zum Essen zu gehen oder ins Kino. Ich bin ein Mädchen und habe es gern, wenn ich gut ausschaue und mich herzeigen kann. Aber mitunter habe ich das Gefühl, daß Menschen in ihren Kleidern irgendwie entmutigend aussehen. Sie denken wohl, ihre Kleider seien so wie sie selbst, und wenn sie sich dann ausziehen, dann sind sie noch weniger als das. Haben Sie schon jemals eine Reihe nackter Frauen gesehen, die darauf warten, medizinisch begutachtet zu werden? Nein? Aber ich. Diese Frauen wissen gar nicht, wie sie sich verstecken sollen oder was sie alles an sich verdecken sollen, mit den Händen, versteht sich. Sie sehen hilflos aus, einfach schrecklich und häßlich, als würde ihr Innerstes nach außen gekehrt. Ich war die Einzige, die stolz und aufrecht dort stand und wartete und keinen Versuch unternahm, die Muschi mit einer Hand zu verdecken. Das war *ich*. Ich bin eine Frau, warum also sollte ich mich deswegen schämen?

Eines Abends kam einmal ein Bursche, um die Klimaanlage zu überprüfen. Ich war allein zu Hause, saß zusammengekuschelt in meinem Sessel, war nackt und schaute fern. Ich hatte einen arbeitsreichen Tag hinter mir und fühlte mich wie ausgedörrt. Ich ging zur Tür, weil es geläutet hatte, und öffnete. Da stand also der Typ und sage ›Klimaanlage richten‹, und ich ließ ihn ohne weiteres herein. Er stand einfach da und starrte mich an, als sei er vom Blitz getroffen worden. Er sagte irgendetwas von ›solange draußen warten...‹ bis ich mich angezogen hätte, und erst dann fiel es mir ein, daß er sich womöglich schämen könnte, da ich ja nichts an hatte. Ich sagte: ›Das geht schon in Ordnung, kommen Sie ruhig rein.‹

Ich ging zurück zu meinem Sessel, zog meine Beine wieder an und schaute fern, während er sich an der Klimaanlage zu schaffen machte. Aber er konnte es sich nicht verkneifen, immer wieder in meine Richtung zu schauen. Dann stellte ich fest, daß er beständig auf meine Muschi starrte.

Also sagte ich zu ihm: ›Bringt meine nackte Maus Sie in Verwirrung?‹ Er errötete und schaute verdutzt drein. Es war lustig. Wenn die Männer ihre Pimmel den Frauen unter die Nase halten, dann regen sie sich auf, wenn die Frauen den Penis nicht mögen oder die Situation nicht ertragen können. Hält man aber einem Burschen seine Muschi vor die Augen, dann zerfällt er in seine Einzelteile. Eine Menge Männer sind sexuelle Hasenfüße, ganz besonders Frauenschänder, Schürzenjäger und Konsorten. Ein Bursche muß schon ein Feigling sein, wenn er sich an einer Frau vergehen will, sonst gibt es keine andere Erklärung für sein Verhalten.

Na ja, sei es wie es sei, zurück zu diesem armen Tölpel, der damit beschäftigt war, die Klimaanlage in Ordnung zu bringen. Ich kletterte aus dem Sessel heraus, ging zu ihm hinüber ans Fenster und stellte mich neben ihn. Meine Muschi war dabei vielleicht nur zwanzig Zentimeter von seinem Gesicht entfernt. Irgendwann legte er seinen Schraubenzieher beiseite und sagte: ›Hören Sie zu, meine Beste, ich kann mich nicht auf meine Arbeit konzentrieren, während Sie da so komisch angezogen sind.‹ Also antwortete ich ihm: ›Was heißt hier komisch angezogen? Ich habe überhaupt nichts angezogen.‹ Er antwortete: ›Das ist ja gerade das Problem.‹ Na, ist das nicht lustig? Zeigt das nicht wieder einmal, daß ein Mädchen einen Mann vollkommen aus dem Gleichgewicht bringen kann, nur weil es nackt vor ihm steht? Denken Sie doch nur einmal an die vielen Frauen, die sich so ihrem Ehemann oder ihren Liebhabern gegenüber verhalten könnten! Die Ehemänner hocken vor dem Fernsehapparat und sehen einem Fußballspiel zu und die Frau sitzt vollkommen entkleidet daneben auf der Sessellehne. Eine herrliche Vorstellung! Eine Wiedergeburt der Nacktheit, das hätte ich gern. Ich schlafe aus Gründen meines Lebensunterhaltes mit Männern, und aus diesen Gründen bin ich die meiste Zeit meines Lebens nackt. Aber andere Frauen schlafen auch aus Gründen ihres Lebensunterhaltes mit ihren Männern, auch wenn sie das nicht zugeben würden.

Also sagte ich zu dem Typen von der Klimaanlagenfirma: ›Wenn Sie sich schon nicht auf Ihre Arbeit konzentrieren können, dann wäre es doch besser, Sie würden mich ficken.‹ Ich zog den Burschen mit diesen Worten auf, aber ich meinte es mit dem Beischlaf vollkommen ernst. Er wollte mir nicht glauben, er konnte sich gar nicht vorstellen, daß die ganze Situation überhaupt der Realität entsprach, aber er stand auf und zog seinen Overall aus, langsam und feierlich, als wäre er ein Bischof oder so etwas ähnliches und würde seine Robe ausziehen. Dann zog er sein Hemd aus und seine Unterhose. Er war irgendwie kein schlechtaussehender Mann. Er hatte einen großen Pimmel und eine behaarte Brust, war nett und am ganzen Körper braun, weil er sicherlich durch seine Arbeit auf den Dächern stets der Sonne ausgesetzt war.

Ich setzte mich zurück in meinen Sessel, spreizte meine Beine und hielt sie in die Luft. Er kniete sich vor mir nieder, wobei er seinen Pimmel wie ein Werkzeug, wie ein großes dickes Werkzeug festhielt. Er sagte kein Wort dabei, er lächelte noch nicht einmal. Aber er drückte diesen dicken Pimmel geradewegs in mich hinein, bis zu den haarigen Hoden, und dann kam das übliche Rein und Raus, aber in diesem Fall hatte es etwas Maschinelles an sich. Er fickte mich wie eine *Maschine*. Ich hielt mich an seinen Armen fest und konnte seine Muskeln fühlen, die so hart wie Baseballschläger zu sein schienen. Dann, als er schwer nach Luft rang und wie verrückt in mich hineinstieß, legte ich eine Hand unter seine Eier. Ich konnte fühlen, daß sie hart wie Walnüsse waren.

Er sagte ein Wort, ich erinnere mich ganz genau daran: ›Jetzt!‹ Und er kam, und es war herrlich.

Nach diesem Vorfall zeigte ich ihm, wo er sich waschen konnte, und er verschwand. Ein paar Minuten später kam er aus dem Bad zurück und kümmerte sich wieder um die Klimaanlage. Wissen Sie, was ich damit sagen will, wenn ich Ihnen diese Geschichte erzähle? Ich will damit sagen, daß die Frauen Macht über die Männer besitzen, wenn sie nackt sind, wenn sie keine Kleider tragen. Er wollte seine Arbeit verrichten, wollte die Klimaanlage in Ordnung bringen. Er kam nicht wegen einer Nummer vorbei. Aber da saß ich, hatte keine Kleider am Leib, und er konnte keinen Handschlag verrichten, bis er mich gefickt hatte. Ich hatte gar nicht im Sinn gehabt, mit ihm irgendein Spielchen zu veranstalten. Ich saß lediglich dort, hatte keinen Fetzen am Hintern und sah fern.

Ich verstehe mich auf Sex, denn das ist mein Geschäft. Aber was ich nicht verstehe, ist, daß ich immer noch mit der Sache zu tun habe, warum ich das überhaupt mache. Vielleicht sechzig Prozent meiner Kunden sind verheiratete Männer. Mir soll bloß keiner erzählen, all diese Frauen seien häßlich oder frigide, denn das kann ja wohl nicht stimmen. Ich glaube, der Grund, warum ich diese Sache mache, ist der, weil die Frauen sich nicht so verhalten, wie ich es tue. Sie wollen nicht nackt herumlaufen. Sie wollen nicht, daß zu ungewöhnlichen Tageszeiten gevögelt wird. Sie wollen sich nicht so anziehen, daß sie einen Mann faszinieren, einfangen können. Eine Frau kann niemals zu sich selbst sagen: ›Ich habe meinen Mann jetzt fest im Griff, jetzt kann ich mich gehenlassen.‹ Sie muß ihren Mann jeden Tag ihres verheirateten Lebens faszinieren und erregen. Nur so können die Frauen siegen.«

Das Foto einer hochkarätigen Prostituierten faszinierte mich deshalb, weil die gezeigte Person so beachtlich gekleidet war. Offensichtlich ist es fundamental für diese Frauen, sich gut anzuziehen und erstklassig auszusehen; offensichtlich verwenden diese Mädchen größere Geldbeträge darauf, sich geschickt zu kleiden, um in ihrem Geschäft konkurrenzfähig zu bleiben. Aber, was noch wichtiger scheint: Ihre Aufgabe, Männern zu gefallen, verlangt Geschmack und Stil. Alles muß stimmen. Ich sprach niemals mit einer Hure aus den oberen Schichten, die nicht gesteigerten Wert auf ihr Äußeres gelegt hätte, deren Schuhe und Kleider nicht perfekt gewesen wären, deren Make-up und Haar nicht sorgfältig gemacht worden wäre.

»Ich muß den ganzen Tag über bezaubernd aussehen«, sagte mir ein elegantes Callgirl im Teezimmer eines New Yorker Klassehotels. »Das ist nicht selten eine große Anstrengung. Manchmal möchte ich nichts weiter als Jeans und ein T-Shirt tragen. Ich glaube nicht, daß sich normale Mädchen und Frauen stets herausputzen sollten, zumindest nicht in der Art, wie ich das tue. Ich meine aber, sie sollten sich zwei- bis dreimal die Woche ganz besonders gut herrichten, damit ihre Freunde und Ehemänner nicht denken, ihre Frauen seien nicht mehr feminin und sexy.

Für eine Frau ist es so furchtbar leicht, sich gehenzulassen. Schauen Sie sich doch einmal hier um. Diese Frauen sind reich, zumindest die meisten von ihnen. Aber sie ziehen sich ihren Gewohnheiten zufolge an, sie ziehen sich nicht so an, als müßten sie ihren Männern gefallen. Schauen Sie sich doch einmal diese Frau da drüben in ihrem buntbedruckten Hosenanzug an. Sie sieht aus, als wäre sie dem Zirkus entflohen. Achtet sie nicht mehr auf sich selbst? Es gibt doch überall eine Menge fantasiereicher Kleider mit herrlichen Farben und in allen modischen Stilrichtungen, und dabei braucht man noch nicht einmal ein Vermögen dafür auszugeben.«

Es besteht überhaupt kein Zweifel daran, daß man sich in attraktiver Bekleidung sicherer, entspannter fühlt und einfach mehr sexy wirkt. Und wenn man sich sexy *fühlt*, dann ist man auch halbwegs sexy. Ein Mädchen, das anschaffen geht, muß einfach Wert darauf legen, sexy auszusehen und auch so zu wirken.

Kapitel 5

# Das Drum und Dran des Geschlechtsverkehrs

»Ich kann nie so recht verstehen, warum die Leute, die sich beim Hundert-Meter-Sprint beteiligen, so begierig darauf sind, die Ziellinie zu erreichen. Würden sie an der Startlinie bleiben, dann würden sie an der Ziellinie nicht verschwitzt und erschöpf ankommen. Na ja, aber viele Dinge im Leben ähneln einem Hundert-Meter-Sprint.«

Diese pikante Bemerkung stammt von Groucho Marx und kann in seiner *Unnatural History of Love* nachgelesen werden. Sie ist eine weise Zusammenfassung (und so war sie auch gedacht) des Versagens menschlicher Wesen, wenn diese ins Bett steigen und versuchen »Liebe zu machen«.

Sexualverkehr – der Koitus – geht mit einem größeren Durcheinander und mit größerer Konfusion einher, als der Verkehr am Herald Square. Und, wie Groucho Marx feststellte, liegt das grundsätzliche Problem bei vielen Männern und Frauen darin, daß sie der Meinung sind, es handle sich beim Geschlechtsverkehr um ein *Rennen*, bei dem man irgendwo hingelangen möchte – je schneller, desto besser.

Jeder betrachtet seinen Höhepunkt als *den* Hauptzweck des Geschlechtsverkehrs. Stellt sich der Orgasmus nicht ein, dann fühlen sich viele Menschen enttäuscht und verhalten sich so, als wären sie Marathonläufer, die feststellen müssen, daß sie sich an einer Landstraßenkreuzung verlaufen haben oder sonstwie nicht wissen, welchen Weg sie nehmen müssen, um ans Ziel zu gelangen. Kurz gesagt: Die Menschen haben das Gefühl, sie hätten versagt.

Ich betonte dies bereits schon einmal an anderer Stelle, aber ich habe keine Bedenken, dies alles noch einmal zu wiederholen. Beim Geschlechtsverkehr steht der Orgasmus nicht am Ende eines Bettkampfes mit dem Partner, ein Orgasmus also, der in schweißtriefender Anstrengung errungen wurde. Der Geschlechtsverkehr *selbst*, das Zusammentreffen der Geschlechtsorgane beider Partner ist der Preis. Der *Zweck* des

Geschlechtsverkehrs ist für beide Teile, eine Verbindung miteinander einzugehen, die wirklich von Erfolg gekrönt ist, weil sie Ausdruck gegenseitiger physischer Liebe ist. Das *Ergebnis* könnte der Orgasmus, muß es aber nicht sein.

»Zu der Zeit, als ich als Callgirl zu arbeiten begann, in den fünfziger Jahren also, hatten die meisten Typen, die zu mir kamen, keine Ahnung davon, daß auch Mädchen einen Orgasmus bekommen können oder das es ihre Bestimmung ist, einen zu bekommen. Sie kamen zu mir, fickten, bezahlten ihre Kröten und verschwanden wieder. Heutzutage spüren sie, obwohl sie immer noch Geld dafür bezahlen, daß das Mädchen zu *kommen hat*, damit ihre Männlichkeit und ihre sexuelle Erfahrung unter Beweis gestellt werden können. Aus diesem Grund lehre ich meinen Mädchen in erster Linie, daß sie sich so zu verhalten haben, als würden sie kommen. Sie müssen es spielen. Um die Sache gut zu machen, bedienen sie sich eines Tricks. Ich bewege meine Mädchen dazu, sich auf den Rücken zu legen und so zu tun, als hinge an einem Faden ein Markstück vor ihrer Vagina. Dadurch lernen sie, das Zucken eines echten Orgasmus zu simulieren. Das heißt sie sollen versuchen, das Markstück an der Schnur mit ihrer Muschi zu fassen zu kriegen. Wenn es hin und her pendelt und sich im Kreise dreht und wenn sie versuchen, es wirklich zu fassen, dann müssen sie ihre Vaginalmuskeln bewegen, müssen die Hüften hin und her kreisen lassen, als bekämen sie in Wirklichkeit einen Orgasmus. Das ist ein guter Ratschlag, insbesondere für Frauen, die vorgeben wollen, sie hätten einen Orgasmus.«

Dieser Trick mit dem Geldstück kommt von Edna, einer vierundvierzigjährigen Puffmutter aus Florida. Edna glaubt nicht daran, daß Mädchen einen Orgasmus vortäuschen müßten, aber sie ist eine Frau, die sich aufs Geschäft versteht und die weiß, daß sie ihren Kunden das vermitteln muß, wonach sie verlangen. Wenn der Kunde einen Orgasmus erwartet (oder sogar fordert), dann soll er bekommen, wonach ihm der Sinn steht.

»Mitunter kriegt man sogar einmal einen Orgasmus, wenn man mit einem Knilch beisammen ist«, sagt Linda, eine niedliche vierundzwanzigjährige sommersprossige Blondine aus Los Angeles. »Das ist dann aber etwas Besonderes. Die meiste Zeit über ist man sich eigentlich gar nicht so recht dessen bewußt, was man tut. Deswegen verstehen auch viele Leute nicht, warum man Callgirl ist oder auf den Strich geht. Man ist bei jedem einzelnen Fick gar nicht so recht bei der Sache, man tut es nicht, wie es andere Leute tun. Man liegt dabei nur da und denkt, was man im Wochenende tut oder was man zum Abendessen einkaufen soll. Mitunter nimmt man noch nicht einmal Notiz von dem Kunden. Einmal tat ich etwas, was ich niemals vergessen werde: Ich lag mit einem Burschen im Bett, der sich bereits stundenlang an mir zu schaffen machte. Mit meinen Gedanken war ich ganz woanders. Plötzlich sagte er zu mir: ›Ich hab's geschafft! Ich komme!‹ Irgendwie blinzelte ich ihn an, schaute zu ihm auf und sagte: ›Oh – bist du immer noch hier?‹«

Wie viele der Mädchen sagen, befinden sich die meisten Männer unter Druck, wenn es darum geht, ihren Bettgenossinnen einen Orgasmus zu vermitteln. Aber obwohl der weibliche Orgasmus von Bedeutung ist, ist er nicht das *non plus ultra* beim Geschlechtsverkehr. Es ist Zeit, daß man hier einmal realistisch denkt. Sich zu lieben unter dem Gesichtspunkt der *Verpflichtung* zum Orgasmus ist destruktiv, geradezu witzlos, abgesehen davon sollte niemand unter Druck stehen, und zur *Befriedigung* des Partners beim Geschlechtsverkehr besteht keine Verpflichtung. Stellen Sie sich beim Geschlechtsverkehr gut an, und sind Sie, was Ihre sexuellen Talente anbelangt, vollkommen zufrieden mit sich, dann werden Sie wohl auch regelmäßige Orgasmen bekommen.

Ist Ihr Liebhaber oder Ehemann eine dieser gewissenhaften Personen, die dafür Sorge trägt, daß Sie einen Orgasmus bekommen, koste es was es wolle, dann darf es nicht ohne Bedeutung für Sie sein, daß Sie Ednas Orgasmustrick beherrschen. Ich glaube, daß das besser ist, als sich auf den Rücken zu legen und an das Rezept für Kürbiskompott zu denken, während Ihr Liebhaber verzweifelt versucht, sie zu einem Höhepunkt zu bringen. Allerdings ist es noch wesentlich besser, zu lernen, wie man meisterhaft und hingebungsvoll den Geschlechtsverkehr vollzieht, also geradezu leidenschaftlich. Als Frau können Sie Ihre Liebestechniken durchaus überprüfen, also auch Ihre Liebesbefähigung oder Liebesbereitschaft, ohne daß Ihr Liebhaber überhaupt etwas davon mitbekomme. Das kann bis zu jenem Punkt hinführen, wo Sie beide täglich und zutiefst befriedigt werden.

Wie können Sie das bewerkstelligen? Nun ja, abgesehen von den Grundtechniken gibt es natürlich eine ganze Reihe simpler Tricks, die von den Prostituierten angewandt werden, damit die Kunden das Lächeln nicht verlernen. Auch wenn viele dieser Kunden unter den bekannten Sexualproblemen wie vorzeitige Ejakulation, zeitweilige Impotenz und die Unfähigkeit zur Ejakulation zu leiden haben.

»Viele Männer wissen überhaupt nicht, wie man eine Frau befriedigt«, sagt die fünfundzwanzigjährige Marise, ein schwarzhäutiges Callgirl aus New York. »Weiße Ficker, schwarze Ficker, da gibt's keinen Unterschied. Sie wissen alle nicht richtig, wie sie sich anzustellen haben. Aber das liegt auch daran, weil ihre Freundinnen nicht wissen, wie sie sich anzustellen haben. Sie wissen nicht, was ihre Männer tun müssen, damit die Frauen befriedigt werden. Die Männer denken, sie müßten beim Geschlechtsverkehr die große Solonummer abziehen, so, als befänden sie sich bei einer Sportveranstaltung, wo es darum geht, den Sieg davonzutragen. Die Frauen glauben das auch, also lehnen sie sich zurück und denken: ›Nun ja, wollen wir doch mal sehen, was dieser Bock mit mir anstellt!‹ Sie verstehen sich noch nicht einmal darauf, daß sie ebenso mitarbeiten müssen, wie der Mann es tut, daß Sex ein Geben und ein Nehmen ist. Man kann nicht erwarten, als Frau meine ich, daß ein Mann gut ist, wenn man es selber nicht ist. Was müssen Sie machen, wenn Sie mit einem zweisitzigen Fahrrad fahren? Da müssen Sie auch ran, denn Sie können sich nicht hinten draufsetzen und die Arbeit dem Vordermann überlassen. Warum soll also der Mann die ganze Arbeit verrichten? Aus diesem Grund bezahlen mich diese Typen – sie bezahlen mich dafür, daß ich ihren Frauen die harte

Bettarbeit abnehme, für die sie sich nicht verantwortlich fühlen!«

Hier die Ansicht von Liza, Marises dreißigjähriger Freundin, ebenfalls einer Negerin: »Fast all die Burschen, mit denen ich in Berührung kam, waren in sexueller Hinsicht unzulänglich. Sie hatten irgendwelche Schwierigkeiten. Aber ich kann ihnen dabei eine Hilfe sein. Dabei tue ich nie irgend etwas mit ihnen, was ihre Frauen nicht auch mit ihnen machen könnten. Vielleicht wissen die Frauen nicht, wie sie sich zu verhalten haben, wenn man ihnen aber mit Ratschlägen auf die Sprünge helfen will, dann haben sie schnell die tollsten Entschuldigungen zur Hand.«

Bevor wir uns mit dieser »Do-it-yourself«-Sexpraktik befassen, sollten wir darauf achten, daß uns die fundamentalsten Techniken des Geschlechtsverkehrs geläufig sind. Diese Techniken kann man in jedem guten Sexbuch nachlesen, aber für gewöhnlich klingen die aufgezeigten Praktiken zu schwierig und zu beängstigend, so daß die Leser, zum größten Teil Frauen, bereits beim Lesen Furcht überkommt, obwohl es sich um Dinge handelt, die einfach zu bewerkstelligen sind.

Wenn Sie schon einmal in einer Art Sexnachschlagewerk gelesen haben und Ihnen die Ratschläge der Doktoren oder »Experten« nicht mehr ganz unbekannt sind, dann wissen Sie sicherlich, mit wieviel unnützem Drum und Dran der Vollzug eines einfachen Geschlechtsverkehrs in jenen Büchern umschrieben wird. Man bekommt das Gefühl vermittelt, man müßte etwas ausführen, was äußerst schwierig zu bewerkstelligen sei. Hier also ein Auszug aus dem Buch *New Approaches to Sex in Marriage* durch den furchteinflößenden Dr. John Eichenlaub. Das Ganze ist geradezu symptomatisch für die beim Geschlechtsverkehr »übertechnisierte« Umschreibung eines einfachen Vorganges:

»Gleichgültig, ob Sie Bewegung drosseln oder kontinuierlich ausüben, eine Veränderung der Sexposition verhilft Ihnen dazu, eine kurze Belebung fraulicher Aktivitäten herbeizuführen, wobei Druck und Friktion der Oberseite des Penis in Gemeinschaft mit Druck- und Friktionsverminderung an der sensitiven Unterseite Veränderungen hervorrufen. Bei der Standardposition, der Gesicht-zu-Gesicht-Position, kann auch der Ehemann zur objektiven Veränderung beitragen, indem er seine Stirn ein paar Zentimeter tiefer auf die Unterlage zuführt, was wiederum bewirkt, daß sein Schwerpunkt sich in Richtung der Körperlängsachse seiner Frau verändert.«

Ist das nicht irre? All dies technische Gefasel, das nur besagen soll, daß der Mann seinen Körper ein wenig anheben muß, damit die Reibefläche seines Gliedes sich verkleinert, um einer vorzeitigen Ejakulation vorzubeugen.

Geschlechtsverkehr basiert ganz einfach auf der Frage, wie Ihr Liebhaber seinen Penis in Ihre Vagina einzuführen in der Lage ist. Hinzu kommt, daß beide Partner zu einem Rhythmus finden müssen, der ihre Geschlechtsorgane stimuliert. Eine gute Technik kommt dann zustande, wenn man zur idealen Position auch den idealen Rhythmus findet und praktiziert, aber da es nur wenige wirklich gute Positionen gibt, ergeben sich keine sonderlich großen Schwierigkeiten für Sie, die entsprechenden Techniken zur Anwendung zu bringen.

Sicherlich haben auch Sie schon Bücher gesehen, in denen ein Pärchen alle nur möglichen Positionen im Bild zeigt, wobei viele Stellungen geradezu befremdlich wirken. Ich kann Ihnen sagen, daß die einfachsten Positionen auch die erfreulichsten sind. Es wird Zeiten geben, wo Sie die höchste Freude darin finden, wenn Sie Ihren Geschlechtsverkehr auf dem Rand der Badewanne vollziehen oder vielleicht in einem Schaukelstuhl, aber die meiste Zeit zieht es Sie zum Geschlechtsverkehr hin, der in behaglicher Stellung ausgeführt werden kann, ohne daß man sich dabei das Rückgrat aushängt.

Viele Prostituierten ziehen es vor, beim Geschlechtsverkehr mit ihren Kunden die obere Position einzunehmen, wenn die Kunden dieser Stellung zustimmen. Hierzu sagt Marise:

»Sitzt die Frau auf dem Mann, dann ist sie der aktivere Teil, *psychologisch* und auch physisch. Sie kann sich nach vorn beugen oder nach hinten, und wenn sie sich den richtigen Winkel aussucht, dann kann sie sich und den Mann in alle möglichen Richtungen drehen oder drängen, geradeso, wie sie es will. Mein Ratschlag an alle Mädchen, die ihrem Freund eine bessere Liebhaberin sein wollen: Auf dem Mann bleiben. Man kann dabei besser für die Stimulanz sorgen und er kann zu ihnen hochgreifen, wenn er eine Geschwindigkeitsveränderung vorzieht. Und auch dann, wenn man den Partner besser kennt, hat man mehr Einfluß auf das Gefühl, denn man verspürt so besser, ob sich der Partner dem Höhepunkt nähert oder nicht. Man spürt es besser, wenn sein Penis in dieser Stellung anzuschwellen oder zu pochen beginnt. Man kann dann den Orgasmus hinauszögern, indem man sich zurücksetzt und entspannt.«

Grundsätzlich hat Marise recht. Konnten Geschwindigkeit oder Rhythmus des Geschlechtsverkehrs Sie nicht zufriedenstellen, dann versuchen Sie jene von Marise beschriebene Stellung, indem Sie sich auf Ihrem Mann plazieren. Einige Männer wehren sich gegen die Vorstellung, eine Frau auf sich zu haben, hat man sie aber erst einmal auf den Geschmack gebracht, dann werden sie wohl kaum mehr etwas gegen diese Position einzuwenden haben.

Kay, die zwanzigjährige Straßendirne aus New York, die wir bereits früher schon kennenlernten, umschreibt exakt, wie man sich dieser Technik bedienen kann:

»Man muß sich bei einem entsprechenden Mann tatsächlich aggressiv verhalten, man muß auf ihn klettern, ihn küssen und in den Nacken beißen. Wenn er versucht, Sie auf den Rücken zu rollen, widerstehen Sie ihm, liebkosen Sie ihn, und er wird seine Versuche einstellen. Ist er von der Sorte Mann, die nicht sehr viel zu Ihrer eigenen Erregung beitragen kann, dann ist es besser, wenn Sie die obere Position einnehmen. Liegt sein Penis auf seinem Bauch, dann haben Sie die Möglichkeit, Ihre Muschi gegen sein hartes Glied reiben zu können. Das erregt nicht nur Sie, sondern tut beiden gut. Drücken Sie Ihre Schamlippen auch weiterhin gegen seinen Pimmel und rotieren Sie mit den Hüften, und es wird nicht sehr viel Zeit vergehen, bis Sie bereit sein werden, den Geschlechtsakt zu vollziehen. Denken Sie daran, daß Sie genügend angeheizt sein müssen, ehe Sie sich beide an das Eigentliche machen.

Ich weiß, daß einige Frauen Schwierigkeiten haben, denn sie sind sehr trocken und werden nie so recht feucht. Wenn Ihr Problem in diesem Bereich liegt, dann bedienen Sie sich einer cremigen Flüssigkeit. Träufeln Sie die auf Ihre Handfläche, während Sie auf Ihrem Freund sitzen. Wärmen Sie die Creme in Ihrer Hand an, denn wenn sie kalt ist, ruft sie an Ihrer Muschi einen Schock hervor. Ist die Creme handwarm, dann führen Sie Ihre Hand zwischen Ihre Schenkel und cremen sie sich ein. Wenn sie dann Ihre Schamlippen am Penis des Mannes reiben, sind Sie naß und geschmeidig, und das wird sicherlich dazu beitragen, daß sich Ihr Partner erregt.

Sind sie beide feucht, dann nehmen Sie seinen Penis in Ihre Hand und beugen sich vor. Sie können Ihren Partner küssen, während Sie sich nach vorn beugen. Heben Sie seinen Penis an, so daß sich die Eichel bequem in Ihre Vagina einführen läßt. Daraufhin können Sie sich so sacht wie nur möglich wieder nach unten bewegen. Sein Penis wird dabei ganz leicht und sanft in Ihre Vagina hineingleiten.

Wenn Sie eine aufrechte Position wählen, kann sein Penis tiefer in Sie eindringen. Bewegen Sie Ihre Hüften in dieser Position hin und her, dann können Sie fühlen, wie sein Penis bis zu Ihrer Gebärmutter vorgedrungen ist, und das ist ein tolles Gefühl. Wenn Sie sich wieder nach vorn beugen, kann sein Penis nicht sehr tief in Sie eindringen. Aber ich sage Ihnen, warum Sie das tun sollen und warum das gut ist: Wenn Sie sich aufrecht auf ihn setzen, bietet sein Penis nämlich keine große Reibungsfläche. Das bewirkt, daß das Gefühl des Mannes nachlassen kann, obwohl Sie selbst aufs äußerste erregt sind. Wenn Sie sich nach vorn beugen bedeutet das, daß das Innere Ihrer Muschi zusammengequetscht wird und der Penis des Mannes eine größere Reibungsfläche hat. Der Mann wird sich dadurch stärker erregen, obwohl diese Stellung nicht das Äußerste an Erregbarkeit für Sie mit sich bringt. Das Ganze ist mit einer Wippschaukel zu vergleichen. Wenn der eine oben ist, ist der andere unten.

Es gibt aber noch einen anderen Trick, den Sie anwenden können, wenn Sie auf Ihrem Partner plaziert sind. Sie können die Reibfläche entsprechend verändern, wenn Sie Ihren Körper nach vorn bewegen und den Hintern einziehen, das Gleiche gilt auch für den umgedrehten Fall, wobei Sie Ihren Hintern nach hinten wegstrecken. Dabei können Sie zu einem Rhythmus finden, der Ihren Partner um den Verstand bringen kann. Bewegen Sie sich nach oben, dann ziehen Sie sozusagen Ihren Hintern ein und versuchen, den Penis des Mannes mit Ihren Vaginalmuskeln zu drücken. Bei der folgenden Abwärtsbewegung strecken Sie Ihren Po wieder nach hinten heraus und versuchen dabei, den Penis des Partners so tief als nur möglich in Ihre Vagina eindringen zu lassen. Wenn Sie diesen Bewegungsablauf sehr schnell ausführen können bin ich ganz sicher, daß ein Mann allen Ernstes verrückt nach Ihnen sein wird.«

Es ist also sehr wichtig für Sie, die Geschwindigkeit den sensitiven Anforderungen Ihres Partners anzupassen. Ich weiß, daß es sehr einfach ist, die Geschwindigkeit zu beschleunigen, wenn sich der Orgasmus nähert; aber Sex ist Teamwork, und die Tatsache, daß Sie für den Rhythmus zuständig sind, bedeutet auch, daß Sie für das Wohlbefinden Ihres Partners zuständig sind.

Wie bringen Sie in Erfahrung, ob Ihr Rhythmus Ihrem Partner angenehm ist? In der beschriebenen Position ist das für gewöhnlich recht einfach. Ist die Geschwindigkeit nicht nach seinem Geschmack oder seinen Vorstellungen, dann wird Ihr Partner versuchen, den Rhythmus selbst zu bestimmen, indem er seine Hüften nach einem eigenen Rhythmus in Bewegung setzt. Sie werden sehr schnell verspüren, ob ein Rhythmus gut ist oder nicht. Richten Sie Ihre Geschwindigkeit so ein, daß Ihrer beider Organe zu einer Art Kompromiß gelangen, wonach Sie dann wissen, welches Tempo beide gleichermaßen erregt.

Nachdem Sie sich obenauf befunden haben, kommen wir nun zu der Stellung, wo Sie sich unten wiederfinden; diese Position ist weltweit als die »Missionarsstellung« bekannt. Nun mögen Sie annehmen, daß diese Position Ihren Partner in eine aktive Rolle hineinzwängt, daß aus dem »Beifahrer« nunmehr der »Fahrer« wird und daß er durch diese Position möglicherweise zu demjenigen wird, der Tempo und Rhythmus bestimmt; aber es gibt auch hier verschiedene Möglichkeiten, selbst als zunächst passiver Partner das Geschehen zu lenken und in die Hand zu nehmen.

Wenn das Tempo Sie nicht erregen kann oder nicht nach Ihrem Geschmack ist, dann können Sie sich so verhalten, wie Ihr Partner es Ihnen gegenüber getan hat, als er die untere Position einnahm. Die Unannehmlichkeiten, eine gewisse Art von »Taktlosigkeit«, die sich aus seinem Rhythmus ergeben, werden ihn unverzüglich eine andere Geschwindigkeit einschlagen lassen. Er wird seine Geschwindigkeit der Ihrigen anzupassen versuchen. Es ist genauso, als würde man Musik hören. Wenn der Takt der Musik stark genug zu vernehmen ist, dann werden Ihre Füße ganz von selbst diesen Takt mitzuschlagen versuchen. Ihre Füße vollführen einen Klopfrhythmus, ohne daß dieser Umstand von Ihnen wahrgenommen werden muß. Wenn Ihr Beckenrhythmus stark genug ist, wird Ihr Liebhaber diesem Rhythmus nicht lange widerstehen können.

Ihr stärkster Pluspunkt in der Rückenlage ist der Druck, den Sie mit Ihren Vaginalmuskeln ausführen können. Dieser Technik bedient sich jedes Mädchen, das professionell mit Männern zu tun hat. Lynsey, ein dreiundzwanzigjähriges Callgirl aus Chicago, hat diese Technik geradezu zur Kunst entwickelt. Lynsey ist nicht sonderlich groß, sie hat lockiges Haar und einen dekorativen Körper mit relativ kleinen Brüsten.

»Ein paar Mädchen hatten mir einmal gesagt, ich solle meine Vaginamuskeln benutzen, aber ich wußte nicht, wie ich das bewerkstelligen sollte. Eines Abends allerdings befand ich mich mit ein paar Freundinnen bei Alma. Alma richtete sich gerade das Haar, denn sie wollte ausgehen. Sie saß an ihrem Ankleidetisch und trug nichts außer einem T-Shirt. Eines der Mädchen verkündete, es könne sich so verhalten, daß ein Mann dann seinen Orgasmus habe, wenn sie es wolle, gleichgültig ob *er* wolle oder nicht. Ich fragte: ›Wie, zum Teufel machst du das?‹ Nun ja, Alma drehte sich auf ihrem Stuhl herum und sagte: ›Also, paßt auf, ich zeig's euch. Man muß seine Vagina dabei unter Kontrolle haben.‹

Alma ist ein wirklich schönes Mädchen. Sie hat dieses herrlich wallende blonde Haar, und die meisten der Burschen, mit denen sie zusammenkommt, denken, sie sei eine Fernsehschauspielerin oder so etwas Ähnliches. Sie spreizte für mich ihre Oberschenkel, nahm den Vibrator vom Ankleidetisch und schob ihn sich in die Vagina. Sie schob den Vibrator so tief hinein, daß nur noch das andere Ende hervorschaute.

Dann, ohne mit ihren Händen etwas zu tun, spannte sie ihre Muskeln an, so daß der Vibrator fast vollständig in ihrer Vagina verschwand. Dann bewegte sie wieder ihre Vaginalmuskeln, und der Vibrator kam wieder zum Vorschein. Das machte sie so vier- oder fünfmal. Dann spannte sie ihre Muskeln so an, daß der Vibrator vollständig herausfiel.

Sie händigte mir den Vibrator aus und ermunterte mich zu einem Versuch. Ich zog meine Jeans aus, setzte mich auf eine Ecke des Bettes, spreizte meine Beine und schob den Vibrator hinein. Alma beobachtete mich interessiert. ›Nein, versuche erst einmal, das Gerät mit den Muskeln herauszudrücken‹, sagte sie. Ich drückte und drückte, bekam einen hochroten Kopf, aber nichts geschah. Dann gab sie mir den ersten Tip: Die meisten Leute konzentrieren sich beim Drücken auf ihren Nacken, aber selten auf ihre Vagina. Es ist jedoch viel leichter, die Vaginamuskeln und auch die Gesäßmuskeln zu bewegen, wenn man sich vornüber beugt. Ich weiß, das klingt irgendwie verrückt, aber es klappt. Wenn eine Frau ein Baby kriegt, dann sagt man ihr stets, sie solle den Kopf nach vorn beugen. Dann drückt sie mit ihren Unterleibsmuskeln und nicht mit der Nackenmuskulatur.

Also versuchte ich das, und es klappte ein wenig besser, aber ich hatte den Trick dabei noch nicht heraus. Vielleicht vier oder fünf Mädchen saßen um mich herum, schauten zu und ermunterten mich. Das erregte mich irgendwie, denn der Vibrator stak in meiner Vagina, und die Mädchen starrten mich an, aber ich stellte mich trotzdem nicht sonderlich gut an.

Dann half mir aber Alma ein wenig mehr. Sie tunkte ihren kleinen Finger in eine kalte Creme und stieß ihn mir in den After. ›Jetzt drücke meinen Finger‹, sagte sie, und ich drückte ihren Finger mit den Muskeln meines Afters. Zur gleichen Zeit drang der Vibrator ein paar Zentimeter tiefer in mich ein. ›Jetzt drückst du meinen Finger heraus‹, sagte Alma. Und das tat ich, und auch der Vibrator drückte sich heraus. Wenn man seine Aftermuskeln bewegen kann, dann kann man auch seine Vaginamuskeln bewegen. Die Bewegung ist die gleiche.

Also versuchte ich immer wieder diese Bewegung. Anfangs brachte ich das nur zu Wege, wenn einer meiner Finger in meinem Hintern steckte, aber schon nach einiger Zeit klappte das bei mir, ohne daß ich daran einen Gedanken verschwendete. Ich dachte nur ›drücken‹, und alles ging wie von selbst. So bringt man seine Vaginalmuskeln unter Kontrolle, wenn Sie mich fragen.

Einen solchen Druck wendet man dann an, wenn man einen Burschen fickt und will, daß es ihm schneller kommt. So ein Bursche hat keine Möglichkeit, einen von der Bewegung der Vaginalmuskeln abzuhalten. Das bedeutet, daß man mit einer Geschwindigkeit vorgehen kann, die außer seiner Kontrolle liegt. Ich kann einen Mann damit zur Eile antreiben, aber auch seine Geschwindigkeit verringern, gerade wie es meinen Gefühlen gelegen kommt. Weiter hat diese Sache auch noch den Vorteil, daß man sich nicht nur unter Kontrolle hat, sondern auch noch die eigene Gefühlswelt verändern kann.

Ich erinnere mich daran, daß ich einmal einen Kunden hatte, so einen großen Burschen aus Kansas oder aus so einer ähnlichen Gegend. Er war groß und langsam. Er hatte einen großen und prächtigen Pimmel und eine langsame Art zu sprechen, aber er fickte auch sehr langsam. Er hatte an diesem Abend mächtig einen geladen, und als wir zurück ins Hotel gingen, war er erschöpft. Ich mußte seinen Schwanz fünf Minuten mit meinem Mund bearbeiten, um ihn auf Vordermann zu bringen. Ich weiß noch, daß ich eine halbe Stunde bei diesem Burschen verbrachte, eine halbe Stunde härtester Arbeit.

Für gewöhnlich wäre ich auf den Typ geklettert, zumal er so müde war, aber er ließ mich nicht. Ich lag also unten, und er lag oben. Ich legte meine Beine über seine Schultern, um für seinen dicken Pimmel soviel Platz wie nur irgend möglich zu schaffen. Mir schien, als würde ich unten auseinanderbersten, als er in mich eindrang. Sein Pimmel schien kein Ende nehmen zu wollen. Ich konnte spüren, wie die Spitze gegen meine Gebärmutter stach, und das war herrlich.

Er war gut, dieser Typ, aber er war zu langsam. Er verlor seinen Harten, und ich mußte das Ding herausnehmen und mit meinem Mund wieder hart lutschen. Und dann ging es mit dem Langsamficken weiter. Es war ganz nett, aber ich war müde, und ich wollte meine dreißig Dollar verdient haben und verschwinden.

Also fing ich mit dem Drücken an. Zum ersten Mal bediente ich mich dieser Technik, während ein Mann in mir war. Jedesmal, wenn sein Schwanz bis zu den Eiern in mir steckte, drückte ich zu. Das ging fünf- oder sechsmal so, bis ich spürte, daß sein Penis härter und steifer wurde. Also machte ich mit dem Drücken weiter. Ich wurde dabei richtig geil, denn jedesmal, wenn ich drückte, konnte ich die ganze Länge seines Schwanzes in mir verspüren. Ich fühlte sogar die Konturen, den Ring um die Eichel und alles mögliche.

Ich drückte, und nach jedem Druck stellte ich fest, daß eine wogende Bewegung folgte. Es ist nicht einfach, das genau zu beschreiben – man drückt mit den Muskeln der Vagina, und wenn dieser Druck zurückgeht, dann erschaudert man zur gleichen Zeit. Der Bursche stieß und schob und sagte zu mir: ›Ich weiß nicht, was du da mit mir machst, aber ich glaube, daß es mir bald kommt.‹ Also sagte ich: ›Nur zu, Cowboy‹, und drückte so stark und anhaltend, daß er praktisch eine Muskelmassage bekam, die sich über die ganze Länge seines Schwanzes hinzog. Ein tiefes Stöhnen drang aus seiner Kehle, und wir beide kamen zur gleichen Zeit.

Seit damals wende ich diesen Druck immer an. Er ist Teil meiner Darbietung. Sicherlich kann nicht jedes Mädchen so gut mit diesem Trick umgehen, aber wenn sie es könnten, würden sie alle es tun. Wenn sie den Penis ihres Mannes drücken könnten, das würde ihnen sehr helfen.«

Nach der Erläuterung der Position im Geschlechtsverkehr, wo Sie sich unten befinden, gibt es noch eine ganze Reihe von Positionen, die es wert sind, erwähnt zu werden. Eine berühmte Stellung nenne ich die »Löffelstellung«. Legen Sie sich dabei mit Ihrem Partner auf die Seite mit dem Rücken zu ihm, so daß er sich von hinten an Sie kuscheln kann und Ihre Körper so ineinander passen, als würde man einen Löffel in den anderen legen. Die Pluspunkte dieser Stellung sind darin zu finden, daß Ihr Partner die Möglichkeit hat, Sie herumzufassen. Er kann also Ihre Klitoris berühren und er kann auch Ihre Brüste und Brustwarzen massieren. Das ist für Frauen, die Kinder bekommen haben, eine gute Position, denn das Vorbeugen nach vorwärts bewirkt, daß sich die Vagina zusammendrückt. Dadurch erhält der Penis des Mannes eine straffere Reibfläche. Die Nachteile dieser Position liegen in dem Umstand, daß der Mann nichts weiter von Ihnen zu sehen bekommt, als die Rückseite Ihres Kopfes. Auch ergeben sich Schwierigkeiten, ein gutes Tempo einzuhalten, denn wenn Ihr Körper auf einer festeren Unterlage liegt, also mit dem Rücken auf dem Bett, dem Fußboden usw., dann lassen sich Beischlafbewegungen leichter kontrollieren. Sie können es aber trotzdem mit dieser »Löffelstellung« versuchen, indem Sie sich ein wenig zu Ihrem Partner umdrehen, Ihre Oberschenkel weiter öffnen und Ihr freies Bein über seine Beine legen. Dadurch kann er wesentlich leichter an Ihre Klitoris fassen, und während des Akts verstärken sich Ihre Gefühle.

Eine andere Standardstellung ist die »Scherenstellung«. Sie liegen dabei auf dem Rücken, die Beine gespreizt und hochgehoben. Er liegt neben Ihnen auf der Seite, so daß sein Penis von der Seite her in Ihre Vagina eindringen kann. Sein freies Bein liegt über dem Bein, das Sie ihm zugewendet haben, also so, wie die beiden Schneiden einer Schere. Der Vorteil liegt darin, daß er Sie küssen kann, Ihre Brüste liebkosen kann und auch freien Zugang zu Ihrer Klitoris hat. Die Nachteile sind, daß ein regelmäßiger beidseitiger Rhythmus schwierig ist. Auch ist es dem Mann unmöglich, vollkommen in Ihre Vagina einzudringen, denn ein Teil Ihres Hinterns ist dabei im Wege.

Sie können es auch wie die Hunde machen, indem Sie sich auf allen vieren vor Ihrem Partner aufbauen, so daß er Sie von hinten besteigen kann. Oder Sie versuchen es auf einem Stuhl, und zwar aufrecht sitzend. Sie können auch »Schubkarre« spielen, meinetwegen durch das ganze Zimmer, indem Sie auf Ihren Händen »gehen«, während Ihr Partner Ihre Oberschenkel unter seinen Achselhöhlen plaziert und Sie fickt, während Sie »herumspazieren«. Alle diese Positionen sollten Sie kennen, denn es wird Zeiten geben, wo Sie die Lust darauf verspüren, sie auszuführen. Sie gehören einfach zur sexuellen Betätigung und erhöhen Spaß und Freude daran. Aber achten Sie auch auf die Worte von Rona, einer fünfundvierzigjährigen ehemaligen Prostituierten aus Washington.

»Ich habe mich mit allen Positionen befaßt, die in Ihren schmutzigsten und wildesten Träumen vorkommen könnten. Aber meiner Ansicht nach ist die beste Position immer noch die, wo der Penis Ihres Partners mit Ihrer Vagina zusammenkommt. Wenn Sie das richtig machen, dann ist es egal, ob Sie dabei sitzen oder liegen. Es ist vollkommen gleichgültig, um welche Tageszeit es sich dabei handelt, welcher Tag ist oder welches Jahr. Sie sollten an nichts denken, Sie sollten ihr ganzes Gefühl auf den Geschlechtsakt konzentrieren, und wenn Sie mit dem Ficken fertig sind, dann sollte es Ihnen wie diesen Leuten im Film gehen, die sagen: ›Was ist denn eigentlich los? Wo bin ich?‹«

Wir haben uns jetzt kurz mit den Grundlagen des Geschlechtsaktes befaßt und vor allem gelernt, daß man nichts dabei komplizieren sollte. Sicher, der Geschlechtsakt bedarf einer gewissen Geschicklichkeit, doch wenn Sie das erste Mal eine Nähmaschine bedienen, werden Sie auch nicht gleich hinter die Geheimnisse des Teppichwebens kommen. Warum sollten Sie also gleich Liebesspiele à la Katharina die Große vollziehen? Es ist keine *Schande*, sexuell unerfahren zu sein, vorausgesetzt,

Sie sind bereit zu lernen und freuen sich darauf. Und, wenn die Männer es auch nicht zugeben wollen, die meiste Zeit über haben sie Mädchen im Bett, die auch nicht mehr Erfahrung als Sie besitzen. So lange, wie Sie Ihre Begeisterungsfähigkeit nicht verloren haben und jede Gelegenheit wahrnehmen, Ihren Stil zu verbessern, so lange wird Ihr Partner *erleichtert* sein, daß Sie lange nicht soviel wissen wie er. Die Männer haben es gern, wenn sie den Frauen etwas beibringen können, und sollten Sie aus diesem Buch einige professionelle Tricks gelernt haben, belassen Sie Ihren Freund (oder Mann) in dem Glauben, er würde *Ihnen* etwas Neues beibringen. Das ist nur eine kleine Vortäuschung, aber sie bewirkt, daß die sexuelle Selbstachtung Ihres Liebhabers keinen Knacks bekommt.

Da wir nun die Grundtechniken des Geschlechtsverkehrs kennengelernt haben, wenden wir uns jetzt den subtileren Tricks und Kniffen zu, die wir von den Prostituierten lernen können. Wie wir gehört haben, muß deren »Liebemachen« schnell gehen, perfekt und immer gut sein. Wird ein Kunde nicht befriedigt oder fühlt er sich bei der Behandlung nicht wohl, dann kommt er kein zweites Mal. So etwas möchten Sie bei Ihrem Mann sicherlich nicht erleben, oder?

Häufig ist eine sexuelle Katastrophe mit Ihrem Mann nicht immer Ihre Schuld. Aber oftmals wird Ihnen die Schuld an dieser Katastrophe zugeschoben, ohne daß dem Geschlechtsverkehr eine lautstarke Auseinandersetzung folgen muß. Einem Mann fällt es äußerst schwer zu erklären, daß er Sie nicht befriedigen kann, dazu noch in einer Gesellschaft, die ständig Potenz und Männlichkeit propagiert. Wenn an Männer Zigaretten unter dem Aspekt verkauft werden können, dadurch würden sie zu zähen und maskulinen Bürgern des »Marlboro Country«, dann bedenken Sie doch nur einmal die Furcht und die Besorgnis, die einen Mann beschleichen, wenn er daran denkt, daß er ein Sexprotz sein muß.

Nicht zuletzt deswegen haben die Erfahrung und die Techniken der Prostituierten ihre wirkliche Berechtigung. Die Prostituierten sind es gewohnt, kompetent und bedächtig mit den herkömmlichen sexuellen Schwierigkeiten der Männer umzugehen, ohne daß der Mann sich unbehaglich fühlen müßte, und oftmals ist den Männern hierbei gar nicht im Detail klar, was eine Nutte mit ihnen angestellt hat. Sie als Frau sollten zwar erwarten können, daß sich Ihr Mann gleichermaßen um *Ihre* sexuellen Probleme kümmert und sie beachtet, aber es ist natürlich auch wichtig für Sie, daß Sie es lernen, mit Ihren Problemen allein fertig zu werden.

Das bekannteste sexuelle Problem ist immer noch die vorzeitige Ejakulation des Mannes. Kinsey bewertete es nicht als Hauptsexproblem des Mannes, denn seiner Meinung nach ist es die Frau, die hier unbefriedigt zurückgelassen wird. Aber so vereinfacht kann man diese Situation nicht sehen.

Kinseys Hervorhebung der weiblichen Enttäuschung führte aber nicht vollkommen in die Irre, das sicherlich nicht. Denn es ist die Frau, die viel dazu beitragen kann, daß es zu keiner vorzeitigen Ejakulation kommt, sie kann einen überempfindlichen Mann in einen zufriedenstellenden Liebhaber verwandeln.

Fragen wir Terry, eine vierundzwanzig Jahre alte Prostituierte aus New York, wie sie mit einem Kunden umgeht, der dem Problem vorzeitiger Ejakulation hilflos gegenübersteht. Terry ist ein großes, vollbusiges Mädchen voll von sprühendem Witz mit einer Vorliebe für sehr kurze und hautenge Bekleidungsstücke aus Satin.

»Ich habe mit Hunderten von Männern zu tun gehabt, denen es zu schnell kam. Vielleicht waren es Seeleute, die sechs Wochen lang keine Frau hatten, vielleicht waren es aber auch Männer, die zwanzig Jahre verheiratet waren und zehn Jahre davon keinen sexuellen Umgang mit ihren Frauen gehabt hatten. Wenn ich sie auf meinem Zimmer habe, meine Striptease-Nummer abziehe, meine Schenkel an ihnen reibe und ihnen meine Titten ins Gesicht knalle, dann ist es kein Wunder, wenn sie gleich losspritzen. So etwas oder so etwas Ähnliches haben Sie in ihrem Leben bislang noch nicht gesehen. Wissen Sie, ich hatte mal einen Knülch hier, der spritzte schon, bevor er seine Hose überhaupt ausgezogen hatte. Er setzte sich seinen Hut wieder auf, nahm seine Geldbörse raus und sagte: ›Wieviel schulde ich Ihnen?‹ Ich antwortete ›Wir haben ja noch nicht einmal angefangen, zahlen Sie später.‹ Worauf er antwortete: ›Sie mögen noch nicht angefangen haben, aber für mich hat sich die Sache erledigt.‹ Also ging ich zu ihm hin, machte mich an seiner Unterhose zu schaffen und tatsächlich, seine Ladung war in der Unterwäsche.

Es gibt aber auch einen Burschen, auf den ich ganz besonders stolz bin. Ich nenne ihn mal John, weil ich seinen richtigen Namen nicht kenne. Vor ungefähr achtzehn Monaten kam er regelmäßig zu mir. Er ist ein ruhiger Typ, ungefähr achtundzwanzig Jahre alt. Ich weiß nicht, womit er sich seinen Lebensunterhalt verdient, aber ich glaube, er hat irgend etwas mit Computern zu tun, oder mit etwas, was jedenfalls in diese Richtung geht. Er erzählte mir, daß er verheiratet sei und eine junge Tochter habe. Außerdem sei seine Frau sehr schön. Er wollte mir ein Foto seiner Frau zeigen, aber davon wollte ich nichts wissen.

Na ja, wie auch immer, John kam eines Tages vorbei, um es mit mir zu versuchen, und bevor wir uns ins Bett begaben, saßen wir im Schlafzimmer rum, und er erzählte mir, daß es ihm bislang nicht möglich gewesen sei, seine Frau zu befriedigen. Er hatte zu denken begonnen, daß es die Schuld seiner Frau sei, denn er war bei einem Arzt gewesen, der ihm gesagt hatte, physisch sei alles mit ihm in Ordnung. Die ganze Ehe zerfiel in lauter kleine Stücke. Die Frau hatte während der vierjährigen Ehe nicht einen einzigen Orgasmus gehabt. Ihm kam es immer gleich dann, wenn er in seine Frau eingedrungen war, noch in derselben Sekunde.

Ich hörte ihm zu. Das gehört dazu, wenn man eine gute Nutte sein will. Oftmals will ein Bursche überhaupt nicht ficken. Er will nur, daß ihm jemand zuhört, wenn er über seine sexuellen Probleme spricht. Also ließ ich ihn ausreden, stand dann auf, knöpfte mein Kleid auf und ließ die Hüllen so sexy fallen, wie es nur irgend möglich war. Dann ging ich rüber zu ihm, löste ihm seine Krawatte und zog ihm das Hemd aus. Dann öffnete ich den Reißverschluß seiner Hose. Sein Stengel sprang heraus wie ein aufgestellter Zeigefinger.

Ich kniete mich vor ihm nieder und drückte ihm die Knie auseinander, denn er stand mit zusammengekniffenen Schenkeln vor mir wie eine scheue junge Unschuld vom Lande. Mit den Händen fuhr ich ihm zwischen die Oberschenkel und ergriff seinen Penis. Ich setzte einen Schmollmund auf mit meinen rotangemalten Lippen und rieb seinen hübschen Pimmel gegen meine Lippen, bis er vom Lippenstift vollkommen rotglänzend war.

Ich blickte zu dem Burschen auf, und zwar mit einem wirklich verführerischen Blick. Er konnte nicht glauben, was er sah. Er versuchte, mit seinem Atem in Einklang zu kommen, als wäre er gerade vierzig Treppenstufen in aller Eile heraufgerannt. Dann öffnete ich meinen Mund und schluckte sein Zepter bis zum Ansatz der Schamhaare. Ich leckte ihn, ich kaute ihn. Ich lutschte ihn und kaute ihn, und dieser Bursche saß da auf der Bettkante, während seine Augen verrieten, daß er jede Sekunde genoß. Und er kam nicht. Ich wußte, daß er nicht kommen würde, also kam er auch nicht. Er würde kommen, wenn ich fertig mit ihm war. Dafür hatte ich Vorsorge getroffen.

Ich drückte ihn zurück auf seine Schultern und leckte seine Hoden, gleichzeitig aber liebkoste ich seinen Stengel. Für diesen Burschen tat ich alles, was ich gelernt hatte oder wußte, alles, außer, daß er in mich eindringen durfte. Ich hielt ihm den Kopf zwischen meine Oberschenkel und ließ ihn mich lecken.

Diese Art von Behandlung hielt ich fünfzehn oder zwanzig Minuten durch. Er wurde heiß und atmete schwer, und über seiner Brust lag ein rötlicher Schimmer. In diesem Augenblick setzte ich mich auf ihn und ließ ihn in meine Scheide gleiten. Ich ritt auf und ab auf ihm wie ein Cowboy. Er dachte, es würde ihm gleich kommen, aber es kam ihm nicht. Ich begann damit, ihm einen exakten Rhythmus zu vermitteln, dann verspürte ich, wie er sich in mir verhärtete. Er brüllte laut los, als er kam, er lag da und brüllte und hechelte, und man hätte ihn für den größten Liebhaber der Welt halten können. Aber als ich wieder von ihm herunterkletterte und er sah, wie sein Sperma aus mir herauslief, da wurde er ganz plötzlich ruhig, und ich war keineswegs überrascht. Was schien dies alles zu bedeuten? Es bedeutete, daß er als Liebhaber in Ordnung war, daß aber seine Frau die Schuld an der Sache trug. Ich konnte förmlich sehen, wie er das dachte.

In diesem Moment jedoch sagte ich gar nichts zu ihm. Ich ließ ihn zahlen und gehen. Ich wußte, daß er zurückkommen würde, und er kam zurück, drei Wochen später. Er berichtete mir, daß er es wieder mit seiner Frau versucht hatte, aber jedesmal, wenn er in sie eingedrungen war, hatte er seine Ladung abgeschossen.

Ich bat ihn, mir davon zu erzählen, und er folgte meinem Vorschlag. Es stellte sich heraus, daß er mit seiner Frau beim Arzt gewesen war und daß der Arzt ihm erzählt hatte, daß ein zu schnelles Kommen nur dann abgestellt werden könnte, wenn das Vorspiel reduziert werden würde. Sobald er einen Steifen hatte, begannen sie also mit dem Ficken.

Nun ja, ich bin kein Doktor, aber ein solcher Ratschlag ist wohl der schlechteste Ratschlag, den man einem geben kann, der vorzeitig spritzt. Ich mußte es *wissen*, ich hatte es ja erlebt. Ohne Vorspiel ist die Sache reiner Mist. Warum ein Typ so schnell kommt, liegt allein an der Tatsache, daß er sich ohne Vorspiel ständig gedanklich damit befaßt, in die Vagina seiner Frau eindringen zu können. Wenn so etwas gleich zu Beginn einer Ehe einreißt, dann passiert das immer wieder. Es wird zur Gewohnheit. Der Mann hat Angst davor, zu früh zu kommen, und dadurch geschieht es erst recht. Also muß man sich in solchen Fällen mehr auf ein ausgedehntes Vorspiel verlassen und sich mit erregenden Dingen befassen, die den Burschen von seiner eigentlichen Betätigung abbringen. Man kann ihm einen blasen, kann versuchen, ihm einen runterzuholen, und dann, wenn es tatsächlich ans eigentliche Vögeln geht, dann ist das so, als würde es sich um eine Variante des Vorspiels handeln. Dadurch wird die Vagina nicht zu einer besonderen Angelegenheit.

Wissen Sie, das dauert Monate um Monate, aber irgendwann einmal kam John zurück und berichtete mir, er hätte es fertiggebracht, vier oder fünf Minuten in seiner Frau zu bleiben, ohne zu spritzen. Ich sagte, daß mich das freue, und das entsprach auch der Wahrheit, denn ich mochte ihn. Dann kam er eines Tages vobei und sagte, er wolle nicht ficken, sondern er wolle mir lediglich danken und sich verabschieden. Er sagte, ich hätte seine Ehe gerettet. Er sagte mir, er würde mich niemals vergessen.

Verschiedene bedeutende Sexforscher, Masters und Johnson eingeschlossen, sind sich einer Meinung, wenn sie behaupten, ein *Vermeiden* des Vorspiels könne einen Mann von vorzeitigem Erguß heilen, aber sie geben auch zu, daß dies nicht die einzige Möglichkeit ist, einem solchen Problem wirkungsvoll zu begegnen. Ich bin der Meinung, daß ein solches Vorgehen die Schwierigkeiten noch verstärken kann. Terrys Methode, bei der das Vorspiel verstärkt und verlängert wird und das vorkoitale Geschehen ausgedehnt wird, ist eine Möglichkeit, dem Problem vorzeitiger Ejakulation entgegenzuwirken. Diese Technik mag nicht immer funktionieren, wenn aber Ihr Liebhaber zu früh ejakuliert und Sie ihm *helfen* wollen, dann sollten Sie Terrys Methode unbedingt anwenden. Zeigt sich dabei nur ein geringer Effekt, dann sollten Sie nicht den Fehler machen und die Flinte gleich ins Korn werfen. Sie sollten dagegen diese Methode mit der »Drücktechnik« verbinden, die wir bereits in Kapitel zwei behandelt haben, das heißt, den Penis Ihres Liebhabers immer dann drücken, wenn sich ein Erguß anbahnt. Diese Verzögerungstaktik in Verbindung mit Terrys Methode kann eine gewaltige Hilfe sein, wenn Sie das Problem »vorzeitige Ejakulation des Mannes« fachgerecht angehen wollen.

Verschiedene Prostituierte versuchen dem Problem vorzeitiger Ejakulation mit Aerosolsprays zu begegnen. Diese Sprays stumpfen das Gefühl im Penis ab, machen ihn unempfindlich gegen die Stimulanzen des Koitus und verhindern, daß der Mann vorzeitig ejakuliert. Sie haben eine Verzögerungswirkung. Aber so etwas wächst sich zu einer Krücke aus und, schlimm genug, kann dafür sorgen, daß sehr viel Spaß am Geschlechtsverkehr verlorengeht. Ich schlage so etwas den

Männern vor, die hin und wieder einmal stundenlangen Geschlechtsverkehr haben wollen, um ihren Bettgespielinnen eine endlose Serie von Orgasmen vermitteln zu können. Aber im großen und ganzen bin ich der Meinung, daß man diese Sprays nicht anwenden sollte.

Ein anderes, weit verbreitetes Problem der Männer ist das Problem der *Impotenz* – die Unfähigkeit des Mannes zur Beibehaltung des Erektionszustandes, mitunter sogar die Unfähigkeit zur Erektion überhaupt. Es gibt verschiedene Gründe für die Impotenz des Mannes, und es ist wichtig für Sie, herauszufinden, wo die Gründe zur Impotenz liegen. Das wird Ihnen helfen, diesbezügliche Schwierigkeiten mit Ihrem Liebhaber zu überwinden.

Primärimpotenz – die vollkommene Unfähigkeit zur Erektion – hat nicht selten die Wurzeln in traumatisch-sexuellen Erlebnissen in der Jugend des Mannes. Ein Mann mag von seinen Eltern in dem Wissen (oder in der Ansicht) großgezogen worden sein, sexuelle Betätigung sei aus religiösen Gründen sündhaft. Vielleicht hat hierbei eine sexuelle Erfahrung mit der Mutter eine Rolle gespielt – entweder Geschlechtsverkehr oder Masturbation –, und zwar in der Zeit des Heranwachsens. Möglicherweise hat der Mann auch in seiner Jugend eine Verbindung zu einer Hure gehabt und sie für physisch so abstoßend gehalten, daß es ihm nicht mehr möglich ist, eine Erektion zu erlangen.

Sekundärimpotenz – das ist die Unfähigkeit, eine Erektion so lange aufrechtzuerhalten, bis ein zufriedenstellender Geschlechtsverkehr ausgeführt worden ist – geht für gewöhnlich mit sexuellen Ängsten einher und der Furcht vor dem Versagen. Diese Furcht vor dem Versagen haben oftmals Männer, die unter vorzeitiger Ejakulation leiden. Sie wehren sich gegen diese vorzeitige Ejakulation, indem sie versuchen, der erotischen Anziehungskraft einer Frau nicht zu erliegen. Auch Männer, die zuviel trinken, leiden darunter, weil sie ihre sexuelle Sensitivität verlieren und Angst haben, beim nächstenmal gewiß zu versagen. Hin und wieder haben auch

Männer damit zu tun, die sich über die religiöse Auslegung des Geschlechtsaktes Gedanken machen. Nicht selten trifft diese Sekundärimpotenz auf Männer zu, die unter einer Krankheit gelitten haben, vor allem dann, wenn diese Krankheit mit ihren Sexorganen zu tun gehabt hat, also z. B. im Falle von Bruchleiden oder Erkrankungen der Prostata (Vorsteherdrüse).

Da bedarf es schon einer wirklich erfahrenen Prostituierten, um dem Problem der Impotenz entgegenzuwirken. Zunächst einmal müssen Sie dafür Verständnis aufbringen, einem Problem zu begegnen, mit dem Sie selbst sich nicht auseinandersetzen mußten. Dr. Masters sagte einmal:

»Es hat niemals eine impotente Frau gegeben. Die kulturelle Konzeption, daß der männliche Partner ihre volle Befähigung zu erfolgreichem Koitus akzeptieren muß, liegt als psychologische Last beim Geschlechtsverkehr auf jedem Mann.«

Die Sprache ist ein wenig blumig, aber die Aussage ist klar und deutlich. Die Frau sollte also *ihre* Beteiligung an der Behandlung männlicher Impotenz zusagen und ihrem Partner angesichts eines Versagens nicht den Rücken kehren. Prostituierte haben sich jahrelang mit dem Problem männlicher Impotenz auseinandersetzen müssen und haben sich davon nicht entmutigen lassen.

Um eine Vorstellung vermitteln zu können, wie verzweifelt Männer sein können, die an Impotenz leiden, kann es nicht schaden, den verrufenen Dr. John R. Brinkley zu erwähnen, der von sich behauptete, eine Drüsentherapie entdeckt zu haben, die Männer zur Potenz verhelfen sollte. In zwanzig Jahren verdiente er durch Zeitungsannoncen über zwölf Millionen Dollar, Annoncen, in denen einfältigen Männern solch clevere Fragen gestellt wurden wie: »*Sind Sie ein männlicher Mann voller Vitalität?*« Wenn ein Mann sich nicht so fühlte, konnte er sich für fünfundzwanzig Dollar eine Injektion geben lassen. Einen Schaden trug er nicht davon, denn die Injektion bestand aus nichts weiter als aus gefärbtem, destilliertem Wasser, aber gegen Impotenz war das natürlich kein Mittel.

Es gibt auch heute noch viele Pillen und Zaubersäfte zu

kaufen, die ebensowenig taugen wie Dr. Brinkleys »Mittel« und die vorgeben, dem Mann Männlichkeit zu verleihen. Die meisten enthalten Milchpulver, Koffein und Vitamine. Sie können sich selbst ein Bild machen, wie wirkungsvoll solche Mittelchen sind.

Kommen wir zu Jane, einem achtundzwanzigjährigen Callgirl, das jedes Jahr eine Menge Geld verdient. Jane ist dunkelhaarig, sehr schön und hat spanisches Blut in ihren Adern, wodurch sie sehr sinnlich wirkt. Ich mußte mit ihr sprechen, während ihr »Promoter« dabei war, ein reich aussehender Gentleman mit vielen teueren Ringen an den Fingern, aber trotzdem war Jane nicht nur sehr entspannt, sondern auch sehr informativ.

»Meine Preise sind sehr hoch, und die meisten meiner Klienten sind mittleren Alters«, sagte sie. »Für eine ›Spezial-Nacht‹ berechne ich so um die zweitausend Dollar, mitunter sogar mehr. Ich habe mit Klienten aus dem gesamten Land zu tun – Las Vegas, Los Angeles, Florida. Denn meine Kunden sind, wie gesagt, zumeist älteren Jahrgangs und leiden verständlicherweise eher unter Impotenz als jüngere Männer. Aus diesem Grund kann ich natürlich sehr viel Geld für meine Behandlung nehmen. Ich weiß, wie ich mit einem Mann umgehen muß, der unter Impotenz leidet.

Zunächst darf man keineswegs Enttäuschung zeigen, wenn es sich herausstellt, daß ein Mann keine Erektion hat. Niemals darf man solche Sachen sagen wie: ›Ich möchte Ihren dicken, großen, harten Pimmel in mir haben.‹ Diese Männer sind sehr sensibel und empfindlich, und nur die leiseste Andeutung, daß man über ihr Problem lacht oder ihre Unfähigkeit herausstreicht, macht sie wild. Warum sollte ich auch darüber lachen? Es ist nicht ihr Fehler, daß sie keine Erektion haben können. Trotzdem kritisieren ihre Frauen sie ständig und sagen so etwas wie: ›Mit *dem* Ding kann man nicht sehr viel anfangen, nicht wahr?‹

Ich vermittle einem Mann niemals das Gefühl, daß er eine Erektion haben *muß*. Ich habe Männer hier bei mir gehabt, die drei oder vier Stunden hier waren, eine Menge Geld bezahlt hatten und nicht halbwegs eine Erektion zustande brachten. Aber sie kommen zurück zu mir, weil sie sich bei mir wohlfühlen. Bei mir spüren sie, daß sie wieder Manns genug sind, und früher oder später schaffen sie die Erektion.

Wenn ich weiß, daß ein Mann Erektionsschwierigkeiten hat, dann befasse ich mich mit ihm. Ich ziehe ihm die Kleider aus, spreche leise und freundlich mit ihm und liebkose ihn. Ich ziehe mich so an, wie er es mag, so, daß er geil wird. Vielleicht mag ein Mann Mädchen in Stiefeln, oder vielleicht ist es ihm lieber, daß ich mich wie ein Schulmädchen kleide. Ich mache das, denn das versetzt ihn in die richtige Stimmung. Er begreift dadurch, daß ich ein Mädchen bin, welches ›sein‹ Mädchen ist und alles tut, was er verlangt.

Mitunter ziehe ich auch eine richtige kleine Show für einen Mann ab. Ich frage ihn, ob er bei meiner kleinen Privatshow masturbieren möchte. Das hat seinen Grund, denn der Mann weiß am besten, wie er seinen Penis stimulieren kann, und ich habe dadurch Gelegenheit, ihm dabei zuzuschauen und dann zu wissen, wie er es macht. Die meisten Männer, sogar die Impotenten, können sich masturbieren und bringen dabei beinahe so etwas wie eine Erektion zustande.

Was für eine Show? Nun ja, mitunter habe ich sogar ein anderes Mädchen dabei, und wir geben eine Lesbierinnen-Vorstellung. Die Männer sehen bei so etwas sehr gerne zu. Mitunter treibe ich es auch mit mir allein und schiebe dabei allerlei Dinge in meine Pussy. Weinflaschen z. B., manchmal sogar noch voller Wein. Das mögen sie. Schockiert Sie das?

Ich kann mir vorstellen, daß die Ehefrauen mit ihren Männern wohl kaum solche Sachen veranstalten. Aber warum eigentlich nicht? Warum sollte sich eine Frau vor ihrem Mann nicht in dieser Art zeigen? Vor ihm masturbieren oder vielleicht ein paar Kerzen in die Muschi schieben? Warum sich deshalb schämen, wenn ihr Sexualleben auf dem Nullpunkt angelangt ist? Ich bezweifle, daß diese Frauen ihre Ehemänner lieben, sie lieben nur das, was sie ehrbar nennen.

Nach der kleinen Show gehe ich zu dem betreffenden Kunden, lege mich zu ihm und küsse ihn überall. Sogar wenn der Penis schlaff ist, nehme ich ihn in den Mund und lecke ihn. Ich sage dem Mann, daß er sich nicht selbst eine Erektion machen kann. Erektionen kommen auf ganz natürlichem Wege zustande, und je eher ein Mann aufhört, mit Gewalt etwas erreichen zu wollen, um so besser. Ich erzähle ihm, daß Erektionen nichts mit Männlichkeit zu tun haben. Ein Mann ist auch durch andere Eigenschaften männlich. Ich sage ihm, daß ich ihm Freude bereiten möchte und daß mir sein Vergnügen mehr Freude als genug bereitet. Ich lasse einen Mann niemals spüren, daß er mich ficken muß. Ich gebe ihm stets zu verstehen, daß meine Befriedigung dadurch zustande kommt, daß ich *seine* Befriedigung spüren kann.

Ich nehme seinen Penis in die Hand und masturbiere. Während ich masturbiere, frage ich, wie es ihm am besten gefällt. Mag er das schnelle Rubbeln? Oder das langsame? Wie gefällt es ihm am besten, wie muß ich seinen Penis halten? Liebt er den festen Griff oder den sanften? Ich masturbiere ihn, und für gewöhnlich stellt sich nach kurzer Zeit eine Erektion ein, selbst wenn es nur eine schwache ist. Ich sage daraufhin nichts. Mitunter schaue ich gar nicht hin. Ich behandele seinen Penis so, als wäre seine äußere Form normal.

Ich versuche mit einem Mann niemals Geschlechtsverkehr, wenn ich nicht weiß, ob er seine Erektion wenigstens für ein paar Minuten aufrecht erhalten kann. Man darf dabei nicht die Geduld verlieren, denn das verunsichert den Mann, und sein Penis fällt in sich zusammen. Ich habe von Frauen gehört, die durch eine Mischung aus Mundarbeit und Masturbation den Penis ihres Mannes zu einer halben Erektion bringen und dann versuchen, diesen welken Stab in ihre Vagina zu stecken bzw. zu drängen, was aber lediglich bewirkt, daß das Ding wieder vollständig zusammenklappt. Sie werden frustriert und zornig, und sie zeigen ihre Gefühle. Hätten sie mehr Geduld, dann würden sie eine Erektion produzieren, die zum Geschlechtsverkehr reicht. Sie zerstören viel, wenn sie versuchen, den Zeitpunkt für den Geschlechtsverkehr zu früh anzusetzen.

Weiß ich erst einmal, wie ein Mann die Masturbation bevorzugt, dann kann ich bei ihm sehr schnell für eine Erektion sorgen. Wenn er drei- oder viermal bei mir war, dann weiß er, daß er bei mir eine Erektion bekommt, also wird die Sache mit der Zeit immer besser, immer leichter. Nicht immer, aber meistens. Sobald ich weiß, daß der Mann für den eigentlichen Verkehr bereit ist, gehe ich dazu über, aber dieser Augenblick benötigt Sorgfalt und Begabung.

Man muß dabei den Penis so schnell als möglich in die Vagina bekommen, ohne Überstürzung allerdings und mit der entsprechenden Sanftheit. Das bedeutet, daß man als Frau bereit sein muß, daß die Vagina naß sein muß. Liegt der Mann mit dem Rücken auf dem Bett und ist durch Masturbation so gut vorbereitet, daß sein Penis für den Geschlechtsverkehr hart genug ist, dann muß man sich erheben, den Penis in die Hand nehmen und mit einer schnellen, aber sanften Bewegung in die Vagina einführen.

Und man hat einen harten Penis in sich! Doch es ist das erste Mal seit langem und es liegt nahe, daß man sich jetzt ganz auf Ficken und auf noch mal Ficken konzentriert. Also, auch das ist nicht richtig. Ich weiß, daß es nicht leicht ist, der Versuchung zu widerstehen. Manchmal, wenn ich bereits Wochen mit einem Mann gearbeitet habe und er schließlich eine Erektion bekommen hat, die von der Stärke her gut genug für den Geschlechtsverkehr ist, dann lasse ich alle Sorgfalt fallen und begehe den Fehler, wie eine Irre zu ficken.

Aber das sollte man nicht tun, man soll langsam und vorsichtig ficken. Man muß die Ruhe bewahren und kalt wie Eis bleiben. Nichts überstürzen, bloß keine Eile. Wenn man sich nicht beherrscht und die Sache ruhig angeht, dann verschwindet die Erektion sehr schnell wieder. Bei den ersten Versuchen verschwindet sie meist wieder. Aber, wenn alles gutgeht, dann kommt schließlich die Zeit, wo beide so viele sexuelle Gefühle aufgestaut haben, daß nichts in der Welt einen vom Orgasmus zurückhalten kann.

Ich halte das keineswegs für einfach, diese Sache mit Männern, die impotent sind. Für eine Frau bedeutet das harte Arbeit. Es ist die schwierigste Sache der Welt, sich zurückzuhalten, wenn man monatelang keinen Geschlechtsverkehr mehr hatte und mitunter sogar jahrelang nicht mehr. Aber wenn eine Frau sich diesen Schwierigkeiten nicht gewachsen fühlt und die ganze harte Arbeit nicht auf sich nehmen will, dann wird ihr Mann nie wieder eine Erektion bekommen. Ich weiß nicht – was ist also besser? Eine Chance, oder überhaupt keine mehr?

Jane hat recht, wenn sie die Schwierigkeiten einer Impotenzbehandlung unterstreicht. Es ist nicht leicht, denn es gehört noch wesentlich mehr dazu, als Jane mit ihren physischen Tricks erläuterte. Sex ist ihr Leben; also hat sie auch keinerlei Hemmungen, erotische »Veranstaltungen« zu liefern, die winzigsten Details sexueller Lustbarkeiten oder sexueller Geschmacksrichtungen zur Diskussion zu stellen oder jedem Wunsch ihres jeweiligen Kunden gerecht zu werden.

Aber es gibt nur wenige Frauen, die überhaupt die Fähigkeit zu einem solchen Verhalten mitbringen, ganz besonders dann nicht, wenn sie mit einem Mann zusammenleben, dem sie Kamerad, Freund, Partner und oftmals Mutter seiner Kinder sind. In einer solchen Situation sollten die Frauen aber alles tun, was sie dazu befähigt, Sex entspannt und nicht verkrampft zu sehen. Ein Teil des Grundes, warum sexuelle Impotenz überhaupt auftreten kann, liegt sicherlich in der Tatsache begründet, daß in ihrer sexuellen Verbindung etwas nicht stimmt. *Er* kann nicht erklären, was er von seiner Frau will, und *sie* weiß nicht, was tatsächlich falsch ist.

Wenn Ihr Mann schlaff bleibt, dann kann es nicht schaden, wenn Sie sich der Tricks und Kniffe bedienen, von denen Jane sprach – aber zögern Sie nicht eine Minute, psychotherapeutische Ratschläge zu suchen und anzunehmen, wenn mehr erforderlich ist, als mit Tricks und Kniffen zum gewünschten Ziel zu kommen. Man fühlt sich als Frau besonders dann schuldig, wenn man seine Befähigungen unter den Scheffel stellt, ohne dem Mann zu helfen, der der Hilfe bedarf. In Verbindung mit der Schuld, die Sie verspüren mögen, wenn Sie sich eine Kerze in die Vagina schieben, nimmt diese Schuld dramatische Proportionen an.

Es gibt aber auch noch ein paar andere kleine Knüller, derer sich Prostituierte bedienen, wenn ihre Kunden Erektionsschwierigkeiten haben und der Aufmunterung bedürfen. Ein wirkungsvoller Trick basiert auf der Tatsache, daß man als Frau einen scharfen Fingernagel in den Anus des Klienten stecken kann. Ein anderer bietet sich durch den Umstand an, daß man seine Fingernägel über den Rücken des Mannes führt und die Haut »beharkt«. (Eine effektive Stimulanzbehandlung, die man allerdings nicht verheirateten Männern angedeihen lassen soll, die in der Nacht wieder zu ihren Frauen ins eheliche Gemach zurückkehren müssen.) Man kann auch in das Ohrläppchen des Mannes oder in seinen Nacken beißen. Diese schmerzhaften kleinen Hilfsmittel vermögen die Empfänglichkeit des Mannes in bezug auf sein Nervensystem zu stimulieren; außerdem wecken sie den Masochisten in ihm.

Ein Mädchen sagte: »Wenn ich verspüre, daß ein Mann in mir schlapper wird, dann beginne ich damit, sehr ordinäre und schmutzige Dinge zu sagen. Ich nehme damit seine Fantasie in Anspruch und sage die schmutzigsten Worte, die ich kenne. Ich sage ihm, daß ich es gern hätte, wenn er mich inmitten einer Menschenmenge ficken würde. Ich sage ihm, daß ich sein Sperma schlucken und seine Pisse trinken möchte. Ich erzähle ihm, daß ich es mit Hunden und Schweinen getrieben habe. Ich beschreibe ihm das alles bis ins kleinste Detail. Das wirkt, sehr oft zumindest. Der Schwanz bekommt dadurch neue Kraft und funktioniert wieder.«

Wie schaut es mit dem Orgasmus aus – mit Ihrem und mit dem Ihres Mannes?

Zu Beginn dieses Kapitels bemerkte ich, daß man den Orgasmus nicht als elementares Ziel des Geschlechtsverkehrs ansehen soll. Ich bin ganz sicher, daß wir das auch in den vorangegangenen Kapiteln durch die Aussagen aller Mädchen mitbekommen haben. Es mag leichter sein, mit dem Flugzeug nach Florida zu gelangen, reist man aber mit dem Zug, dann geht's gemütlicher voran. Man hat die Möglichkeit, sich die Landschaft eingehend zu betrachten und kommt auch dahin, wo man hin will.

Ich will damit nicht sagen, daß der Orgasmus nicht von Bedeutung ist. Immerhin ist er der Höhepunkt, für beide Teile, der Höhepunkt der sexuellen Betätigung bei Mann und Frau gleichermaßen. Die meisten Menschen haben von Zeit zu Zeit einen Orgasmus, auch wenn wir darin keine *Notwendigkeit* sehen, unseren sexuellen Spannungen freien Lauf zu lassen. Die Prostituierten, die Geschlechtsverkehr betreiben und dabei auf den Orgasmus verzichten, leiden nicht selten unter chronischem Blutandrang innerhalb des Beckens.

Was ich sagen will ist, daß man dem Orgasmus keine Überbedeutung zuschreiben sollte, wenn es darum geht, ausgedehnten und befriedigenden Geschlechtsverkehr auzuüben. Die Sexualpropaganda, besonders jene, die sich mit der Frau befaßt, erklärt dem Mann, daß es zu seinen (sexuellen) Pflichten gehöre, der Frau zum Orgasmus zu verhelfen. Alles, was damit erreicht wird, ist es, daß der Mann mit einer Last beladen wird, die seine Ängste und Befürchtungen über sein Sexualleben noch verstärken kann. Außerdem bewirkt so etwas mit Sicherheit, daß der Mann der Frau gegenüber ein Feindverhalten an den Tag legt.

Es ist sehr wichtig, daß der Mann weiß, daß er auf einen Orgasmus bei der Frau hinarbeiten sollte. Er sollte sich keineswegs nach dem Verkehr auf den Rücken legen und schnarchend die Flucht in den Schlaf antreten, während die Frau am Rande eines Orgasmus zittert. Aber es sollte niemals so weit kommen, daß der Orgasmus zu einem Bedürfnis wird, bei dem der eigentliche Liebesakt in den Hintergrund tritt. Orgasmus ist ein Augenblick äußerster Selbstsucht, während dem die sexuellen Gefühle zum eigenen Vergnügen vollkommen nach innen gekehrt sind, sozusagen verinnerlicht werden. Wenn Sie darauf bestehen, einen Orgasmus zu bekommen, und das auf Kosten intimer erotischer Gemeinschaftsarbeit beim Geschlechtsverkehr, dann werden Sie es auf keinen Fall zu einer wirklich guten Liebhaberin bringen.

Angenommen, Ihr Mann ist nicht in der Lage, Ihnen oft genug zu einem Orgasmus zu verhelfen – gibt es dann eine Technik, die bewirkt, daß Ihr Partner funktionsfähiger wird?

Nun ja, es gibt mehrere Gründe dafür, daß Ihr Partner Ihnen keinen Orgasmus vermitteln kann. Das mag sein Fehler sein, kann aber auch an Ihnen liegen, oder vielleicht auch an beiden. Aber woran es auch liegen sollte, Sie können einige aktive Schritte unternehmen, um die Sache in die Hand zu bekommen. Einige der Nutten und Barmädchen, mit denen ich sprach, sagten mir, daß sie Schwierigkeiten gehabt hätten, einen Orgasmus zu bekommen, und daß sie auf Tricks und Kniffe hätten zurückgreifen müssen, um aus dieser Situation herauszufinden.

»Ich kam noch nicht einmal bei dem Mann, den ich ganz besonders mochte«, sagte die vierundzwanzigjährige Cindy. »Wenn man auf den Strich geht, dann erwartet man nicht, bei jedem zu kommen, mit dem man ins Bett steigt. Man wäre dann ein physisches und geistiges Wrack. Viele Mädchen, die ich kenne, halten einiges von sich in Reserve und heben es für den Mann auf, den sie wirklich lieben. Ich kenne Mädchen, die jahrelang keinen Orgasmus hatten, denn den heben sie sich für den Ritter mit dem weißen Schlachtroß auf, der eines Tages kommt und sie auf Händen davonträgt. Ich war nicht so eine. Ich wollte Orgasmen haben, aber irgendwie schaffte ich das nicht.«

Cindys Problem mag seine Wurzeln in einer oder einer Kombination von Schwierigkeiten haben. Sie mag sich in bezug auf Sex schuldig gefühlt oder geschämt haben. Aber ja, auch Prostituierte haben Schuldgefühle und Gefühle der Scham. Vielleicht war Cindy zu schüchtern, um sich gehenzulassen. Auch Prostituierte haben mit solchen Problemen zu tun! Cindy mag wohl auch nicht die richtige Art von Liebe von all den Männern in ihrem Leben erhalten habe. In ihrem Falle wird es wohl nur dem Mann Ihres Lebens gelingen, den richtigen Dreh herauszufinden.

All die bekannten Probleme für ein Ausbleiben des Orgasmus können durch Techniken gelöst werden, die von Prostituierten angewandt werden, um den eigenen Orgasmus zu erlangen. So wie Männer Verständnis und Geduld brauchen, weil sie Schwierigkeiten mit Impotenz und verfrühter Ejakulation haben, so muß auch Ihr Mann für Ihre Probleme das notwendige Verständnis aufbringen. Wenn Sie Ihrem Ehemann oder Ihrem Liebhaber erklären, daß ständige, erfolgreiche Orgasmen auch *sein* Sexualleben aufregender gestalten können, dann sollten Sie dafür auf voller Linie Unterstützung finden und erhalten.

Lassen Sie uns zunächst einmal einen Blick auf Schuld- und Schamgefühle werfen.

Prostituierte empfinden oft Schamgefühle, weil sie ihren Sex aus Gründen des eigenen Lebensunterhaltes verkaufen. Während Sie offensichtlich dieses Problem nicht kennen, so können Sie doch eine von tausend Frauen sein, denen die Schamröte ins Gesicht schießt und die sich angeekelt zeigt, obwohl es mitunter nur um die Funktionen des eigenen Körpers geht. Ein Mädchen sagte dazu folgendes:

»Ich schäme mich, mich *dort* zu berühren. Es hat Wochen gedauert, bis ich einen Tampon einführen konnte, ohne mich gleich angeekelt oder klebrig zu fühlen. Das gleiche Gefühl empfand ich, wenn ich meine Finger in meine Vagina stecken mußte, um den Tamponfaden herauszuziehen. Und wenn ich zum Gynäkologen ging, dann dachte ich, wie kann der das nur aushalten, wenn er dort unten etwas untersucht! Allein bei dem Gedanken daran sträubte sich alles in mir!«

Kommen wir zu Donna, einer zweiundzwanzigjährigen Bardame aus Florida, und wie sie den Ekel überwand, den sie in sexueller Hinsicht gegen sich selbst empfand.

»Ich glaube, daß ich deshalb in dieses Geschäft hineingerutscht bin, weil ich ohne jeglichen Respekt in bezug auf meine eigene Sexualität aufgezogen worden bin. Meine Mutter hatte fürchterliche sexuelle Schwierigkeiten. Man konnte mit ihr über gar nichts reden, was auch nur im Entferntesten mit Sex zu tun hatte. Sie hat alles, was damit im Zusammenhang stand, für ekelerregend und pervers gehalten. Ich bin ganz sicher, daß sie traumatische Erlebnisse gehabt hatte, als sie Henry, meinen jüngeren Bruder, zur Welt brachte. Diese Erlebnisse und Erfahrungen müssen sie ein für allemal dem Sex entfernt haben. Na ja, und ich hatte keine Gelegenheit, anders als meine Mutter zu denken. Ich dachte, meine Vagina sei schmutzig und ich müsse mich ihrer schämen. Nie empfand ich so etwas wie Stolz, eine Frau zu sein.

Ich glaube, daß es in Amerika schwierig ist, eine sexy Frau zu sein. Diese Sorte von Frauen, die man ständig im Werbefernsehen sieht, sind vollkommen hygienisch und parfümiert. Sie wedeln über die Mattscheibe in ihren Chiffonkleidern, als hätten sie überhaupt keine Fotze und bestünden nur aus Plastik. Ich will damit sagen, Puppen haben auch keine Fotzen. Warum nicht? Weil Fotzen *dreckig* sind. Wie kann man stolz sein, eine Frau zu sein, wenn alles um einen herum so entworfen und designed ist, daß man sich wie ein physischer Freak vorkommt? Die meiste Zeit über habe ich herumgevögelt, weil es mir gefallen hat, daß die Männer mich sexuell begehrten und mich nicht physisch abstoßend fanden. Ich konnte aber nicht *einsehen*, warum sie beständig in meiner schrecklichen nassen Fotze herumstochern wollten. Aber sie hatten dafür bezahlt, also nahm ich an, daß sie damit ein gewisses Privileg errungen hatten.

Ich hatte nie einen Orgasmus. Ich wußte, was es mit Orgasmen auf sich hatte, aber ich hatte nie einen. Ich hatte auch gar kein Interesse, an mich selbst und meine Fotze zu denken, wenn ich mit jemandem schlief. Ich brauche eben einen Mann, der mir helfen kann, und ich glaube, daß jedes Mädchen mit Orgasmusproblemen einen guten, verständnisvollen Mann braucht. Meiner kam in Form eines Kunden zu mir, und ich sah ihn dann so oft, daß er mein Liebhaber wurde und später sogar mein Freund. Sex gibt es zwischen uns nicht mehr, und ich glaube, daß er in ein oder zwei Monaten sogar heiraten wird, aber ich mache ihm daraus keinerlei Vorwürfe. Was er für mich tat, in Sachen Sex, das war einfach toll. Ich will damit sagen, es half mir, damit ich mir selber helfen konnte.

Wir fickten für gewöhnlich sehr oft, fünf oder sechsmal die Woche, und ungefähr nach vier Wochen sagte er zu mir: ›Du kommst nie, nicht wahr?‹ Ich log zunächst und sagte, ich sei krank. Aber er entgegnete: ›Ich glaube dir nicht. Sag mir, warum du keinen Orgasmus kriegst.‹ Zunächst war ich recht ängstlich, und irgendwie wußte ich auch gar nicht, warum ich keinen Orgasmus bekam. Aber als wir das nächste Mal miteinander schliefen, sagte er zu mir: ›Sag mir, was in deiner Vagina vor sich geht – sag mir, wie sie sich innen anfühlt.‹ Ich wollte nicht, aber er ließ nicht locker. Er erzählte mir, wie sich sein Penis anfühlte, wenn er in mir hin und her fuhr. Er sagte mir, ich fühle mich warm und glitschig an und beschrieb, wie meine Vagina seinen Pimmel rundherum massierte. Also brachte ich das Vertrauen auf, ihm von mir zu erzählen. Irgendwann, nachdem ich über meine Vagina nachgedacht hatte und erahnte, was vor sich ging, fühlte ich mich gar nicht mehr so schlecht. Es erschien mir nicht mehr alles so mysteriös und negativ.

Dann überredete er mich dazu, ihn vor einem Spiegel zu lieben, den wir am Ende des Bettes aufgestellt hatten. Er bat mich, hinzuschauen und mit anzusehen, wie sein Pimmel in meine Vagina eindrang. Vor diesem Zeitpunkt würdigte ich meine Fotze nicht eines Blickes, ich hatte sie überhaupt noch nicht richtig gesehen. Ich war an den Gedanken gewöhnt gewesen, daß das ebenso schlecht wäre, wie wenn man sich in sein eigenes Arschloch schaut. Aber als ich seinen großen, harten Penis in mir sah und die Schamlippen, die sich um den Schaft schlossen, da begann ich zu denken, daß das alles recht sexy aussah, und da es sexy aussah, sah es auch *attraktiv* aus. Schon bald wollte ich beim Ficken immer im Spiegel zusehen. Ich sah, wie mein Freund meine Vagina rubbelte, um mich zu erregen, und ich sah auch, daß mein Geschlechtsteil seine Farbe wechselte, daß es dunklelrot, ja sogar lila wurde und sich mit Blut füllte. Ich sah zu, wie er seinen Schwanz vollkommen in mich einführte. Wissen Sie, das ist irgendwie *faszinierend*, wenn man sich selbst beim Beischlaf beobachtet. Man bekommt dadurch mit, wie herrlich Sex sein kann, und man bringt das entsprechende Verständnis auf, daß die Frau Teil dieses wunderbaren und vollkommen *natürlichen* Geschehens ist.

Eines Tages blickte ich in den Spiegel, während wir miteinander fickten, und ich konnte sehen, daß sein Schwanz ganz tief in mir steckte, dann zog er ihn heraus, bis ich die purpurrote Spitze sehen konnte, als er kam. Ich sah zu, wie sein weißes Sperma hineinfloß, und das erregte mich so sehr, daß *ich* kam. Mir war überhaupt nicht richtig klar, daß ich einen Orgasmus gehabt hatte, als das geschah. Ich fühlte mich plötzlich vollkommen verloren, ohne jegliches Gefühl für Zeit und Raum, bestand nur aus Millionen von Sinnesempfindungen und dem Pochen und dem Sichzusammenziehen meiner Vagina. Er mußte mich richtig festhalten. Als alles vorbei war, lag ich dort und war verblüfft. Er lachte. ›Na, so was, was hältst du davon?‹ sagte er. ›Du bist gerade gekommen.‹

Ich lernte mich besser kennen, also verlor sich auch meine Scham. Ich konnte dabei zusehen, wie ich gefickt wurde, und konnte feststellen, wie schön das war. Ich setzte mich oft mit einem Handspiegel hin, in dem ich jede Falte und jeden Winkel meiner Vagina erkennen konnte. Da ist nichts Schmutziges dabei, die Vagina ist keineswegs etwas Ekelhaftes, sie ist eine Blume.«

Außer sexuellen Schuld- und Schamgefühlen ist ein weiteres weit verbreitetes Orgasmusproblem, daß man einfach nicht seine Scheu beim Geschlechtsverkehr verlieren und sich nicht vollkommen gehen lassen kann. Die Schriftstellerin Jeannie Sakol beschreibt dieses Problem besser, als ich es kann. Sie nennt es »Mißerfolg in letzter Minute«:

»...der bevorstehende Orgasmus hängt bis zum Rasendwerden an einer Klippe, dann bekommt der Ballon ein kleines Leck und schrumpft sacht in sich zusammen, anstatt einen empor- und davonzutragen. Meist ist es eine unerwartete Welle von Verwirrung, die plötzlich in Erscheinung tritt und einen vom Kommen abhält, in jenen letzten Momenten, wo man sich gehen lassen müßte. Dieser ›Mißerfolg in letzter Minute‹ kann einen mit solch einem krankmachenden Gefühl des Verlustes, des Verlierens durchdringen – wo man den Höhepunkt doch beinahe mit den Händen hätte greifen können –, daß viele Frauen es vorziehen, schon dann zu kommen, während sie noch gar nicht vollkommen erregt sind, um den

Orgasmus sicher gehabt zu haben, ohne ihn in letzter Sekunde doch noch verlieren zu müssen.«

Katie, die dreiunddreißigjährige Prostituierte aus Milwaukee, die uns bereits in Kapitel drei mit den Sinnesfreuden der ›deep-throat‹-Methode bekannt machte, hatte ebenfalls exakt diese Schwierigkeiten mit ihren Orgasmen.

»Das beruht auf der Tatsache, daß man mit vielen unterschiedlichen Männern Geschlechtsverkehr hat und dadurch den Sinn für das Sich-Gehen-Lassen verliert. Aber ich bin ganz sicher, daß auch Frauen in Verbindung mit ihrem Ehemann so empfinden können. Sie denken gewöhnlich, wenn sie sich gehen ließen, dann wäre das irgendwie verrückt oder peinlich, oder es sähe so aus, als würden sie dabei irgendeine Form von Schwäche zeigen. Ich glaube, daß so etwas in Ehen vorkommen kann, wo sich in vielen anderen Dingen eine Art Wettbewerbsdenken entwickelt hat.

Wenn ich masturbiere, bekomme ich immer einen Orgasmus, aber mit Männern habe ich oftmals erhebliche Schwierigkeiten. Ich *kenne* ja den Mann nicht, mit dem ich schlafe, und ich möchte nicht allzuviel von mir hingeben, fortgeben. Ich hatte Angst davor, mich zu sehr gehenzulassen und nichts als Gegenleistung zu bekommen. Ich war zu unsicher mit mir, zu ängstlich. Ich konnte verspüren, wie der Orgasmus sich in mir hochwand, und ich konnte auch verspüren, wie er aus mir herausbrach, aber dann kroch er wieder in mich zurück, und ich fühlte mich trotzdem so geil wie nie zuvor, war aber doch nicht entspannt und geriet in Zorn.

Schließlich entdeckte ich einen großartigen Kniff. Immer wenn ich meinen Orgasmus nahen spürte, dann begann ich an wilde erotische Traumgebilde zu denken. Ich ließ meiner Fantasie freien Lauf. Ich stellte mir vor, von einem Soldaten vergewaltigt zu werden, und all die anderen Soldaten schauten dabei zu. Mitunter standen sie in meinen Vorstellungen um mich herum und pißten auf mich und den Soldaten, der mich gerade vergewaltigte, und ein anderes Mal onanierten sie wie wild. Ich konnte mich wirklich in meine Fantasiegebilde hineindenken und sie ausleben, so tief und intensiv wie nur irgend möglich. Und das bewirkte genau das rechte Maß, um mich über die Klippe zu bringen, fast immer wenigstens. Es klappt nicht jedesmal, aber so bald es wieder einmal funktioniert, bin ich glücklich.

Ich glaube nicht, daß solche Fantastereien dazu angetan sind, ein Mädchen in bezug auf Sex selbstsüchtig zu machen. Ich bin der Meinung, wenn eine Frau Schwierigkeiten mit dem Orgasmus hat und diese Methode Befriedigung bringt, dann sollte sie es auch damit versuchen. Ich glaube nicht, daß man deshalb die Achtung vor dem Mann verliert oder daß er dadurch den Spaß am Sex verlieren könnte.«

Der dritte bekannte Grund von Orgasmusversagen beruht ganz einfach auf der Tatsache, daß der Mann mit dem Sie schlafen, Sie nicht richtig liebt oder Sie nicht ausreichend liebt. Für dieses Problem gibt es wirklich nur eine einzige Lösung, obwohl die nicht leicht auszuführen ist: Sie müssen Ihrem Mann davon Kenntnis geben und ihm sagen, was er falsch macht.

Vielleicht erregt er Sie nicht genug vor dem eigentlichen Geschlechtsakt. Vielleicht vergißt er sich auch allzusehr in seinem eigenen Spaß am Ficken und verändert gerade dann seinen Rhythmus, wenn Sie mit Ihrem Orgasmus auf der Kippe stehen. Vielleicht weiß er auch nicht, wie er auf die effektivste Weise mit Ihrer Vagina umgehen muß, wie er Ihre Klitoris stimulieren muß. Vielleicht auch (ich traue mich das gar nicht zu sagen) weiß er gar nicht, wo sich Ihre Klitoris befindet!

»Mit jedem Burschen, egal wie sehr ich ihn liebe, spreche ich über die Realität«, sagte mir die neunundzwanzigjährige Elaine. »Wenn er mich nicht befriedigt, dann sage ich ihm das. Ich wurde verheiratet, als ich achtzehn Jahre alt war, und mein Ehemann war nicht der fixesten einer und wußte nicht unbedingt, wie er mich am besten erregen sollte. Ich ging immer erst in das Badezimmer, bevor wir miteinander ins Bett gehen wollten, um dort schon ein wenig zu masturbieren, so daß ich also, wenn ich im Bett lag, bereits halbwegs erregt war. Ich war sehr zurückhaltend und scheu, wenn es darum ging, über Sex mit Männern zu diskutieren, aber bei meinen Kunden brauche ich kein Blatt mehr vor den Mund zu nehmen. Ich sage ihnen: ›Das ist zu schnell, Baby‹, oder: ›Jetzt fester‹, oder ›Berühre mich da – nein, höher oben – ja, genau da.‹

Sie könnten jetzt denken, ein Mann könnte sich belästigt fühlen, wenn man ihm sagt, was er tun soll, aber die Männer fühlen sich nicht belästigt. Nie. Sie mögen es, wenn man ihnen als Frau sagt, wie und was man am liebsten hat, denn ich glaube, die meisten von ihnen haben nicht die leiseste Ahnung davon, wie man eine Frau aufs höchste erregen kann. Es gibt eine ganze Menge fünfzigjähriger Männer, die nicht im entferntesten wissen, wo sich die Klitoris bei der Frau befindet. Hätten Sie das für möglich gehalten? Diese Männer sind länger verheiratet, als ich überhaupt lebe, und sie kommen zu mir und fragen mich, wo die Klitoris ist!

Eine Frau hat die Pflicht, im Bett gut zu sein, aber sie hat nicht die Pflicht, in Stille zu leiden. Mitunter wird ein Mann sein Selbstwertgefühl verlieren, aber das liegt nur daran, weil er dazu erzogen wurde, als Mann alles vom Sex zu wissen. Soll er doch sein Selbstwertgefühl verlieren. Er wird sich schon wieder beruhigen, und beim nächsten Mal wird er die Frau mit allen Finessen ficken.«

Es besteht überhaupt kein Zweifel daran, daß Sie tapfer sein müssen, wenn Sie Ihrem Mann genau erzählen wollen, was Sie von ihm fordern. Ein Mädchen, dessen Sexleben lediglich aus diesem »Sich-Berühren-und-dann-sofort-Verschwinden« bestand, schrieb einen Brief an ihren Liebhaber und verkündete ihm, wie es sich die Berührung ihrer Klitoris durch ihn vorstellen würde. Sie schickte ihm den Brief nicht per Post, sie übergab ihn ihm persönlich. Er las den Brief vor ihren Augen, und das erregte ihn so sehr, daß er sie sofort ins Bett legte und all ihren Wünschen nachkam.

Die Prostituierten haben meist wenig Zeit für die Unzulänglichkeiten ihrer Kunden. Abgesehen davon nehmen sie ihnen aber doch die Masken vom Gesicht und *sagen* einem Mann, daß er ein lausiger Liebhaber ist, und sie nehmen auch die Schwierigkeiten auf sich, zu erklären, warum das der Fall ist. Sie verfügen einfach über mehr Geduld und mehr Zuneigung. Mit diesen Faktoren auf Ihrer Seite können Sie getrost die Techniken der Prostituierten anwenden und Ihren Mann in die Art von Liebhaber verwandeln, die Sie nie mehr in Ihrem Bett missen möchten.

Kapitel 6

# Tricks und Hochgenüsse

»Männer kommen aus allen möglichen Gründen zu mir. Singles kommen zu mir, weil sie kein festes Mädchen haben und sich frustriert fühlen. Verheiratete Männer kommen zu mir, weil sie dann das Gefühl haben, etwas zu tun, was ein klein wenig riskant ist, oder vielleicht deshalb, weil sie von ihren Frauen angeödet werden. Aber die meisten Männer kommen zu mir, weil sie sexuell ein bißchen anders veranlagt sind und ihre Frauen bereits gebeten haben, darauf einzugehen, und nur ein kaltes NEIN erhielten, oder weil sie noch nicht einmal den Mumm haben, die entsprechenden Fragen vorzubringen. Wenn manche Frauen wüßten, was ihre Männer hinter diesen geschlossenen Türen von mir bekommen, dann wären sie bereits an den Bürotüren ihres Scheidungsanwaltes angelangt, bevor man überhaupt das Wort ›pervers‹ ausgesprochen hätte...«

Das sagt Anne, ein fünfundzwanzigjähriges Callgirl aus San Francisco, die über die Motivationen ihrer Klienten sprach. Wenn ich meine Erfahrungen zu Rate ziehe, dann muß ich sagen, daß Anne recht hat. Viele jener Briefe, die ich erhalten habe, und zwar in den letzten Jahren, kamen von Männern, die gewisse sexuelle Eigenarten haben – gewöhnlich nur ganz geringe Abweichungen –, die sie bei ihren Frauen aber nicht zur Diskussion stellen können. Die Gummifetischisten zum Beispiel sind eben stets auf der Suche nach einer Frau, die ihren Geschmack, ihre Vorliebe für Gummikleidung teilen könnte. Jene Zeitschriften, die sich speziell damit befassen, sind voller Geschichten von »schönen, kurvenreichen Blondinen, die Gummi bevorzugen«. Meistens bleibt die Wahnvorstellung nichts weiter als Wahnvorstellung. Es gibt wirklich sehr wenige erfolgreiche Ehen zwischen Gummiliebhabern.

Für viele Frauen bedeutet es einen tiefen Schock, wenn sie entdecken, daß ihr Ehemann oder Liebhaber eine sexuelle Schrulle hat. Sogar heute, wo die meisten Frauen darauf vorbereitet sind, mehr zu tun als nur auf dem Rücken zu liegen und zu erdulden, was mit ihnen getrieben wird, selbst heute gibt es sehr wenig Toleranz in Fragen sexueller Abweichung, sexueller Andersartigkeit. Wie es schon eine Hausfrau sagte, mit der ich sprach: »Ganz plötzlich kam mir zum Bewußtsein, daß ich einen Anormalen geheiratet hatte.«

Der soziale, emotionale und sexuelle Schock, daß ihr Mann plötzlich den Wunsch äußerte, die Hände zusammengebunden zu bekommen und mit einem Tischtennisschläger verprügelt zu werden, war für die gute Frau einfach zuviel. In ihren Augen zählten seine Liebe und Hingabe zu seinen Kindern, seine Verdienste um seine Stadt, seine Karriere, seine künstlerischen Talente, sein sprühender Geist und seine Rolle als Ehemann nichts mehr. Ganz plötzlich war er zum Anormalen geworden, und die Sache hatte sich. Sie bestand auf Scheidung auf Grund physischer Grausamkeit.

Sie können also sehen, warum viele Männer Angst davor haben, ihren Frauen einzugestehen, warum sie ungewöhnlich erscheinende sexuelle Wünsche mit sich herumtragen. Sie würden viel lieber bis an ihr Lebensende herumlaufen und ihre wahren sexuellen Charaktereigenschaften unterdrücken, als das Risiko der Gefahr der Enthüllung ihrer erotischen Fantasien auf sich zu nehmen, müßten sie doch nur mit Demütigung und Erniedrigung rechnen. Aus diesem Grund gehen sie lieber zu den Huren. Die Huren passen sich, im Gegensatz zu vielen Ehefrauen, den Wünschen der Männer an, ohne daß deswegen mit Diskriminierung zu rechnen wäre.

Allerdings ist es sehr schwer, sexuelle Wünsche beständig zu unterdrücken, und nicht selten bricht eine Ehe unter diesen Belastungen auseinander. Viele Verbindungen werden zerstört, weil es dem Mann niemals möglich war, seinen erotischen Geschmack der Partnerin begreiflich zu machen. Selbst wenn es zur Auflösung der Ehe kommt, ist ein Mann nicht bereit, die Wahrheit zu sagen. Ohne Unterstützung und ohne Verständnis von seiten seiner Partnerin ist es für einen Mann eben sehr schwer, aufzustehen und zu verkünden, er sei ein Abweichler.

Diese Abweichungen variieren zweifelsohne. In meinem Buch möchte ich z. B. Flagellantismus kaum als sexuelle Abart bezeichnen, obwohl Hauen Tausende von begeisterten Anhängern hat, die sich wiederum in Clubs, Zeitschriften und sozialen Vereinen zusammentun. Vielleicht machte es Ihnen gar nichts aus, wenn Ihr Liebhaber hin und wieder den Wunsch äußert, von Ihnen verprügelt zu werden. Aber wie würden Sie sich verhalten, wenn Sie erfahren müßten, daß ihm das Auspeitschen gefiele, das Urinieren beim Verkehr oder das Anlegen von Frauenunterwäsche?

Lachen Sie nicht. Es könnte der Mann in *Ihrem* Leben sein, der sich an solchen Dingen erregt, und Sie haben überhaupt keine Ahnung davon...

Es gibt mehr als nur einen Weg, wie Sie der sexuellen Vorliebe Ihres Liebhabers begegnen bzw. entsprechen können, wenn Sie erst einmal herausgefunden haben, worum es sich eigentlich handelt. Wenn Sie das Bedürfnis haben, an der Vorliebe Ihres Mannes partizipieren zu wollen, dann befinden Sie sich in der bestmöglichsten Ausgangssituation. Wenn Sie es aber nicht übers Herz bringen können, Teil seiner Lüste zu werden, dann könnte es Ihnen vielleicht möglich sein, bei einem Psychotherapeuten Hilfe zu suchen oder Ihren Eheberater zu befragen. Ihr Liebhaber sollte versuchen, so verständnisvoll wie nur irgend möglich zu sein, aber Sie stehen vor der Entscheidung, ob Sie sich mit den Tatsachen abfinden können, daß er ohne Ihre Zuneigung keine volle sexuelle Befriedigung finden kann, sich somit zum Teufel scheren müßte.

Mit einer Vielzahl von Prostituierten und Callgirls habe ich über die hauptsächlichen Arten sexueller Abartigkeit gesprochen, und ihre grundsätzliche Meinung scheint zu sein, daß die Frauen nicht ihre Nasen rümpfen, sondern mitmachen sollten. Dann würden sie möglicherweise herausfinden, daß sexuelle Abartigkeit gar nicht so schrecklich ist und schon überhaupt nicht so verabscheuungswürdig, wie sie glauben.

Lassen Sie uns zunächst einmal einen Blick auf das Prügeln werfen, um dann tiefer in die Wasser des Sadomasochismus hineinzuwaten, also uns mit Geißelung, Sklaverei und was es sonst noch alles gibt, zu befassen. Anne berichtet uns hier von einigen ihrer Klienten. Sie ist ein dunkelhaariges, gutgebautes Mädchen, gewinnend und sympathisch.

»Ich hatte immer gedacht, jedermann wüßte alles über Prügel. So viele Männer mögen das, und ich habe das auch mit ihnen gemacht. Ich glaube nicht, daß sie wirkliche Sadisten oder Masochisten sind. Sie haben nur so eine *Neigung*, eine Kuriosität, wenn Sie wissen, was ich meine. Prügeln kann weh tun und verletzen, es kann schmerzhaft sein, aber für gewöhnlich tut es nur im Augenblick weh. Wenn man jemanden prügelt, dann sagt man: ›Ich liebe dich, und ich sorge mich um das, was mit dir geschieht. Und dies hier ist eine scharfe Lektion, durch die ich hoffe, daß du dich besserst.‹ Das ist ungefähr genauso, wie wenn der Vater seine Tochter verprügelt, denn sie ist seine Tochter, der er sich aber nicht sexuell nähern darf, zumindest glaubt er das.

Eine ganze Menge Männer fragen nach Prügel. Ich habe einen Burschen, der fast jede Woche einmal zu mir kommt, manchmal sogar zweimal, geradewegs von der Arbeit auf dem Weg nach Hause. Er ist ein Mittdreißiger, sehr höflich, sauber, elegant. Ich glaube, er arbeitet irgendwie als Verkaufsleiter bei einer Leasingfirma. Punkt sechs Uhr abends ist er da und zieht seine Kleider aus. Er legt mich über sein Knie und öffnet mir die Kleider, daß er an meinen Hintern kann, dann zieht er mir mein Höschen so zusammen, daß es genau zwischen die beiden Pobacken gerät. Dann prügelt er mich, er versohlt mich sozusagen, ziemlich fest, so zwanzig bis dreißig Hiebe. Dazu spricht er. Er sagt mir, daß ich sehr böse bin, weil ich ihn immer in Versuchung bringe, und daß ich einen wunderschönen Hintern habe und wie rosarot er wird nach jedem einzelnen Schlag. Wenn er die richtige rote Farbe hat, dann läßt er mich aus, zieht sich seine Klamotten an und verschwindet wieder. Ich nehme an, daß er schnurstracks nach Hause geht und mit seiner Frau schläft. Für diese Lektion bezahlt er mir stets zwanzig Dollar.

Dann habe ich noch einen anderen Kerl, den ich zwar nicht so oft sehe, aber er erwartet eine Menge, also gleicht sich das wieder aus. Er ist so um die vierzig Jahre alt. Er hat sehr gern, wenn ich mich vollkommen ausziehe und nur ein Paar weißer Tennissocken anlasse. Dann muß ich mich vornüber beugen, worauf er meinen nackten Hintern mit einem flachen Stück Holz bearbeitet. Sicher, das beißt ganz schön. Zehn Minuten treibt er das mit mir, und nach diesen zehn Minuten bin ich für gewöhnlich wund. Dann fickt er mich, fast immer sehr schnell und übereilt, als wenn er etwas täte, was er lieber nicht tun möchte. Ich muß dabei in der gleichen Position bleiben, während er mich fickt, also vornüber gebeugt. Und er hat es sehr gern, seinen Stengel vorher rauszuziehen und auf meinen Rücken zu spritzen. Dann steht er da und sagt: ›Es tröpfelt herunter. Es ist jetzt fast halbwegs deinen Rücken heruntergelaufen. Gleich wird's in deine Haare laufen‹, worauf ich dann sagen muß: ›Ooooh... Iiiihhh...‹, so, als wenn mich das erregen würde oder als wenn ich Angst davor hätte.

Da fällt mir noch ein anderer Typ ein. Der liebt den Kampf. Es ist ihm egal, ob er mich oder ich ihn verprügele. Was ihm stets gefällt, ist, wenn wir uns beide vollkommen ausziehen und dann durch das Zimmer rennen, um uns gegenseitig zu fangen, und wenn wir uns dann gefangen haben, dann fangen wir zu kämpfen an und ringen, wobei jeder versucht, den anderen zu verprügeln. Es macht mir persönlich mehr Spaß, ihn zu verprügeln. Mir wird dabei klar, warum Prügeln sexy sein kann. Das regt richtig an, wenn man einem Burschen den nackten Hintern versohlt, bis er gerötet ist und richtig wund aussieht und der Penis richtig steif geworden ist. Wenn die Züchtigung vorüber ist, dann lutsche ich dem Burschen einen ab, und wie der andere Typ will auch dieser seinen Orgasmus haben. Es interessiert ihn nicht, ob ich ihm einen gut oder schlecht blase. Manchmal schießt er seine Ladung schon ab, wenn ich seinen Schwanz gerade in den Mund genommen habe.«

Theresa, eine achtzehnjährige Prostituierte aus New York, berichtete mir von einer rituellen Prügelung, der sie sich jeden Monat einmal durch einen ihrer Klienten unterziehen muß.

»Er ist so um die fünfzig Jahre alt, vielleicht fünfundfünfzig.

Er stellt mich vor keinerlei Probleme, aber er will immer etwas haben, was stets exakt wie beim vorherigen Mal ablaufen muß. Ich muß stets diese Spezialuniform anziehen, die er für mich hat machen lassen. Ich muß eine Soldatenmütze tragen, eine Heeresjacke, hohe braune Lederstiefel und kein Unterhöschen. Er trägt die Uniform eines Generals. Ich muß im Zimmer auf und ab marschieren, und er schreit mir Befehle zu.

Dabei muß ich einen Vibrator in meiner Muschi tragen, und wenn ich ihn verliere, verprügelt er mich. Ich verliere den Vibrator stets, denn das erhöht seinen Spaß. Er brüllt mich an, wie Soldaten angebrüllt werden: ›Hierher, Korporal, Sie sind eine Schande für die Armee‹, in dieser Richtung ungefähr. Dann setzt er sich hin und ich muß mich über seine Knie legen, damit er mich versohlen kann. Er denkt stets, es würde mir kommen, wenn er mich verprügelt, und nach ein paar Dutzend Schlägen fragt er mich stets: ›Bist du jetzt gekommen?‹ Zuallererst muß ich ›nein‹ sagen, dann schlägt er mich fester, und nach einer Weile muß ich gestehen, daß ich gekommen bin und muß stöhnen und jaulen und mit dem Hintern wackeln.

Tue ich das, dann kniet er sich ganz schnell hin und vergräbt sein Gesicht zwischen meinen Oberschenkeln, bis ich mit dem Wackeln aufhöre. Gewöhnlich bekommt der alte Bock eine gute Show für sein Geld. Er bezahlt mich sehr gut, jedesmal mit zweihundert Dollar. Ich kann nicht sagen, ob es ihm dabei kommt oder nicht. Sicher, er ist ein bißchen verrückt, aber er tut mir nicht weh. Ich meine, wenn ich seine Frau wäre, und wenn er mich bitten würde, diese Sachen mit ihm zu veranstalten, dann würde ich nicht nein sagen. Was ist schon dabei?

Verprügeln tut manchmal weh, aber es gibt einen Trick. Man darf den Hintern nicht verkrampfen, wenn man von einem Typ verprügelt wird, weil es dann nicht so weh tut. Es tut nur weh, wenn er einen auf den Hintern schlägt und die Pobacken sind angespannt, dann brennt es. Die andere Sache, das mit dem Stöhnen und dem Geheule, da ist doch nichts dabei, es kann einem sogar richtigen Spaß machen. Das muß bei ihm so klingen, als wenn man vollkommen in Ekstase wäre. Wenn man das so spielt, als hätte man tatsächlich einen Orgasmus gehabt, und dabei sagt: ›Fick' mich, fick' mich‹, dann hört der Typ mitunter mit der Prügelei auf und beginnt zu ficken. Wenn ein Typ einen verprügeln will, dann gibt es keine Möglichkeit, der Sache aus dem Weg zu gehen. Aber auf diese Weise kann man alles in Grenzen halten, wenn man nicht gerade zum Verprügeln aufgelegt ist.

Bei der Prügelei sind die Hände das Beste. Dann kommen die Haarbürsten und die Tischtennisschläger. Lederriemen sind gar nicht so schlecht, wenn sie lang sind, aber wenn sie kurz sind, dann schmerzt es sehr. Peitschen und Lineale aus Stahl kann man vergessen, das ist zu schwerer Tobak, ausgenommen natürlich für die wirklichen Prügelfreaks. Bambusstöcke kann man ertragen, wenn der entsprechende Typ einigermaßen vorsichtig damit umgeht, aber wenn einer die Sache ernsthaft betreibt, dann kann er einen in Stücke hauen.

Ich glaube nicht, daß viele Männer ihre Frauen oder Freundinnen sehr verletzen möchten, so wie sie's bei mir oft tun. Ich glaube sogar, daß sie sich schuldig fühlen, wenn sie für eine solche Sache noch etwas bezahlen müssen, aber das bewirkt lediglich, daß sie um so fester zuschlagen. Sie respektieren mich nicht als Person, weil sie mich nicht wirklich kennen. Ich bin für sie nur ein Objekt, das sie bezahlen, um ihren Spaß zu haben, ihren Nervenkitzel. Ich glaube, wenn eine Frau es zulassen würde, daß ihr Mann sie auf diese Weise verprügelt, dann würde er vorsichtig sein, aber er würde die gleiche Befriedigung verspüren, obwohl er mich härter verhaut. Aber wie viele Frauen gibt es schon, die einen solchen Mann tolerieren? Nicht viele, sonst wäre ich nicht so gut im Geschäft.

Ich nehme an, daß die Frauen, die erfahren, daß ihr Mann ein heimlicher Prügelfreak ist, es ihn möglicherweise nur mit einem silbernen Tablett treiben lassen. Die Prügelknaben lieben das Spiel: ›Ich bin ein böser Junge, und ich muß versohlt werden.‹ Wenn eine Frau ihrem Mann den nackten Hintern unter dessen Nase schieben und sagen würde: ›Ich bin so ein böses Kind, warum verprügelst du mich nicht?‹ dann bin ich der Meinung, daß der Mann, wenn er ein wirklicher Prügelfreak ist, der Versuchung wohl kaum widerstehen könnte.«

Nach der Beurteilung vieler Briefe, die ich während meiner Tätigkeit bei *Penthouse* erhalten habe und die sich alle mit dem Thema »Prügel« befassen, ist es klar, daß Tausende von Ehemännern und Ehefrauen Spaß daran haben, wenn sie mal spontan eine Tracht Prügel erhalten. Der »Liebesschlag« ist eine Technik, die bis auf das Kama Sutra zurückgeht und die es vielleicht schon viel früher gab. Wie so viele Tricks und Techniken, die der erotischen Erregung dienen, bewirkt er die plötzliche Stimulans der Nerven um die Genitalien herum. Viele Frauen beschreiben das »warme Gefühl«, das »zwischen die Schenkel kriecht«, wenn sie geschlagen werden. Also, »Leidensgenossen«, deren Wort in Gottes Ohr!

Ich weiß von Paaren, die deshalb Prügel einsetzen, um die eheliche Disziplin aufrechtzuerhalten. Wenn die Frau nörgelt, wird sie verprügelt. Die Prügel dienen als eine Art Sühne und gleichzeitig als Stimulans für das Liebesspiel, das daraufhin folgt, sind also als ein Vorspiel zu sehen. Wenn der Ehemann nörgelt, dann behandelt ihn die Frau entsprechend. »Man muß die Prügel streng verabreichen«, sagte ein begeisterter Prügel-Liebhaber. »Man verprügelt den anderen immer dann umgehend, wenn er etwas falsch gemacht hat, wobei es keine Rolle spielt, wo man sich gerade aufhält oder was man gerade tut.« Ich kann mir vorstellen, daß sich das zu einer frivolen Angelegenheit auswachsen kann, wenn Sie sich gerade in der U-Bahn befinden, und zwar während der verkehrsreichen Stunden. Aber hier glaube ich, daß die Prügelfreaks wohl den Satz vorziehen, der hier angebracht erscheint: »Warte bloß, bis wir zu Hause sind!«

»Mein Mann erzählt mir in solchen Situationen, daß er mich verprügeln wird, wenn wir nach Hause gekommen sind und ins Bett gehen wollen«, berichtete mir eine hübsche junge Hausfrau. »Das erhöht die Spannung und macht das Ganze reizvoller. In dem Augenblick, wo er sich auf die Prügel vorbereitet, bin ich für gewöhnlich bereits so geil, daß ich gleich zum Geschlechtsverkehr übergehen könnte.«

All dies ist Sex in Verbindung mit Spaß und Spiel. Aber was ist, wenn Ihr Mann oder Liebhaber eindeutig dafür ist, wirkliche physische Qualen zu vermitteln oder zu empfangen, wenn es darum geht, sich sexuell aufzuladen? Wie würden Sie sich da verhalten?

Hier ist die Ansicht von Helen, einem zweiunddreißigjährigen Callgirl mit jahrelanger Erfahrung als Domina. Mit anderen Worten, sie wird von ihren Kunden dafür bezahlt, daß sie sich als Beherrscherin verhält und ihnen Schmerzen zufügt. Sie ist eine streng dreinblickende Lady mit einem Hang für schwarzes Leder und hohe Schnürstiefel. Sie hat kurzes dunkles Haar und Brüste, die so gewaltig sind und so fest, daß die einzige denkbare Erklärung für die Standfestigkeit des Busens eine Füllung aus Silikon sein kann. Sie ist die Inkarnation der Sexfantasien eines Masochisten.

»Viele Männer fühlen sich schuldig, oder sie verspüren den Wunsch nach Sühne. Sehr oft sind das Männer, die durch ihre Arbeit sehr viel Geld verdienen, also erfolgreiche Männer. Männer, die den ganzen Tag damit verbringen, anderen Leuten zu sagen, was sie tun sollen, und irgendwie kommen sie sich dabei wie Schwindler vor. Solche Männer kommen für gewöhnlich zu mir. Sie wollen, daß man sie verletzt, ihnen weh tut. Sie wollen gesagt bekommen, daß sie ein Nichts sind. Man kann sie gar nicht genug erniedrigen und verletzen. Sie lieben das. Aber man muß dabei auch vorsichtig sein und darf sie nicht zu sehr verletzen, obwohl sie es wollen, denn dann könnte es sein, daß sie die Behandlung nicht überleben.

Ich versuche also Dinge zu tun, die weh tun, aber keineswegs einen nachhaltigen Eindruck hinterlassen. Vor nicht allzu langer Zeit kam ein Mann zu mir, der von mir verlangte, seine Sexorgane in kochend heißes Wasser zu tauchen. Ich zuckte mit keiner Wimper. Ich sagte tatsächlich allen Ernstes, daß das eine Spezialität von mir sei. Seinetwegen hätte ich ihm also seine Eier auch in siedend heißes Öl hängen können...

Zusammen mit meiner Assistentin Marie fesselte ich ihn mit Lederriemen. Daß er dabei nackt war, versteht sich von selbst. Er hatte eine starke Erektion, und ich hieb ihm fest auf seinen Pimmel und sagte ihm, es sei impertinent, hier vor meinen Augen eine so ekelerregende Erektion zu bekommen. Ich war seine Gebieterin. Als ich ihn schlug, hatte er einen Orgasmus. Seine Erektion ging daraufhin zurück, aber sehr bald schon war sie wieder da.

Ich sagte ihm, daß ich nun seine Eier soweit hätte, daß sie ins heiße Wasser kommen könnten. Plötzlich hatte er Angst. Ich konnte die Furcht in seinem Gesicht sehen. Die Vorstellung, sich die Eier verbrühen zu lassen, mußte bei ihm irgendwie einmal als schmutzige Vorstellung begonnen haben, jetzt aber stand die Realität bevor. Er war nun plötzlich der Ansicht, das Ganze sei eigentlich keine sonderlich gute Idee. Ich erwiderte mit einem Nein und versicherte ihm, es sei eine prachtvolle Idee. Er begann zu schwitzen und fürchtete sich sehr, aber abgesehen von seiner Furcht hatte er immer noch einen gewaltigen Ständer.

Ich rieb seine Eier und seinen Schwanz vollkommen mit reinem Alkohol ein. Das brennt so stark, daß Sie es nicht glauben würden. Er schrie auf und sagte, daß das schmerzen würde; aber ich sagte ihm, er könne getrost auf das heiße Öl warten, und daß das weher tun würde als alles, was ihn in seinem Leben jemals verletzt hatte. Marie kam aus der Küche herüber und trug eine dampfende Bratpfanne in der Hand. Zu diesem Zeitpunkt war der Mann wie verrückt vor Angst und flehte mich an, es nicht zu tun. Aber ich sagte ihm, dafür sei es jetzt zu spät. Ich hielt die dampfende Bratpfanne unter seine Hoden und tauchte sie ein, dann zog ich ganz schnell die Pfanne wieder zurück. Er hatte aufgeschrien und brüllte: ›Meine Eier!‹

Es dauerte nur eine oder zwei Sekunden, bis er begriffen hatte, was geschehen war. Der Alkohol hatte bewirkt, daß seine Genitalien schmerzten. Marie kam aus der Küche zurück mit kaltem Wasser, in das sie Limonade geschüttet hatte, so daß das Ganze wie Öl aussah. Etwas heißes Wasser hatte sie obenauf gegossen, so daß das Ganze dampfte. Es war so kalt, daß es sich tatsächlich heiß anfühlte, und er dachte, er würde verbrennen.

Das war ein Trick, denn man kann nicht wirklich die Eier eines Mannes in siedend heißes Öl halten. Aber einiges, was wir hier veranstalten, hat mit Tricks nichts zu tun. Manche Männer mögen es, wenn man ihnen Nadeln in den Penis steckt. Ich mache das für sie. Andere wollen große Dildos, die man ihnen in den Hintern schiebt. Auch das mache ich. Jeder einzelne Mann hat seine eigene kleine Spezialität, seinen eigenen Reizgegenstand, der ihm Schmerzen verursacht. Ich habe hier ein Paar hochhackiger Schuhe. Schauen Sie nur rein – sie sind innen voller Spikes. Ich habe einen Stammkunden, der diese Schuhe anzieht und damit durch das Zimmer geht, bis ihm das Blut aus den Schuhen herausläuft. Er masturbiert, wenn er herumgeht, und wenn er den Schmerz nicht mehr länger ertragen kann, dann kriegt er seinen Orgasmus. Ich weiß, daß diese Sachen ein paar Leute schockieren werden, aber ich glaube nicht, daß seine Frau weiß, was er treibt. Ja, ja, der ist verheiratet. Ich weiß gar nicht, was er anstellt, um seine kaputten Füße vor seiner Frau zu verbergen. Ich habe gehört, daß Monique von Cleef (die holländische Domina) die Männer Ketten tragen läßt und Vorhängeschlösser um ihre Geschlechtsteile, und das die ganze Nacht. Mitunter können die Männer solche Leidenschaften vor ihren Frauen verbergen.

Ich arbeite auch mit dem Brenneisen. Ich habe ein kleines Brandeisen, das mir ein Mann aus der Bronx angefertigt hat. Darauf ist der Kopf eines Bisons abgebildet. Ich mache das nicht sehr oft mit den Männern, eigentlich nur, wenn ich sie zwei oder drei Jahre kenne und sie regelmäßig zu mir kommen. Ich brenne sie mit diesem Brandzeichen an die Innenseite ihrer Oberschenkel, ungefähr da, wo ihre Eier hängen. Ein Mann hat mir einmal fünfhundert Dollar angeboten, damit ich ihn brenne, aber ich kannte ihn nicht sehr gut und lehnte ab. Er hätte möglicherweise ein Polizeibeamter sein können. Auch wenn er das nicht gewesen wäre, hätte er mein Brandzeichen, mein Symbol, nicht auf seiner Haut verdient.

Ich kann mir nicht vorstellen, daß Ehefrauen ihre Ehemänner stark verletzen, ihnen starke Schmerzen zufügen könnten. Sie lieben ihre Ehemänner. Eine Frau würde sich gepeinigt fühlen, wenn sie ihrem Mann so etwas antun müßte, so etwas, was ich mache. Aber ich denke, daß die Ehefrauen versuchen sollten, die Wünsche und Leidenschaften ihrer Männer zu begreifen, um ihnen mit Rat und Hilfe zur Seite stehen zu können. Vielleicht könnten sie es wie ein Spiel gestalten, in welchem der Ehemann vorgibt, der Sklave seiner Frau zu sein, und sie sagt, sie sei eine Königin oder so etwas ähnliches.

Sie kann ihn ›martern‹, indem sie seinen Penis und seine Hoden in einem Rasierwasser badet. Das ist etwas, was ich veranstalte, wenn ich einen Kunden in einem Hotel treffe oder mich mit ihm nicht in meinem Apartment befinde. Es schmerzt, aber es richtet keinen Schaden an. Es gibt noch etwas anderes: Die Frau kann ihrem Mann Krokodilklemmen an die Brustwarzen heften und auch an beide Seiten seines Gliedes. Krokodilklemmen kann man in jedem Elektrogeschäft kaufen. Ich mache das, wenn ich improvisieren muß. Es schmerzt, aber wiederum hinterläßt auch dies keine bleibenden Schäden.

Etwas anderes, was eine Frau tun kann, besteht darin, daß sie ihrem Mann einen großen Dildo in den After schiebt. Aus Sicherheitsgründen sollte man wohl vermerken, daß man nichts in den After schieben sollte, was man nicht auch wieder herausbekommt. Eine große Salatgurke tut da gute Dienste, die man vorher mit einer Gleitcreme eingeschmiert hat oder mit einer kalten Lotion. Man muß dabei erreichen, daß der Mann der Sklave ist. Er sollte sich dabei auf den Fußboden beugen und seinen Hintern nach oben strecken. Dann rammt man ihm die Gurke hinein. Dabei sollte er masturbieren, während man ihm den gewünschten Gegenstand in den After schiebt, und man sollte ihm dabei erzählen, daß man den Gegenstand, oder die Gurke meinetwegen, erst dann wieder herausnimmt, wenn es ihm kommt.

Na ja, ich kann jetzt schon die entrüsteten Gesichter der Ehefrauen sehen, die da sagen wollen: ›Man kann doch nicht von mir verlangen, daß ich *meinem* Ehemann eine Gurke in den Hintern schiebe!‹ Aber was soll ich dazu schon sagen? Ich kenne Männer, die zu mir kommen und sich dementsprechend von mir behandeln lassen und eine Menge Geld für die Behandlung bezahlen. Dieses Geld könnten sie auch für ihre Ehefrauen verwenden. Aber solange ihre Frauen keine Gurken zur Hand nehmen, um sie ihren Männern in den Hintern zu schieben, so lange kommen diese Männer eben hierher zu mir.«

Ich kann mir vorstellen, daß es sehr lange dauern wird, bis Ihnen so richtig bewußt ist, daß Ihr Mann möglicherweise irgendwelche sexuellen Neigungen mit sich herumschleppt. Aber einige Männer sind nun einmal so veranlagt, und es würde durchaus unrealistisch sein, die Vorstellung weit von sich zu schieben, der eigene Mann könnte solche Neigungen hegen. Er mag Ihnen so etwas bislang nicht erzählt haben, aber das liegt wohl zum größten Teil einfach daran, daß er sich nicht vorstellen kann, daß Sie eine solche Neigung tolerieren könnten. Es liegt an Ihnen, ob Sie herausfinden wollen, ob Ihr Mann irgendwelche Veranlagungen in dieser Richtung besitzt. Und es liegt auch an Ihnen, bei einer solchen Eröffnung oder Feststellung nicht mit einer Art Schock oder Unverständnis zu reagieren. Sie sollten sich im Fall einer solchen Eröffnung darauf vorbereiten, den Neigungen Ihres Mannes nachzugeben oder sie zu akzeptieren. Ist es denn so schwierig, Eau de Cologne über seinen Penis zu spritzen?

Natürlich, es ist nicht einfach, einen Masochisten zum Ehegespons zu haben. Aber angenommen, er ist ein Sadist und will *Ihnen* allerlei Dinge antun, die *Ihnen* Schmerzen bereiten könnten?

Sie sollten einmal tief Luft holen und sich darüber Gedanken machen, ob Sie überhaupt dazu in der Lage sind, im Interesse ehelicher Erotik ein gewisses Maß an Schmerz ertragen zu können. Wenn Sie das nicht können, dann eben nicht, und mehr gäbe es darüber nicht zu sagen. Sadistische Sexualpraktiken sind, rein rechtlich und auch technisch gesehen, ein Angriff auf eine andere Person, und niemand hat das Recht, dem anderen körperlichen Schmerz zuzufügen, ohne daß der Partner hierzu die Zustimmung gegeben hätte. (Nicht einmal mit einem gewöhnlichen Tischtennisschläger.)

Jill, ein vierundzwanzigjähriges Callgirl aus New York, wird uns eine Vorstellung von dem geben, was ein gewöhnlicher

Sadist mit dem Wort »Spaß« umschreiben würde. Jill sieht schwächlich aus (aber man täuscht sich), mit ihren Sommersprossen erinnert sie an ein Fliegengewicht.

»Ich muß Ihnen zunächst einmal sagen, daß ich mit dem, was ich mache, nicht sehr viel Pulver verdiene. Ich mache das jetzt wohl seit ungefähr einem Jahr und hänge vielleicht noch ein halbes Jahr daran, aber ich habe keine Lust, länger bei dieser Sache zu bleiben. Das ist alles sehr hart, es ist die härteste Arbeit, die ich kenne. Ich habe mein Geld jede Nacht sehr schwer zu verdienen.

Der Bursche, für den ich arbeite – ich nehme an, Sie würden ihn Zuhälter nennen –, schickt mir alle meine Kunden. Sie sind Freier, die von anderen Mädchen einen Korb bekommen haben. Die wollen sie nicht anrühren. Eine ganze Menge von Männern würden gern ein Mädchen auspeitschen, und ich lasse mir das gefallen. Es kostet vierhundert Dollar, wenn mich einer mit zwanzig Peitschenhieben auspeitschen will. Das brennt wie das Höllenfeuer, und es hinterläßt Narben. Eine ganze Menge Männer wollen andere Sachen machen, und auch das lasse ich über mich ergehen. Der Preis richtet sich nach den Wünschen der Männer.

Ein Kunde kam letzte Woche zu mir, und alles, was er wollte, bezog sich darauf, mir an die Brüste zu fassen und sie zu drücken. Er gab mir zweihundert Dollar. Ich zog mich vollkommen nackt aus, ebenso wie er. Er grabschte mir an die Titten, drückte seine Hände hinein, drehte sie herum, drückte sie zusammen und schlug sie. Ich konnte am nächsten Tag nicht vor die Tür gehen, weil mir meine Brüste so verdammt weh taten. Ich weiß, daß das gefährlich ist, aber ich werde dafür bezahlt.

Ein anderer Typ kam einmal im Monat und stellte eine Weinflasche auf den Boden. Ich mußte mich dann mit meiner Muschi darauf setzen. Die Flasche ging so weit hinein, daß sie schmerzte. Er mochte es, wenn ich vor Schmerzen aufschrie. Mitunter darf ich dabei aber auch keine Schmerzen zeigen. Er macht Polaroidfotos von mir, wie ich da hocke, die Weinflasche in meiner Muschi, und vor Schmerz heule.

Einige Sachen lehne ich auch ab, ich mache sie nicht. Man würde dabei Selbstmord begehen, wenn man alles machen würde, was die Kunden verlangen. Eine Menge von Männern wollen mich aufhängen, um mich dann in der letzten Sekunde wieder abzuschneiden. Dann wollen sie mich ficken. Ein Typ – Sie würden den Namen kennen, wenn ich ihn nennen würde – bot mir elftausend Dollar an, wenn ich mir mit einer Säge ein Bein absägen würde. Er hätte dabei onaniert, während ich mir das Bein abgesägt hätte. Wissen Sie was? Ich wette, daß diese Mißgeburt jemanden gefunden hat, der das macht. Das ist kein Witz. Er wollte, daß ich mich hinhocke und mir das eigene Bein absäbele!

Das ist natürlich vollkommen ungewöhnlich, das kann man sich denken. Diese Typen sind wirklich verrückt. Ich kenne eine Menge Männer, die eine Frau herumprügeln würden, sie schlagen würden und zuschauen würden, wie sie weint. Manchmal wollen sie nichts anderes tun, als einem die Schamhaare ausreißen oder zumindest nur daran ziehen, bis man vor Schmerz aufbrüllt. Ich glaube nicht, daß sich die Ehefrauen oder Freundinnen eine solche Behandlung gefallen lassen würden, es sei denn, es würde sie selber erregen. Und dann müßten beide Partner sehr vorsichtig miteinander umgehen, um sich nicht gegenseitig etwas anzutun, was man nicht will. Ich habe Narben auf meinen Brüsten von ausgedrückten Zigaretten, und ich bereue das. Wenn ich verheiratet wäre und mein Ehemann mir einen neuen Pelzmantel versprechen würde, wenn ich mir die Pulsadern öffnete und er mich dabei ficken könnte, dann würde ich mir die Sache wohl anders überlegen.«

Nicht annähernd so viele Frauen haben irgendwie mit masochistischen Neigungen zu kämpfen wie Männer, wenn man die wenigen Statistiken zu Rate ziehen will, die es gibt. Wenn Sie aber eine solche Frau sein sollten, die sich mit erotischen Liebesqualen beschäftigt, dann sollten Sie Ihre Leidenschaften Ihren Männern gestehen, ebenso, wie er seine Neigungen Ihnen eingestehen sollte. Sie sollten sich damit beschäftigen, einige sadomasochistische Spielchen auszudenken, an denen nicht nur Sie, sondern auch Ihr Mann seinen Spaß haben kann.

Aber lassen Sie sich warnen! Lassen Sie sich niemals mit Männern ein, die Sie nicht kennen und die sadomasochistische Neigungen kundtun. Es ist besser, das Sexleben auf Sparflamme zu halten, als nach einem Dienstplan zu leben, bei dem Mord und Totschlag an der Tagesordnung sind.

Jenseits sadomasochistischer Bereiche gibt es noch einige Spleens, die Ihr Mann hinter seinem respektablen Äußeren mit sich herumtragen könnte, die aber sicherlich nicht unbedingt schädlich sein müssen. Sie mögen geschmacklos erscheinen, mitunter sogar verabscheuungswürdig, und Sie müßten schon sehr viel Verständnis aufbringen können und möglicherweise auch einen starken Magen, um nicht aus den Pantinen zu kippen.

Urolagnia ist eine dieser Geschmacklosigkeiten. Grundsätzlich bezeichnet das Wort eine sexuelle Vorliebe für Urin. Grant Tracy Saxon, der Gigolo, der *The Happy Hustler* schrieb, führte aus, daß diese Urolagnia in bezug auf favorisierte erotische Aktivitäten innerhalb der USA im Vormarsch sei:

»In den letzten paar Jahren scheint das Syndrom der ›goldenen Dusche‹ sich zu vergrößern. Da gibt es eine Faszination in bezug auf Urin und Urinieren in Verbindung mit Sex, und das ist schwer zu erklären oder auf einen Nenner zu bringen. Ich glaube, daß das damit zusammenhängt, daß wir von Tag zu Tag abgestumpfter werden und daß die alten Späßchen uns immer weniger erregen. Wir sind ständig auf der Suche nach etwas Neuem, etwas Aufregenderem, etwas, was es noch nicht gab, etwas, das noch spleeniger ist als das, womit wir uns zuletzt beschäftigt haben. In den letzten Jahren habe ich immer wieder Meinungen von Männern und Frauen gehört, die in diesem Geschäft arbeiten. Da heißt es dann: ›Er wollte, daß ich auf ihn *pissen* sollte!‹ oder: ›Sie wollte sich über mich stellen und mich naßpinkeln!‹ Ich kann jenen Leuten den Ratschlag geben, daß sie versuchen sollten, damit zu leben, denn diese Sache wird bereits überall praktiziert und ist definitiv etwas, was die Leute erregt. Es gibt genügend Personen, die sehr viel

Geld bezahlen, wenn man sie entsprechend (sexuell) befriedigt.«

Vor langer Zeit, als ich noch für die Zeitschrift *Forum* arbeitete, erhielt ich von Männern und Frauen gleichermaßen Briefe, worin bekundet wurde, daß man sich am Urinieren erregte. Für gewöhnlich scheint der Spaß darin zu liegen, daß man sich gern selbst bepinkelt und dabei ein warmes Gefühl verspürt, weil der Urin Unterwäsche und sonstige Bekleidung durchdringt (natürlich auch die langen Unterhosen), aber mitunter gibt es da ganz spezielle Aktivitäten, wie dem anderen beim Urinieren zuzusehen oder sich gegenseitig anzupinkeln.

Aus Gründen der Hygiene lehnen viele Frauen das Urinieren ab. Aber, wie Wanda erklärt, beruht diese Neigung oft auf der Vorstellungsgabe vieler Männer, die sich dabei erregen, wenn sie ein widerspenstiges Mädchen anpinkeln. Wanda ist eine zweiundzwanzigjährige Prostituierte mit einem kecken und attraktiven Gesicht und glänzenden blonden Haaren.

»Jeder Bursche würde gern das Mädchen anpinkeln, das er liebt. Das glauben Sie nicht? Sie sollten mal hinter den Vorhängen stehen, wenn ein Kunde bei mir ist. Ich sage zu jedem, den ich mit mir in mein Apartment nehme: ›Wie würde es dir gefallen, wenn du mich vollpissen dürftest?‹ und jeder einzelne Mann sagt daraufhin ›ja‹. Ich berechne das natürlich gesondert, darin liegt der Trick. Aber auch trotz dieses Umstandes wollen die Männer es tun. Ich sage Ihnen, nicht ein einziger Typ hat es bisher abgelehnt, mich anzupissen, obwohl das zwanzig Dollar extra kostet. Manchmal sind die Kerle so geil bei der Vorstellung, daß sie keinen Tropfen Pisse herausbringen.

Wir gehen in das Badezimmer und klettern in die Wanne. Ich ziehe meine ganzen Klamotten aus, und dann setze ich mich vor sie hin. Und sie pissen auf mich. Zuerst wollen sie es gar nicht glauben, vielleicht genieren sie sich auch anfangs noch ein wenig, aber für gewöhnlich pinkeln sie auf meine Brüste oder meine Schultern, und dann bekommen sie erst richtig mit, was sie eigentlich *tun*, und dann pissen sie mir ins Gesicht und in die Haare. Einige mögen es sogar, wenn sie mir geradewegs in den Mund schiffen. Klar, ich trinke das Zeug. Es schmeckt wie Salzwasser. Es macht mir nichts aus. Es ist ungefähr so, als wenn jemand warmes Wasser über einen ausgießen würde, obwohl es Urin ist. Wenn sie sich ausgepißt haben, dann dusche ich mich und wasche mich, und wenn ich Urin getrunken habe, dann spüle ich mir den Mund mit einem antiseptischen Mundwasser aus.

Ich habe das mit meinem eigenen Freund getan. Er weiß, daß ich eine Nutte bin. Ich mag das, wenn er mich bepißt, denn er ist etwas Besonderes. Es erregt mich, wenn mich die Typen anpissen. Manchmal wollen sie auch, daß ich auf sie pisse. Ich pisse direkt in ihre Gesichter. Die stehen darauf, das mögen sie. Einige holen sich dabei einen runter, wenn ich sie bepinkele.«

Ich will jetzt sicherlich nicht annehmen, daß sie ins Bad eilen, sich auskleiden, in die Badewanne hüpfen und warten, bis Ihr Mann nach Hause kommt, um auf Sie zu pinkeln. Meiner Meinung nach ist diese »goldene Dusche« etwas, das man mal probieren kann, wenn man gemeinsam eine Flasche Bourbon geleert hat und sich darauf vorbereitet hat, etwas zu machen, was mit Primitivität zu tun hat. Normal ist es auf jeden Fall nicht. Aber wenn Ihr Ehemann mal gelegentlich mit einem solchen Wunsch nach Hause kommt, dann erschrecken Sie bitte nicht. Es ist für Liebende, sexuell stabile Männer nichts Ungewöhnliches, wenn sie mal den Wunsch äußern, auf die Geliebte zu pinkeln.

Eine der neueren sexuellen Varianten, die immer mehr Popularität erlangt, ist das »Faustficken«. Als homosexuelle Gewohnheit gelangte diese Technik an das Licht der Öffentlichkeit, aber mittlerweile befassen sich auch Ehemänner und Liebhaber in Verbindung mit ihren Frauen damit, so daß sich der Aufwand lohnt, etwas näher darauf einzugehen.

Ein »Faustfick« ist exakt das, was das Wort verkündet. Ein Partner dringt mit seiner Faust in den Anus des anderen ein, um daraufhin so weit vorzudringen, wie das rein physiologisch zu bewerkstelligen ist. Ich habe das nie gemacht, also sollte uns das Betty, ein zwanzigjähriges Barmädchen aus New York, besser im Detail erklären können.

»›Faustficken‹ ist das Neueste überhaupt. Viele Männer wollen das, sie fragen sogar direkt danach. Ein Homosexueller zeigte mir das mal, während er es bei einem seiner Freunde demonstrierte. Ich konnte nicht glauben, was ich da sah. Das schaut so *unglaublich* aus, einfach verrückt. Immer mehr Burschen fragten mich danach, und ich tat es, weil es, wie ich annehme, zu meiner Arbeit gehört.

Das erste, was man zunächst einmal machen muß, ist, sich die Fingernägel zu schneiden, und zwar ganz kurz. Man kann einen Burschen sehr verletzen, wenn man das nicht beachtet. Dann schmiert man sich den Arm und die Hand mit einer Lotion ein, einer Creme oder etwas anderem. Es ist besser, wenn der Partner sich dabei auf das Bett herunterbeugt, die Beine spreizt und den Kopf senkt. Dann legt man seine Finger in die Handfläche und ballt die Hand zu einer Faust, aber der Zeigefinger bleibt dabei ausgestreckt. Das muß so aussehen, als hielte man eine Pistole.

Dann schiebt man den Zeigefinger in den Anus des Partners und dreht so lange, bis der After sich gedehnt hat. Nach dieser Drehbewegung schließt man mit dem Daumen zum hereingeschobenen Zeigefinger auf und dreht und drückt so lange, bis die ganze Faust vollkommen im Anus verschwunden ist, und zwar bis zum Handgelenk. Wenn man das zum erstenmal macht, dann sieht das vollkommen irre aus.

Dann schiebt man die Faust langsam und vorsichtig nach innen, aber man muß das wirklich sehr vorsichtig machen, damit man nicht die Darmwände verletzt. Das ist ein schauriges Gefühl. Zuerst fühlt sich alles warm und klebrig und eng an, und plötzlich hat man da drin das Gefühl von Leere und Weite. Man kann tatsächlich die inneren Organe des anderen fühlen und spüren, weil sie gegen die Faust stoßen. Ich schob meinen Arm bis zum Ellbogen hinein. Man merkt dann schon, wenn man aufhören muß, es gibt da einen bestimmten Punkt, denn der Betreffende beginnt zu stöhnen, wenn er das Gefühl nicht mehr länger ertragen kann. Viele, die das einmal versucht hatten und mir darüber berichteten, sind der Meinung, daß es sich dabei um die befremdlichsten Gefühle handelt, die sie je verspürt hatten. Es ist wohl etwas ganz Ungewöhnliches, was man durchmacht. Aber das Ganze ist auch irgendwie mit sexuellen Gefühlen verbunden. Für gewöhnlich hole ich demjenigen einen runter, dem ich mit der Faust in den Hintern fahre. Sie glauben ja gar nicht, wie sehr das die Typen erregt.

Ja, natürlich ist das gefährlich. Der liebe Gott mag die Menschen, für eine ganze Menge von Dingen erschaffen haben, aber ich glaube nicht, daß er sie erschaffen hat, damit sie ihre Fäuste in anderer Leute Arschlöcher schieben. Man muß dabei wirklich sehr umsichtig vorgehen, und man muß innehalten, wenn der Typ ›Stop‹ sagt. Es ist keineswegs ein Spiel.«

Wieder einmal sollten Sie sich ernsthafte Gedanken darüber machen, ob Sie sich dem »Faustficken« hingeben wollen oder nicht. Es ist eine Betätigung, die zu den Ursprüngen hinführen soll, wie viele Anhänger meinen, und sie erfordert eine gehörige Portion Vertrauen und Zuneigung unter den Partizipanten.

Weil wir uns gerade mit dem Eindringen in die Analorgane befassen, könnte ein Wort über den analen Geschlechtsverkehr nicht unangebracht sein. Heutzutage haben viele Mädchen davon gehört, selbst dann, wenn sie es noch nicht versucht haben, und viele Männer verbinden damit erotische Fantasien, wenn sie den Analverkehr bei ihren Frauen oder Freundinnen auszuführen gedenken. Meiner Ansicht nach sollte eine sexuell aufgeklärte und erfahrene Frau im Analgeschlechtsverkehr ebenso versiert sein wie im herkömmlichen Geschlechtsverkehr. Der Hintern kann ebenso erotisch und vielseitig verwendbar sein wie die Vagina, und es dauert nicht lange, bis einem nach entsprechendem Training der anale Geschlechtsverkehr so vertraut ist wie der konventionelle.

Vielleicht hört sich das so an, als würde ich eine ganze Menge von Ihnen erwarten. Vielleicht verspüren Sie auch eine Abneigung dagegen, Ihren jungfräulichen Hintern dem

Mann, den Sie lieben, zu offerieren. Der Analgeschlechtsverkehr hat aber eine lange und ehrwürdige Geschichte in den Annalen des Sexuallebens und geht zurück bis zu den erotischen Techniken des alten China. Wenn Sie entsprechende Vorkehrungen treffen, dann kann der Analverkehr aufs höchste stimulierend sein und eine aufregende Angelegenheit.

Aber ist das nicht eine *schmutzige* Angelegenheit? Angenommen, er schiebt seinen Penis in mich hinein und er kommt mit... na ja, Sie wissen was... bedeckt heraus – also, ich weiß nicht. Und tut das nicht *weh*? Ich könnte das nicht aushalten, wenn es schmerzen würde...

Soweit es um Schmutz (sprich: Kot) geht, enthält das untere Rektum, das so weit reicht, wie ein Penis reichen kann, nur dann Kotsubstanzen, wenn ein Mensch Stuhlgang hat. Ausgewaschen im Duschbad müßte es sauber sein; man kann dazu einen eingeseiften Finger benutzen, den man in den After schiebt. Aber man kann das Rektum niemals vollkommen von Bakterien befreien.

Doch wenn ein Mann die Kühnheit, den Mut zum Analverkehr besitzt, dann scheut er auch nicht vor einem Risiko zurück.

Abby, ein siebenundzwanzigjähriges Callgirl aus New Orleans, liebt teilweise den analen Geschlechtsverkehr. Abby ist schlank, verführerisch rothaarig, kleinbusig und recht keck.

»Mit dem Arschficken kam ich in Berührung, als ich dreiundzwanzig oder vierundzwanzig Jahre alt war, hauptsächlich deshalb, weil ich zu jener Zeit bereits drei Kinder hatte und eigentlich gar nicht mehr so eng war, als ich es hätte sein sollen. Mein Ehemann hielt viel vom konventionellen Verkehr, aber ab und zu wollte er auch mal etwas ganz anderes. Als wir also eines Abends ein wenig getrunken hatten, schlug ich vor, er möge mich mal in den Hintern ficken. Er saß auf der Bettkante, und sein Schwanz stellte sich sofort in die Höhe. Dann zog er mich zu sich und hieß mich auf seinen Schoß zu sitzen.

Ich glaube nicht, daß er es schon einmal zuvor gemacht hatte, denn er schob seinen Penis geradewegs und so tief wie nur irgend möglich in meinen After hinein. Ich schrie auf. Es tat so weh, wie man es sich überhaupt nicht vorstellen kann. Ich bat ihn, seinen Schwanz wieder herauszuziehen, und ich blutete. Ich brauchte mehrere Wochen, um über diesen Schock hinwegzukommen. Aber als wir es dann entsprechend vorbereitet wieder versuchten, entspannte ich mich und hatte so viel Spaß daran, wie ich ihn auch am sonstigen Geschlechtsverkehr habe.

Meine Ehe brach auseinander, ungefähr zu jenem Zeitpunkt, als ich in dieses Gewerbe geriet. Wann auch immer ich mich in den Hintern ficken ließ, jetzt also, sorgte ich dafür, daß alles bestens und ausreichend vorbereitet war. Ich wusch mich stets mit einem Spülgerät aus, nur Wasser, keine Seife. Wenn man Seife benutzt, kann das zu Reizungen führen. Dann rieb ich stets etwas Creme um meinen After, um gut vorbereitet zu sein. War der Kunde fertig, dann schmierte ich auch seinen Penis mit Creme ein, so daß er jedesmal ohne Schwierigkeiten in den After hineinschlüpfte.

Wenn man sich in den Hintern ficken läßt, dann ist das ein großartiges Gefühl, wenn man daran gewöhnt ist und sich entspannen kann. Das ist das große Geheimnis. Der natürliche Instinkt bewirkt, daß man alle analen Muskeln anspannt, selbst die vaginalen Muskeln, aber man muß gegen dieses Gefühl ankämpfen. Man muß sich auf den Schwanz des Burschen herunterdrücken. Das ist besser, als wenn man ihn sich hineinschieben läßt. Es ist exakt die gleiche Muskelbewegung, wie wenn man Stuhlgang hätte, also Muskeln öffnen, um etwas durchzulassen. Nur muß man hierbei etwas in sich aufnehmen.

Das muß langsam vor sich gehen, und es hilft sehr, wenn der Mann nicht zu wild und gierig ist. Zunächst wird es der Anfängerin nicht möglich sein, den ganzen Pimmel aufzunehmen. Beim ersten Mal kriegt man vielleicht nur die Eichel rein, sonst nichts. Aber wenn man seine Begeisterung nicht verliert und ständig trainiert, dann hat man eines Tages ein richtiges Faible dafür. Wenn man im Bett für ein wenig Abwechslung sorgen will, dann kann das Arschficken nicht schaden.«

Lydia, eine neunzehnjährige Prostituierte aus New York, erhielt den ersten Vorgeschmack auf Analverkehr, als sie gerade sechzehn Jahre alt geworden war, und seitdem gehört der Analverkehr zum ständigen Teil ihres Repertoires. Lydia ist eine mürrisch dreinblickende Blondine mit dünnen Armen, unproportioniert großen Brüsten und vollen, mit Lippenstift noch betonten Lippen.

»Die erste Person, die mich mit dem Analverkehr in Verbindung brachte, war tatsächlich mein Bruder. Er war achtzehn, und ich war sechzehn. Er versuchte ständig, an mir herumzufummeln und meine Titten zu betatschen und gab vor, alles im Spaß zu tun. Aber ich wußte, daß er es die meiste Zeit über ernst meinte. Ich ging einmal in sein Zimmer und fand ihn onanierend vor. Er gab sich keineswegs überrascht, wie man das von einem Bruder erwarten könnte. Er fragte mich einfach rundheraus, ob ich ihm nicht einen blasen wollte.

Ich nehme an, daß er ziemlich überreizt und geil war. Aber eines Tages, als meine Eltern ins Wochenende gefahren waren, brachte er drei Schulfreunde mit. Sie trieben mich in meinem Zimmer in eine Ecke, warfen mich auf den Boden und begannen, sich die Kleider vom Leibe zu reißen. Ich trat und kämpfte und schrie, aber niemand hörte mich.

Die Burschen hatten sich also die Sachen ausgezogen. Ich strampelte immer noch und wehrte mich, aber ich konnte mich nicht dagegen wehren, auf ihre Pimmel zu schauen. Sie waren darauf vorbereitet, mich zu ficken, so sah die Sache aus.

Brian, das ist mein Bruder, sagte, daß er mich zuerst ficken wolle, aber einer der anderen Jungens sagte, er könne das nicht tun. Er erklärte, daß Inzest ernsthafte Folgen haben könne, und obwohl Brian ganz wild war, hatte er doch Angst genug, es nicht zu versuchen. Er half den anderen, mir die Beine auseinander zu halten, während sich einer seiner Freunde auf mich schwang. Ich schaute mir den Burschen an, und ich konnte es nicht glauben. Er grinste mich an, ja, er lächelte sogar und versuchte sogar, mich zu küssen. Ich spuckte ihm ins Gesicht.

Er spritzte schon nach ein paar Sekunden, dann hüpfte der

nächste auf mich. Brian blickte furchtbar frustriert und sauer drein und sagte zu den anderen, er würde mich in den Hintern ficken. Er drehte mich auf den Bauch herum, und die anderen hielten mich fest, während er versuchte, mit seinem Schwanz in meinen Hintern einzudringen. Ich war vollkommen naß, voller Sperma von den anderen Burschen, und er schaffte es, seinen Schwanz hineinzubringen. Es war sehr schmerzhaft, als er zu stoßen begann, aber dann ließ der Schmerz immer mehr nach.

Das war nun keineswegs eine gute Erfahrung, noch dazu, wo es sich um den eigenen Bruder handelte. Aber trotzdem habe ich mit der Zeit Gefallen an dieser Technik gefunden. Ich fühle mich dabei ungewöhnlich gut, es reizt mich, und das Sexleben wird im allgemeinen wesentlich interessanter. In der nächsten Nacht hatte ich zwei Burschen über mir. Meine Freundin Elsa wurde auch hinzitiert, um mir mit den beiden behilflich zu sein, aber aus guten Gründen tauchte sie nicht auf. Einer der Burschen schlug vor, eine Münze zu werfen, um auszuknobeln, wer bleiben durfte und wer nach Hause gehen sollte. Der andere Bursche sagte nein und schlug vor, daß beide mich zur gleichen Zeit haben könnten. Also warfen sie ihre Münze doch, aber diesmal deshalb, um zu entscheiden, wer in meine Muschi und wer in meinen Hintern durfte.

Wir kletterten alle drei auf das Bett. Ich lag auf der Seite, während ihre Finger zwischen meinen Beinen herumfummelten. Der eine Bursche küßte mich von vorn, der andere mich von hinten. Sie betatschten beide meine Titten, so daß sich meine Brustwarzen ganz steif aufstellten. Dann nahm der Bursche vor mir seinen Schwanz in die Hand und schob ihn sanft in meine Muschi. Er tippte den anderen an und bedeutete ihm, seinen Schwanz in meinen Hintern zu schieben. Es war nicht ganz einfach, weil wir uns eine Zeitlang herumwälzen mußten, aber schließlich waren beide in mir drin, bis zu ihren Eiern. Ich konnte nicht feststellen, welcher Penis sich in mir am besten anfühlte. Es war herrlich. Ich hielt mich an den Schultern des Jungen fest, den ich vor mir hatte, und beide stießen auf mich ein, immer schneller und schneller. Ich konnte spüren, wie sich ihre beiden Pimmel gegenseitig rubbelnd berührten. Ich wußte, daß ich einen gewaltigen Orgasmus bekommen würde und schrie beide an, daß ich bald kommen würde. Sonst kümmerte ich mich um gar nichts. Ich wollte lediglich, daß sie mich fester und fester fickten. Für einen Augenblick wünschte ich mir, ich hätte vier Männer um mich herum, denn dann hätte ich noch zwei Pimmel in den Mund stecken können. Ich war nicht mehr Herr meiner Sinne. Ich schrie wohl wie verrückt, konnte mich aber gar nicht hören. Dann verspürte ich, wie es beide zur gleichen Sekunde kam, da kam ich auch. Ich strampelte, trat um mich, schrie und stöhnte. Als der Orgasmus nachließ, zitterte ich am ganzen Körper. Jede Sekunde hatte mir gefallen! Es machte mir nicht deswegen Spaß, weil ich ein paar Dollar dafür bekam oder zwei Burschen glücklich machte. Nein, ich liebte das alles, weil es mich so sehr erregte. Ich stand dabei vollkommen neben mir, und das geschieht nicht sehr oft im Leben.«

Ich hätte die Künste und Geschicklichkeiten des analen Geschlechtsverkehrs auch selbst bis hin zu allen zuckrigen Details erläutern können. Bestimmt sind Sie erwachsen und sensibel genug, um nicht den Fehler zu machen, anzunehmen, daß nur eine Nutte sexuelle Begeisterung dabei empfinden könnte, oder daß sexuelle Begeisterung nur eine unausweichlich *hurenhafte* Eigenschaft wäre. Könige und Königinnen, Grafen und Marquisen hatten ebenfalls analen Geschlechtsverkehr, aber wir sollten auch nicht denken, daß analer Geschlechtsverkehr einer höheren Gesellschaftsschicht vorbehalten bleiben müsse.

Nein, die Gründe, warum ich Lydias Bericht in dieses Buch mit einbezog, liegen auf der Hand: Diese Art von Verkehr entspricht durchaus den herkömmlichen sexuellen Wünschen vieler Männer. Ich möchte nur erreichen, daß Sie verstehen lernen, durch welche Dinge sich Männer erregen lassen und wie wenig sie doch darauf vorbereitet sind, sich erotische Befriedigung zu verschaffen. Unterschätzen Sie niemals die lustvollen Gefühle Ihrer Männer! Der Mann mag wohl fähig sein, diese Gefühle unter Kontrolle zu haben, er ist wohl auch dazu fähig, sich mit ganz gewöhnlichen sexuellen Abläufen zufrieden zu geben, aber andere Wünsche schlummern in seinem tiefsten Innern, irgendwo. Glauben Sie mir, Sie können sich dessen gewiß sein!

Ein anderer Spleen, der sich weltweit immer größerer Beliebtheit erfreut, ist das altbekannte Durchstechen von Körperteilen. Dazu gehören das Durchstechen der Ohrläppchen, des Außenohres überhaupt, das Durchstechen der Nase, das Durchstechen der Brustwarzen und sogar das Durchstechen der Schamlippen. Eine englische Hausfrau übersandte mir unlängst ein Bild von sich selbst, auf dem sie hüllenlos am Strand liegt und durch ihre Brustwarzen gestochen zwei große goldene Ringe trägt. Ein schwedisches Mädchen schickte mir ein Farbfoto, worauf ihre weitgeöffneten Schamlippen präsentiert waren, mit Ringen und kleinen Glöckchen dekoriert, die bei jedem Schritt klingelten.

Infibulation, wie diese verborgene und geheimnisvolle Kunst fachgemäß genannt wird, scheint unter Hausfrauen und Ehemännern weiter verbreitet zu sein als das bei professionellen Mädchen der Fall ist. Edward Thorne erwähnt in seiner Betrachtung hochgradig sexuell betonter Personen (*Sex Is Everything*) die Tatsache, daß er ein Mädchen traf, das seine Schamlippen mit zwei Ringen durchbohrt hatte, die durch ein kleines Vorhängeschloß zusammengehalten wurden. Ich traf (ebenfalls) eine Prostituierte, die interessant geschmückt war: sie trug an den Seiten ihrer Schamlippen acht mit Diamanten besetzte Stifte. »Es glitzert so schön«, sagte sie, »wenn ich ficke.«

Sehr wichtig ist es aber zu betonen, daß Sie, wenn Sie goldene Ringe in Ihrem Intimbereich tragen, das Durchstechen der Körperteile nicht selber vornehmen sollten. Lassen Sie es sich von einem versierten Arzt machen. Das gilt auch für Ihre Brustwarzen (die sollten allerdings keineswegs durchstochen werden, wenn Sie Kinder geplant haben – oder sich mit zukünftigen Kindern befassen, denen Sie die Brust geben wollen).

Es ist faszinierend, wie viele Männer sich dafür begeistern können, sich frauliche Bekleidungsstücke anzuziehen. Diese verrückte kleine Eigenschaft soll nun nicht bedeuten, daß diese Männer Transvestiten sind. Sie sollten versuchen, über dieses Wesensmerkmal mehr herauszufinden, ohne daß Sie gleich den Weg zu Ihrem Scheidungsanwalt antreten. Es muß an dem erotisierenden Gefühl liegen, ein stark erigiertes Glied in Nylonhöschen hineinzuzwängen und Seidenstrümpfe über muskulöse Beine zu ziehen. Das finden diese Männer wohl stimulierend. Erinnern Sie sich nur daran, daß wir alle mit maskulinen und femininen Elementen ausgestattet sind, die sogar Teil unseres Make-ups sind, und wenn sich ein Mann durch das Tragen von Frauenkleidern erregen läßt, dann liegt das nicht selten daran, daß er die feminine Seite seines Wesens Frauen vorführen will, die er gern mit der maskulinen Seite seiner Persönlichkeit erobern möchte. Mit anderen Worten: Er spielt zwei Rollen – sich selbst als Mann, aber auch die Rolle des Mädchens, das er gewinnen möchte.

Wenn dies psychologisch kompliziert erscheinen sollte, dann liegt das ganz einfach daran, daß es psychologisch kompliziert ist. Treten diese Verhaltensweisen nun bei Ihrem Mann auf, dann liegt kein Grund dafür vor, ihn als verrückt oder abartig zu bezeichnen. Was ist schon dabei, wenn er *Ihre* Höschen trägt und *Ihre* Strumpfhalter (oder Strümpfe oder Strumpfhosen) und sich mit *Ihnen* zu identifizieren versucht, weil er *Sie* zu erregen trachtet?

Hören wir Julie, ein dreißigjähriges Callgirl aus Detroit. Julie besitzt eine umfangreiche Palette weiblicher und ausgefallener Unterwäsche, Schuhe und Bekleidungsstücke. Diese Dinge hat sie nur deswegen angeschafft, um sie ihren Klienten zugute kommen zu lassen. Ihr Kundenkreis rekrutiert sich ganz aus Männern. Julie ist eine freundlich gesinnte, mütterliche Frau, die sich in einem Stil kleidet, den ich »Trauliches Hollywood anno 1965« nennen möchte.

»Meine Männer lieben diese Bekleidungsstücke, und sie behandeln sie besser, als manche Frau das tun würde. Diese Sammlung hilft nur, meinen Lebensunterhalt zu verdienen.

Die Stücke sind aus den besten Stoffen gemacht. Sie brauchen sich nur einmal die Unterwäsche anzuschauen, dann sehen Sie, wie teuer und schön sie ist. Meine Männer wissen das zu schätzen. Sie tragen sie mit Stolz.

Ich kann Ihnen nicht die genauen Gründe nennen, warum Männer so gern Frauenkleidung anziehen. Ich glaube, daß sich viele Männer sexy anziehen wollen, sexy wirken wollen, aber in unserer heutigen Gesellschaft gibt es keine Möglichkeit, so etwas in der Öffentlichkeit zu tragen. Eine Frau kann weit ausgeschnitten gehen, so daß ihre Brüste zu sehen sind, aber ein Mann muß einen Smoking tragen und ein weißes Hemd. Die Männer haben viel unterdrückte Sexualität in sich, die sie gern zur Schau stellen würden, und ich glaube, daß sie oft neidisch auf Frauen sind, die herumstolzieren und die Aufmerksamkeit auf sich lenken können. Ich hatte heute abend einen Mann hier bei mir, und wissen Sie, was er sagte? Er sagte: ›Julie, wenn ich eine Frau wär', dann würde ich, wenn ich dazu noch schöne Brüste hätte, so tief ausgeschnittene Kleider tragen, daß man meine Brustwarzen sehen könnte. Nicht ein einziger Mann um mich herum könnte dann die Augen so schnell von mir abwenden.‹

Dieser Mann war keineswegs ein Verrückter oder ein Spinner. Er sagte lediglich etwas, was viele Männer insgeheim fühlen. Möglicherweise können sie es nicht mit Worten ausdrücken, aber manchmal möchten sie, daß Menschen so offensichtlich hinter ihnen her schauen, wie das die Männer bei den Mädchen tun. Sie wollen feinmaschige Nylons tragen und Höschen, die im Schritt offen sind, auch schwarze Nylonstrümpfe und winzige Bikinis; aber weil sie Männer sind, dürfen sie das aus gesellschaftlichen Gründen nicht tun.

Ich bin kein Psychoanalytiker, aber ich glaube, daß ich die Motivationen dieser Männer begreifen kann. Die Frauen bringen den Männern oft neidvolle Gefühle entgegen. Sie beneiden die Männer um ihre Freiheit, ihr Geld, ihre Macht. Und niemand denkt, daß das verrückt ist. Ein Mann beneidet eine Frau ihrer erotischen Anziehung wegen, und das hält man für verrückt. Warum eigentlich?

Hier, in diesem Zimmer, kommen Männer zu mir und wollen Frauenkleider tragen, erotische Bekleidungsstücke. Ich verwehre ihnen das nicht, ich erlaube es ihnen, sie sollen ihre Wünsche Wirklichkeit werden lassen. Sie ziehen sich an, sie masturbieren, oder ich hole ihnen einen runter, und dann ziehen sie sich wieder aus und gehen heim zu ihren Frauen.

Glauben Sie nicht, daß es viel besser wäre, wenn ihre Ehefrauen ihnen ihre Unterwäsche geben würden und sagen würden: ›Hier, mein Liebling, das kannst du anziehen‹, oder: ›Möchtest du das nicht mal gern tragen, mein Lieber?‹ Wieviel Stolz würde das wohl eine Frau kosten, wenn sie es erlauben würde, daß ihr Mann ihre Höschen anzieht und sie ihm sagt, er sähe sexy darin aus? Ist der Preis, den man dafür zahlen muß, zu hoch? Keineswegs, oder was meinen Sie? Aber schauen Sie doch mal – dies hier kostet neunhundert Dollar. Bei vier Kunden habe ich das Geld dafür schon wieder eingenommen...«

Ich kann nicht stark genug betonen, daß Männer, die Frauenkleider tragen, keine Homosexuellen sind und daß, abgesehen davon, daß es eine Leidenschaft ist, die ihr Leben bestimmt, sie keineswegs in psychiatrische Behandlung gehören. Wenn Sie glauben, daß Ihr Liebhaber eine solche Neigung verbirgt, dann können Sie durchaus sein Vertrauen gewinnen, wenn Sie ihm liebevoll eines Ihrer Höschen zum Tragen anbieten. Sie werden ja sehen, ob ihm diese Vorstellung gefällt, aber sichern Sie sich ab: Sorgen Sie dafür, daß Sie nicht etwa Ekel zeigen oder Verärgerung, wenn er Ihrer Aufforderung nachkommt. Dann müssen Sie sich schon an der Situation beteiligen, so offenherzig und wohlgesonnen wie nur möglich. Wenn Sie sich erst einmal mit dem Gedanken abgefunden haben, dann werden Sie erkennen, daß man nichts Verrücktes oder Krankhaftes daran finden kann.

Es gibt Dutzende anderer Verrücktheiten auf sexuellem Gebiet, mit denen sich die Männer befassen. Einige Männer haben eine Vorliebe für bestimmte Teile des Körpers, wie Ohren oder Füße. Andere Männer wiederum finden am Sex nur dann Spaß, wenn sie ihn unter gewissen Umständen, zu gewissen Voraussetzungen, vollziehen können. Ein Mann aus meinem Bekanntenkreis bekommt nur dann einen Orgasmus, wenn ein Gebläse ihm eiskalte Luft über den Rücken bläst. Ein anderer Mann, so berichtete ein medizinisches Blatt, kann nur dann eine zufriedenstellende Erektion erreichen, wenn er ein Stirnband trägt.

Wenn Sie jetzt also entdecken sollten, daß Ihr Mann oder Liebhaber in dieser Beziehung einen Spleen hat, könnten sich bei Ihnen verschiedene Reaktionsmöglichkeiten einstellen. Sie könnten angewidert sein, denn es dürfte Ihnen seither möglicherweise beigebracht worden sein, daß alles vom »normalen« Sex abweichende unmoralisch oder ekelerregend ist. Sie könnten verwirrt sein, weil Sie sich nicht mit dem Gedanken abfinden können, daß Ihr Mann sich an den genannten Dingen und Methoden erregen kann. Vielleicht sind Sie auch verletzt, denn Sie könnten zu der Erkenntnis gelangen, Ihr Mann hege Wünsche, die Sie ihm nicht erfüllen können. Besser wäre es für Sie, sich tolerant zu zeigen, denn sonst wird die Frage zwischen Ihnen stehen: Warum erzählt er mir nichts davon?

Nun ja, es ist sehr schwer, irgend jemandem seine geheimen sexuellen Wünsche zu gestehen, ganz speziell sicherlich der Frau, die man liebt und respektiert. Ein sicheres Zeichen für eine wirklich tiefe und beiden Teilen zugute kommende sexuelle Verbindung, sexuelle Partnerschaft ist es, wenn jeder Partner seine Befriedigung darin sieht, dem anderen bei der Verwirklichung seiner erotischen Verlangensmustern behilflich zu sein und davon zu partizipieren. Denn wenn Ihr Partner eine sexuelle Neigung hat, die er vor Ihnen zu verbergen trachtet, muß das noch lange nicht heißen, daß Sie ihm nicht genug sein können. Es bedeutet ganz einfach, daß er sich scheut, Ihnen sein sexuelles Geheimnis anzuvertrauen. Es liegt an Ihnen, daß er erfährt, wie vorurteilslos Sie sind. Sie sollten sich darauf vorbereiten, seine kleine Neigung in Ihr tägliches Sexprogramm aufzunehmen. Und wenn er dem Muster von tausend anderen Partnern und Ehemännern entspricht, dann müßte er Ihnen eigentlich von sich erzählen, um Sie an seinen Neigungen teilhaben zu lassen.

Wäre das nicht besser, als wenn er die Dienste einer Prostituierten in Anspruch nehmen müßte, die darauf vorbereitet ist, nach Bezahlung einer entsprechenden Geldsumme seine Neigungen zu akzeptieren? Ich nörgle nicht an der Existenzberechtigung der Prostituierten herum. Ich gebe nur ganz einfach die eigenen Ansichten der Nutten wieder. Wenn die Frauen in sexueller Hinsicht besser geschult wären und mit sexuellen Fragen nicht so zimperlich umgehen würden, dann wäre die Hälfte der Männer, die zu Prostituierten geht, zu Hause bei den Ehefrauen.

Es ist unmöglich, die Summe zu schätzen, die für Prostitution in einem Jahr ausgegeben wird, aber von einigermaßen unterrichteter Seite wird angenommen, daß diese Summe z. B. in den USA den Milliarden nahe kommt, die für das Spiel, den Alkohol und für Zigaretten ausgegeben werden. Es könnte sogar soviel sein, wie die Amerikaner für ihre Rüstung ausgeben.

Ich erwarte nun nicht, daß Sie den sexuellen Neigungen Ihrer Partner ohne Rat und Hilfe entgegentreten. Dieses Buch kann durchaus dazu in der Lage sein, Ihnen genügend Hilfe zu vermitteln. Mitunter tut das auch die zuvorkommende Unterstützung eines verständnisvollen Freundes. Und dabei meine ich keineswegs jemanden, der die Hände über dem Kopf zusammenschlägt und sich umgehend zu einer Aussage bekennt, die ungefähr so lauten dürfte: »Ach, du Ärmste, ich glaube, du hast einen perversen Menschen zum Ehemann!«

Wenn Sie ganz einfach nicht wissen, wie Sie sich zu verhalten haben, wenn Sie gedanklich nicht mit den Neigungen Ihres Mannes oder Liebhabers konform gehen, dann zögern Sie nicht, mir zu schreiben. Ich werde mein Bestes tun, Ihre speziellen Fragen persönlich zu beantworten; möglicherweise kann ich auch Ihren Brief an eine zur Beantwortung qualifizierte Person weiterleiten. Sie sind nicht allein, meine Liebe, Sie sind nicht allein!

Es würde mich nicht überraschen, wenn Sie sich von folgendem leicht verletzt fühlen würden. Es handelt sich dabei um eine sexuelle Vorliebe, von der mir eine Prostituierte aus

Manhattan berichtete. Ein Kunde telefonierte mit ihr und bat sie, bei »einer speziellen Aufgabe« mitzumachen, wobei »dreihundert Dollar als Gegenleistung« zu verdienen wären. Sie sagte zu, allerdings mit der Einschränkung, es handele sich nicht um etwas Krankhaftes. Auch behielt sie sich eine Ablehnung vor, sollte sie entdecken, daß diese Arbeit nicht auf Ihrem Niveau liegen würde.

Diese »spezielle Aufgabe« stellte sich als grundsätzlich harmlos heraus. Ein reicher Mann mittleren Alters wünschte, daß zwei Mädchen sich an beiden Enden eines Zimmers gegenüberstellen sollten. Sie mußten schwarze, knappe Büstenhalter tragen, schwarze Höschen, im Schritt offen, schwarze Seidenstrümpfe – und sollten sich so gegenseitig mit Cremetorten bewerfen. Während dieses vonstatten ginge, würde der Kunde unter dem Tuch einer Kamera onanieren, also vollkommen verdeckt. Das klingt recht bizarr, aber das geschah im Zentrum von Manhattan im Jahre 1979!

Würden Sie es glauben, wenn ich Ihnen sagen würde, daß eine meiner liebsten und spleenigsten Sexstorys aus der viktorianischen Ära stammt? Damals wurde ein Mann eingesperrt, weil er das Schoßhündchen, den Pudel einer reichen Erbin, gekidnappt hatte. Seine Aussage zu diesem Vorfall gab er wie folgt bei einem Mr. Norton, einem richterlichen Beamten, zu Protokoll:

»Also, Euer Ehren, eine Hure lockte mich zu sich nach Hause, wo sich bereits einige ihrer Gefährtinnen befanden und wir uns daraufhin einen lustigen Abend machten. Irgendwann schlug man das Blindekuhspiel vor, und da ich der einzige Mann unter den Damen war, wurde weiter vorgeschlagen, daß alle Damen sich die Augen verbänden und diejenige einen Preis erhalten sollte, die meiner habhaft werden könnte. Selbstverständlich mußten sich alle Beteiligten ausziehen. O ja, das war nun mal ein lustiger Spaß, wie die Damen durcheinander hüpften, mit entblößten Körpern, sich gegenseitig fingen und festhielten, ihre Hände in jene Körpergegenden gleiten lassend, wo man sicher sein kann, ob man einen Mann gefangen hat oder nicht. Sie schlugen mir so fröhlich auf den

Hintern, daß ich versuchte, aus dem Zimmer zu laufen, als eine der Damen meinen Schirm zur Hand genommen hatte, der in der Ecke des Zimmers gestanden hatte, und einen mächtigen Satz in meine Richtung damit machte (der Teufel muß ihr das eingegeben haben). O ja, die Spitze des Schirmes drang in mein Fundament ein. Als die Dame den Schirm wieder herauszog, blieb die Stockzwinge zurück. Und da ist sie noch immer, und jedesmal, wenn ich seufze...«

»Jedesmal, wenn Sie was...?« fragte Mr. Norton.

»Also, jedesmal, wenn ich furze, wenn Ihnen das besser gefällt, dann pfeift die Stockzwinge – und die Hunde folgen mir dann und ich kann nichts dafür!«

Kapitel 7

# Wie man seine Sehnsüchte stillt

Jeder Mann und jede Frau hat sexuelle Hirngespinste. Sie können mild, aber auch wild sein. Jedermann hat sie. Und die Erfüllung dieser erotischen Wünsche und Sehnsüchte ist der Schlüssel zu einer erfolgreichen sexuellen Partnerschaft. Niemand kann für alle Zeit mit einem geheimen Wunsch hinter dem Berg halten. Und sollte es sich herausstellen, daß eine fantastische Idee in einer nicht gewünschten Richtung verläuft, so wird die Nichterfüllung Ihre Libido so lange irritieren, bis Sie Ihren sexuellen Wünschen freien Lauf lassen können.

Ein Grund, warum so viele Männer die Prostituierten besuchen, ist darin zu finden, daß diese Männer zu Hause nicht ihren sexuellen Wünschen gemäß leben können. Sehr oft, und das wissen die Männer in den seltensten Fällen, denken und fühlen auch ihre Frauen so. Aber es ist nicht leicht, sozial und emotional, wenn eine Frau ausgeht und für ihre sexuelle Befriedigung bare Münze bezahlen muß.

Nicht alle erotischen Wünsche sind komplex und leicht abzugrenzen. Ein Mann, dessen Frau während des Geschlechtsverkehrs nicht auf ihm sitzen will oder die keine Gründe dafür sieht, seinen Penis zu lutschen, wird trotzdem immer wieder lebhaften Fantasien nachgeben müssen, und zwar in bezug auf die herkömmlich-bekannten sexuellen Varianten. Ich erinnere mich, von einem frustrierten Mann befragt worden zu sein, wie es ist, ohne Kondom Geschlechtsverkehr zu betreiben: Seine Frau hatte sich hartnäckig geweigert, die Pille zu nehmen. Für ihn bildete dieses simple Geschehen den Mittelpunkt seiner sexuellen Wünsche und Begierden.

Andere Sehnsüchte sind extrem bizarr und werden beständig zum Ursprung sexueller Stimulans für den Betreffenden. Sie lehnen sich in Form und Inhalt mehr an die erotischen Träume an, als sie mit Tagträumen zu tun haben, und kommen, mit allen möglichen verblüffenden erotischen Vorstellungen, mehr aus dem Unterbewußtsein.

»Als ich in diesem Arbeitsbereich, in diesem Gewerbe begann, war ich erschrocken über die sexuellen Vorstellungen, mit denen Männer durchs Leben gingen«, sagte eine Prostituierte. »Man beginnt dann, ganz gewöhnliche Männer auf der Straße zu betrachten und sagt zu sich selbst: ›Dieser Bursche rennt herum, und in seinem Kopf befaßt er sich mit allerlei pornographischen Ideen! Irgendwie bezeichnet man seine eigenen sexuellen Vorstellungen nicht als Pornographie. Man sollte sich aber mit der Tatsache abfinden, daß sich jeder Mensch mit einem geheimen Spleen befaßt, der in seinem Hirn herumspukt.«

Es ist ein Fehler zu denken, daß jeder Mann seine geheimsten Fantasien auch ausleben möchte. Einige davon – wie oraler Sex, Analverkehr, Prügelstrafe oder die Sache mit dem Urinieren – möglicherweise schon. Aber viele der wilderen Triebe innerhalb sexueller Vorstellungskraft können unmöglich in das reale Leben transponiert werden und würden unweigerlich zur Enttäuschung führen, wenn man versuchen würde, sie umzusetzen. Sie könnten sogar gefahrvoll sein. Monique von Cleef erzählte mir einmal:

»Es ist nichts Schlimmes dabei, wenn man sich vorstellt, ausgepeitscht zu werden, denn der Schmerz vollzieht sich nur in der Einbildung, in der Vorstellung. Das wirkliche Auspeitschen sieht dann schon ganz anders aus.«

Nichtsdestoweniger bedeutet das Wissen um die sexuellen Wünsche Ihres Mannes einen großen Schritt nach vorn, immer in bezug auf Ihre eigenen sexuellen Kommunikationsbemühungen. Es kann Ihren Mann bereits erregen, wenn er mit Ihnen über seine Wünsche spricht. Vielleicht möchte er sie Ihnen ins Ohr flüstern. Auf jeden Fall sollte es, wenn er Ihnen von seinen geheimsten Wünschen erzählt, nicht dahin führen, daß Sie bis unter die Haarwurzeln erröten und ins Schlafzimmer eilen, um Ihren Mann die ganze Nacht über auszusperren.

Kommen wir also zu Annie, einer siebenundzwanzigjährigen Prostituierten aus Cincinnati, und wie sie ihre Kunden dazu ermuntert, ihr ihre dunkelsten Tagträume zu erzählen. Annie ist ein ruhiges und besonnenes dunkelhaariges Mädchen und spricht, eigentlich ungewöhnlich für eine Prostituierte, mit wohlgewählten Worten. Wenn Annie aber offen und freimütig über Sex redet, dann könnte man schon Gefahr laufen, einen kleinen Schock zu bekommen.

»Jeder Mann, der zu mir kommt, hat irgend etwas in sich aufgestaut, etwas, das er an anderer Stelle nicht loswerden kann. Mitunter ist es nichts weiter, als ein oder zwei Wochen keine sexuelle Betätigung gefunden zu haben; also kommt er nur, um zu ficken. Aber für gewöhnlich steckt mehr dahinter. Für gewöhnlich hat der Bursche etwas ganz Bestimmtes im Sinn, irgendwas Verrücktes, irgendwas, das in seiner Fantasie spazierengeht oder irgend etwas, das er einmal ausprobieren möchte, aber nicht kann, weil seine Frau sich entsetzt abwenden würde oder weil er nicht den Mut findet, ihr davon zu erzählen.

Ich hatte hier vor zwei oder drei Tagen einen Mann mittleren Alters, der mit mir sprechen wollte. Er war sehr gebildet, sehr elegant und trug goldene Manschettenknöpfe, von deren Preis ein vietnamesisches Waisenhaus hätte sechs Monate existieren können. Wir gingen in mein Zimmer, und er sagte: ›Ich möchte Sie bitten, mir einen ganz speziellen Gefallen zu tun.‹ Also erwiderte ich: ›Um was handelt es sich?‹ Er antwortete: ›Sie müssen erst versprechen, daß Sie meinem Wunsch auch nachkommen.‹ Ich sagte also ›Okay‹, denn ich hätte ja jederzeit meine Meinung ändern können. Dann erklärte er mir: ›Ich möchte Sie bitten sich vorzustellen, ich sei ein Hund und Sie seien ein junges, sechzehnjähriges Mädchen, das von diesem Hund vergewaltigt wird.‹ Na ja, das klang ja ganz ordentlich. Wenn der Bursche Lassie spielen wollte, warum nicht? Allzuweit konnte so etwas eigentlich nicht führen.

Ich zog also meine Sachen aus und er bat mich, ich solle mich rücklings auf den Teppich legen und die Beine öffnen. Er zog sich ebenfalls aus und holte aus seiner Aktentasche ein ekliges Hundefell hervor. Er band es sich um die Schultern und um die Hüfte. Dabei sah er vollkommen ernst aus, ich hätte allerdings fast gelacht, aber ich konnte mich beherrschen. Aus dem Aktenkoffer kam dann noch ein Kondom zum Vorschein, das vorn in die Nachbildung eines Hundeglieds mündete, mit einem spitzen Ende also. Ich hatte diese Dinger bereits mal gesehen, aber bisher hatte noch nie jemand den Wunsch gehegt, eines bei mir auszuprobieren.

Dann kroch der Kerl auf Händen und Knien in meine Richtung, bellend und hechelnd. Mit seiner Nase schnüffelte er an meiner Muschi herum und begann, an meiner Klitoris zu lecken. Bis dahin machte mir das alles gar nichts aus, und, um die Wahrheit zu sagen, es machte mich sogar richtig an. Als ich feucht zu werden begann, kletterte er auf mich und schob den Gummihundepenis in mich hinein. Er fickte auch wie ein Hund. Sein Hintern pumpte auf und nieder, und er kam schon, bevor er überhaupt so richtig in Schwung geraten war. Aber daran schien ihm überhaupt nichts gelegen zu sein. Das einzige, an dem ihm gelegen zu sein schien, bestand darin, daß ich auf dem Rücken lag, während er sein Sperma aus dem Hundepimmel herausdrückte und in meinen Mund laufen ließ. Er saß da vor mir und sagte: ›Das ist schönes Hundegelee, du mußt alles schlucken.‹ Ich folgte seinem Wunsch. Es schmeckte ein wenig nach Gummi, aber so ist das nun einmal.

Ich habe oft irgendwelche Kerle als Kunden, die ebenso spleenig sind. Ich glaube, daß es viele Männer gibt, die gerne sehen würden, wenn ein Mädchen von einem Hund gefickt wird. Na ja, immerhin kann man in den einschlägigen Pornoheften Bilder sehen, wo Mädchen es mit Hunden treiben. Aber keiner dieser Burschen hatte das Ansinnen, ein Hund sein zu wollen. Sicher, das tut keinem weh. Irgendwie ist es besser, wenn so ein Typ zu mir kommt, als wenn er in den Parks herumlungert, und zwar als Rin Tin Tin oder Lassie verkleidet, um junge Mädchen anzufallen. Es hat schon etwas Mitleiderregendes an sich, wenn er keine Frau finden kann, die ihn auf diese Weise befriedigt. Vielleicht ist er verheiratet, ich weiß es nicht. Warum sollte seine Frau protestieren? Ich kann die Frauen nicht verstehen. Die eine Hälfte von ihnen beklagt sich ständig, sie würden nicht richtig gevögelt, und die andere

Hälfte beschwert sich, daß die Ehemänner sie auf spaßige Weise bespringen möchten. Irgendwie kriegt man eben nicht alles, was man will.

Ich kann mir vorstellen, daß es einem Burschen sehr schwerfallen kann, einer Frau zu erklären, was er gern haben möchte. Können Sie sich vorstellen, dieser Hundefritze würde abends nach Hause kommen und sagen: ›Martha, hättest du etwas dagegen, wenn ich mich wie ein Hund verkleiden und dich auch wie ein Hund ficken würde?‹ Vielleicht hätte die Frau gar nichts dagegen, aber es ist schon ein Problem als Mann, ein solches Interesse seiner Frau gegenüber zu bekunden.

Es gibt da einen Trick, wie man Männer dazu bringen kann, daß sie einem verraten, was in ihren Köpfen herumspukt. Man beginnt damit, ihnen klammheimlich ein paar Fragen zu stellen, die mit ihrem Problem zu tun haben könnten. Wenn Sie so gewieft wie ich sind, können Sie sich sofort vorstellen, auf was der jeweilige Typ hinaus will, noch bevor er irgendein Wort verraten hat. Aber auch ich mußte da einige Überraschungen erleben. Ein Bursche wollte tatsächlich, daß ich eine Gummiflasche mit heißem Wasser fülle, nachdem er da hinein onaniert hatte, so daß ich das Ganze an kalten Abenden zwischen meine Beine legen konnte. Dann hätte er mich angerufen und gesagt: ›Hast du mein heißes Zeug zwischen deine heißen Oberschenkel gelegt, Baby?‹ oder so etwas in dieser Richtung. Mitunter kann man nicht erraten, was diese Typen für einen Spleen haben.

Will aber ein Mädchen die Wünsche ihres Liebhabers aus ihm herauskitzeln, dann muß sie ihn ständig mit Fragen bombardieren. Dabei muß sie so tun, als handele es sich dabei um ein Spielchen, ein ›Angenommen-wenn-Spiel‹, so daß das Ganze selbst ihr noch Spaß machen kann. Die Fragen könnten ja ungefähr so lauten: ›Würde es dir gefallen, wenn ich Strümpfe anziehen würde?‹ Oder: ›Möchtest du gern, daß ich meine Zunge in deinen Hintern stecke?‹ Oder: ›Möchtest du gern, daß ich deine Sklavin bin und dir einen Orgasmus besorge, so wie du ihn haben willst?‹

Männer haben eine falsche Vorstellung von den sexuellen

Gefühlen einer Frau. Sie sind so erzogen worden, daß sie denken, eine Frau sei schüchtern und prüde. Also behalten sie ihre geheimen sexuellen Wünsche im Kopf, um ihre Frauen nicht zu beunruhigen, und die ganze Zeit über haben ihre Frauen oder Freundinnen nichts anderes im Sinn als eine wirklich fantasievolle Nummer, mit einer Menge schmutzigem Gerede und einer Menge schmutziger Einfälle. Das einzige, was man als Frau da tun kann, ist mit *Suggestivfragen* zu kontern. Man sollte tatsächlich fragen: ›Möchtest du gern, daß ich deine Sklavin bin und dir einen Orgasmus besorge, so wie du ihn haben willst?‹ Der entsprechende Mann wird durch diese Frage ein wenig mehr Zutrauen gewinnen und etwas Dreckiges als Gegenleistung hervorbringen. Vielleicht wird er sagen: ›Ja, warum steckst du nicht einen Finger in meinen Hintern und bläst mir zur gleichen Zeit einen?‹ Das kommt seinen Vorstellungen schon sehr nahe, und ist man seinen Vorstellungen schon einmal nähergekommen, dann ist man auch bereit, sich sexuell mit ihm seinen Wünschen entsprechend zu betätigen. Das kommt dann von ganz allein.«

Ein bedeutungsvoller Rat für jene Frauen, die immer noch Zurückhaltung üben, wenn es darum geht, den Ehemann oder den Liebhaber aus seiner Reserve zu locken, damit er seine lüsternen und lasziven Tagträume enthüllen kann. Wie gesagt, es gibt keinen sexinteressierten Mann ohne ungewöhnliche Wünsche (dabei kommt es gar nicht darauf an, ob ein Mann sich offen dazu bekennt, oder ob er seine Sehnsüchte zu verbergen sucht). In der Historie stößt man immer wieder auf Männer, deren Öffentlichkeitsarbeit, deren Dienst am Menschen oder deren soziale Integrität außer Frage stehen, die aber trotzdem insgeheime erotische Geschmacksrichtungen haben, die den Marquis de Sade wie einen Tom Sawyer erscheinen lassen. Ungewöhnliche sexuelle Wünsche zu hegen ist sicherlich kein Zeichen für Schwäche, Krankheit oder Dekadenz, denn es gibt ja auch ungewöhnliche Geschmacksrichtungen im Hinblick auf Essen, Wein, Musik oder Hobbys. Es ist Zeit, daß wir damit aufhören, Sex als »niederen Instinkt« zu bezeichnen. Wir sollten endlich damit beginnen, Sex zu kultivieren, als etwas wirklich Erregendes und Vollendetes zu sehen, das dazu da ist, von zwei Menschen gemeinsam geteilt zu werden. Wenn Ihr Mann »abnormale« Vorstellungen hat, dann zeigt das lediglich, daß er einen eigenen Sinn für Sex hat, und darüber sollten Sie glücklich sein. Es gibt nur eine Alternative: Machen Sie auch weiterhin Ihr »Nümmerchen« wie letzte Nacht, und wenn's geht, mit den gewünschten Varianten...

Was sind denn nun die bekanntesten sexuellen Wünsche der Männer, und was tun die Nutten, um sie ihren Kunden zu entlocken? Einer der drängendsten, der stärksten Wünsche dreht sich um die Vergewaltigung, und das steht außer Zweifel: also um den erzwungenen Zugang zu einem Menschen. Männer sind eben gefährliche, gewalttätige Kreaturen, und physiologische Untersuchungen decken immer mehr auf, daß Männer, die in Angst- oder Erregungssituationen geraten, zu aggressivem Verhalten neigen, das heißt aber, daß sie auch die Teile ihres Gehirns aktivieren, die für das Lustdenken zuständig sind. Was bedeutet, daß ein Mann, der bei der Vergewaltigung einer Frau auf Widerstand von seiten dieser Frau stößt, im gleichen Maße mehr Lust an seinem Unterfangen bekommt. Wenn Sie sich nun mit Ihrem Mann durchaus in ein Vergewaltigungsverhalten hineinmanövrieren wollen, dann gibt es gewisse Regeln, die Sie beachten sollten. Hören wir hierzu Louisa, ein fünfundzwanzigjähriges Callgirl aus New York, und was sie zu den spezifischen Punkten der »Vergewaltigungstechniken« zu sagen hat:

»Zunächst einmal müssen Sie sich vergewissern, daß Ihr Mann bei seinem Wunsche, Sie zu vergewaltigen, durchaus ein Spiel zu betreiben gedenkt. Wenn Sie einem Mann widerstehen und es ablehnen, sich mit ihm sexuell zu betätigen, außer er befindet sich in Vergewaltigungsstimmung, dann gibt er auf und schmollt. Männer bekommen von ihren Frauen oftmals ablehnende Fingerzeige und ziehen sich dann sehr leicht in ihre Schmollwinkel zurück. Ist eine Frau den Wünschen des Mannes nicht gleich geneigt, dann sagt der Mann nicht selten: ›Also gut, wenn du nicht mit mir spielen willst, dann spielen wir überhaupt nicht mehr.‹

Befindet sich ein Mann allerdings in Vergewaltigungsstimmung, dann muß eine Frau vorsichtig sein und sorgfältig ihre Verhaltensweisen überdenken. Sie muß bis zu dem Punkt vorgehen, wo sie für ein Maximum an Erregung sorgen kann, ohne es ihm allzu leicht zu machen. Es darf aber auch nicht eine unlösbare Aufgabe für einen Mann werden. Wenn die Frau ihm die Aufgabe zu schwer macht, dann verliert der Mann seine Motivation ebenso wie seine Erektion.

Versucht er Sie zu küssen, dann drehen Sie Ihren Kopf zur Seite. Verschaffen Sie sich eine gewisse Distanz, machen Sie sich aber niemals ganz aus seinen Armen frei. Sie können sich an seinen Armen festhalten und Ihre Fingernägel hineingraben, aber reißen Sie sich nicht los. Bewegen Sie auch Ihre Hüften, drehen Sie sich, winden Sie sich, bringen Sie Ihre Brüste zum Hüpfen, das bringt den Mann auf Touren.

Führen Sie Ihren Kampf auf dem Boden. Erlauben Sie ihm, daß er Sie zum Bett zerrt oder zum Sofa oder zum Teppich. Es ist nicht besonders lustig, wenn Sie aufrecht stehen, die ganze Sache wird dann blödsinnig. Sie wollen Sex haben, aber keinen Weltmeisterschaftskampf mit Muhammad Ali.

Kratzen Sie ihn, spucken Sie ihm ins Gesicht, ringen Sie mit ihm. Beißen Sie ihn nicht. Wenn Sie einen Mann beißen, kann es passieren, daß er sehr schnell seinen Gleichmut verliert und in Zorn gerät. Versuchen Sie, Ihre Oberschenkel geschlossen zu halten und widerstehen Sie ihm, wenn er versuchen sollte, sie auseinander zu drücken. Machen Sie es ihm allerdings nicht unmöglich, aber es sollte auch nicht zu leicht sein. Was man auch nicht machen sollte: Treten Sie ihn nicht oder schlagen Sie ihn nicht auf die Hoden. Für diese Nacht wäre es dann mit dem Sexspiel auf jeden Fall vorbei, es könnte sogar passieren, daß der Mann erregt zurückschlägt und Sie verletzt.

Fährt er Ihnen zwischen die Oberschenkel, winden Sie sich und versuchen Sie, ihn davon abzubringen. Zerrt er an Ihrem Höschen, dann keuchen Sie, kratzen Sie und kreisen Sie mit den Hüften. Und wenn er es schließlich schafft, seinen Penis in Sie hineinzubringen, dann kratzen Sie weiter, stoßen Sie weiter und schlagen Sie um sich. Titulieren Sie ihn mit allem, was Ihnen in den Sinn kommt: ›Bastard! Mutterficker!‹ Aber nach einer Weile können Sie damit beginnen nachzulassen und Dinge zu sagen wie: ›Oh – dein Schwanz ist so groß und hart, er bringt mich um den Verstand!‹ Oder: ›Du machst mich kaputt!‹

Sie können stöhnen und sich ihm entgegenwerfen, und wenn das nicht seinen Pimmel zum Platzen bringt, dann weiß ich nicht, was noch helfen sollte. Ich habe einmal einer meiner Freundinnen dabei zugeschaut, wie sie diese ganze Show mit einem Burschen abzog. Wenn Sie alles gut beherrschen und dem Mann stets im letzten Augenblick nachgeben, dann ist er auf Ihrer Seite.«

Außer Vergewaltigung ist ein weiterer bekannter Wunsch das »Sklaven-Syndrom«. Damit bezeichnet man eine Begierde, die eng mit Sadismus und Masochismus verwandt ist, aber nicht ständig mit einem qualvollen Spiel in Verbindung gebracht werden muß. Für gewöhnlich sind es Dominanz und Erniedrigung, was viele Männer suchen.

Lesen wir hierzu, was Utta, ein zweiundzwanzigjähriges schwedisches Callgirl, zu sagen hat. Utta spricht über die Wege, wie sie entsprechende Tagträume in die Wirklichkeit transponiert. Sie ist eine aschblonde Skandinavierin, hat große feste Brüste und zwei Reihen blitzender weißer Zähne. Sie ist bei ihren Kunden sehr beliebt und verdient, gemessen am Standard Schwedens, eine ganze Menge Geld.

»Ich bin keine Sklaventreiberin, nicht so, wie es viele Mädchen tun oder sind. Viele machen eine Profession daraus, sich Männer als Sklaven zu halten, und das schaut alles furchtbar ernsthaft aus. Ich mag das nicht besonders, denn ich kann das nicht vollkommen ernsthaft sehen. Ich liebe aber Sexspiele. Ich kann die Rolle der Herrscherin, der Sklaventreiberin ebenso spielen wie die Rolle der Sklavin. Wenn ein Mann darauf vorbereitet ist, herumkommandiert zu werden, dann soll er haben, was er will. Ändert er aber seine Meinung und möchte an meiner Stelle sein, indem er *mir* sagt, was *ich* zu tun habe, dann kann er dies ebenso haben wie das Gegenteil.

Ich kenne hier einen Mann, der mich einmal im Monat besuchen kommt. Er ist verheiratet und bekennt sich freimütig dazu, daß er seine Frau liebt. Er kommt hierher, weil er die sexuellen Nöte, die er hat, nicht erläutern kann. Er gibt vor, Gefangener einer strengen jungen Dame (das bin ich) zu sein, die wiederum muß vorgeben, in ihm ein Dienstmädchen zu sehen. Er trägt dabei ein knappes schwarzes Kleid wie die französischen Serviermädchen, schwarze Strümpfe, hochhakkige Schuhe, eine Lockenperücke und eine weiße Haube. Ich muß nackt auf dem Sofa sitzen, während er mir Tee bringt, und muß ihn ›Claudine‹ rufen.

Ich bin sehr grausam zu ihm. Alles ist falsch, was er macht. Die Sandwiches sind nicht gut zubereitet, und der Tee ist zu schwach. Ich ordne an, daß er alles noch einmal macht. Er *will*, daß er noch einmal alles zubereiten muß. Dann sage ich ihm, daß er sein Kleid hochheben und zu meinem Vergnügen vor mir masturbieren soll, denn ich will, anstelle von Schlagsahne, Sperma in meinen Tee haben. Dann steht er dort mit angehobenem Kleidchen, bearbeitet seinen Pimmel, und erst dann kommt seine Fantasie so richtig in Fahrt. Ich sage ihm, daß ich massenhaft weißes Sperma haben will, gerade richtig für den Tee einer Dame. Je öfter ich ihm das erzähle, desto erregter wird er, bis zu dem Zeitpunkt, wo er kommt. Dann spritzt er sein Sperma in meine Teetasse. Ich muß umrühren und trinken, das gehört mit zu seinen Wünschen.

Dies ist allerdings nicht die wahre Sklavinnen-Gebieterinnen-Show, denn er hat seine Fantasie ja unter Kontrolle. Er kann auch alternieren. Er will dieses Spielchen nur spielen. Es gibt da noch einen anderen Mann, der von Zeit zu Zeit zu mir kommt. Ich sehe ihn zwar nicht sehr oft, aber er verlangt von mir, seine Sklavin zu sein. Er lehnt sich sitzenderweise auf Bergen von Kissen zurück, während ich ihn mit Obst füttern und alles tun muß, was er mir aufträgt. Ich muß nackt dabei sein, mit kleinen Ketten, die um meine Hände und Füße gelegt worden sind.

Manchmal trägt er mir auf ihn abzulecken, überall, von Kopf bis Fuß, was stets mit einer Fellatio beendet wird. Mitunter muß ich mich vor ihm hinsetzen und die Beine soweit wie nur irgend möglich spreizen, während er nahezu eine halbe Stunde damit verbringt, meine Vagina zu untersuchen. Ein anderesmal legt er sich auf den Rücken, während ich auf ihn klettern und ihn ficken muß, und das tue ich auch. Männer wie er zahlen für gewöhnlich sehr gut, denn sie wissen, daß sie selten jemanden zu solchen Dingen überreden können.

Ich bin auch in einigen Sex-Shows live aufgetreten. Es gefiel mir, denn ich glaube, daß ich ein wenig Exhibitionistin bin, aber die Kasse stimmt nicht so sehr wie hier bei diesem Job. Wenn man Sex live vermittelt, dann muß man zwei- oder dreimal pro Nacht ficken, aber mitunter fühlt man sich dazu überhaupt nicht aufgelegt. Manche Leute denken, ich würde die Männer verachten. Aber das stimmt nicht. Wenn man live in Sex-Shows auftritt, wo Hunderte von Männern einem gierig auf den nackten Körper starren, dann braucht das noch lange nicht zu heißen, daß man die Männer verachtet. Ich liebe die Art, wie Männer sich von Mädchen faszinieren lassen, und ich glaube, daß wir von den Männern als Gegenleistung gute Dinge erhalten. Männer und Frauen erregen sich gegenseitig aneinander, und so sollte es ja auch sein.

Diese ganze Geschichte von Dominanz und Unterwerfung klappt zwischen Männern und Frauen in fast jeder Situation. Man kann das jeden Tag an Dingen sehen, die mit Sex nichts zu tun haben. Da gibt es die Frau, die ihren Ehemann die ganzen Einkaufspakete tragen läßt; den Ehemann, der seine Frau vor anderen Leuten herunterputzt. Es ist alles Teil eines Persönlichkeitskampfes, der sich fortwährend zwischen Mann und Frau vollzieht. Es ist keineswegs überraschend, daß wir erotische Träume haben, die mit Sklaverei und Unterwerfung zu tun haben, ja geradezu damit verwoben sind. Was ich damit sagen möchte: Betrachtet man die Menschen, wie sie sich jeden Tag der Woche untereinander und gegeneinander verhalten, so können sexuelle Tagträume nur sehr schwer als ungewöhnlich oder anomal bezeichnet werden.

Während wir gerade Fantasiegebilde dieser Art zur Diskussion stellen, können wir auch gleich einen Blick auf sexuelle

Hilfsmittel werfen, zumal sie nicht selten mit sadomasochistischen Handlungen in Verbindung gebracht werden. Wenn ich von sexuellen Hilfsmitteln spreche, dann meine ich Vibratoren, Dildos und erotisches Gerät dieser Richtung. Die meisten Prostituierten verfügen über ein ganzes Sammelsurium davon.

Eigentlich sind diese Hilfsgeräte nie recht mehr als Futter für die Fantasie jedes einzelnen. Einige der grundsätzlichen Hilfsmittel, Vibratoren in Penisform also, wurden auch bei Sextherapien benutzt, und zwar in Fällen von Frigidität oder Impotenz. Aber viele andere sehen ungemein erotischer aus, als sie es in Wirklichkeit eigentlich sind. Und nach heftigem Gebrauch landen sie zumeist in den verstaubten Ecken einer Wohnung neben Tennisschlägern und zerbrochenen Sonnenliegen.

Denken Sie nicht, daß ich etwas gegen diese Geräte habe. So lange, wie Sie der Meinung sind, diese Hilfsmittel als eine Art Neuheit verwenden zu können, so lange können Sie auch den Mann in Ihrem Leben mit diesen unterhaltsamen und zumeist auch überraschenden Gegenständen in Freude versetzen – wenn Sie ihm nämlich ein solches kleines Geschenk aus den einschlägigen Katalogen der Postversandfirmen ins Haus schicken lassen. Ein Callgirl sagte mir einmal: »Die Idee, die hinter diesen Geräten steckt, erregt den Mann. Manche dieser Geräte sind wirklich irgendwie verrückt konzipiert, aber sie erregen die Menschen und deren Fantasievorstellungen, und mehr sollen sie auch nicht tun.«

Natürlich können Sie auch ein ganzes Arsenal von Cremes und gleitfähigen Lotions erstehen, z. B. »Rahmcreme«, eine Kakaobutter, die den Analverkehr erleichtern kann; oder die Peniscreme, die nach Erdbeere riecht, auf den Penis aufgetragen wird und den Geschlechtsverkehr verlängert, den Orgasmus des Mannes verzögert; dazu andere Sexgelees mit Orangengeruch, Lakritzen-, Trauben-, Bananen-, Kräuterwurzel-, Schokoladen-, Karamellen-, Pfefferminz-, Zitronen- und Limonellenaroma.

Sie können diese Gleitcremes in Verbindung mit den Vibratoren benutzen, die, falls Sie noch nie einen gesehen haben, phallusförmige Gegenstände sind, ausgestattet mit einem von einer Batterie oder elektrisch angetriebenen Motor, der summt, als beherberge er Bienen. Vibratoren gibt es in verschiedenen Größen, von der 10-Zentimeter-Taschengröße bis hin zum 25-Zentimeter-Riesen. Die meisten Sexhilfsmittel haben in irgendeiner Form einen Vibrator oder Vibratormotor.

Sie können Hüllen aus Latex kaufen, die man über den Vibrator zieht, entwickelt und ausgestattet mit unterschiedlichen Designs, als Hilfsmittel gedacht, die Vagina zu stimulieren. Es gibt Umhüllungen, die genau wie männliche Penisse aussehen (und tatsächlich auch nach echten männlichen Gliedern modelliert wurden), und es gibt Umhüllungen, die Zungen oder Fingern ähneln. Einige davon sind mit Höckern ausgestattet, mit Stacheln und mit Gummilaschen und werden unter verschiedenen Namen angeboten (in den USA als »Pointed Lungers« oder »Humpers Helpers«).

Es gibt allerdings auch ähnliche »Hautmäntel« und Anhängsel für den Penis Ihres Mannes, womit er Sie möglicherweise erregen kann (oder sich selbst). Diese Hilfsmittel sind zumeist Kondome, Spezialkondome, die mit Noppen und Ringen besetzt sind, um Reizzustände verursachen zu können.

Dann gibt es eine große Auswahl an Dildos, künstlichen Penissen also, die Sie zu Ihrer eigenen Erregung benutzen können, aber auch in Verbindung mit dem Penis Ihres Mannes. Es gibt sogar einen Riesen unter diesen Dildos (»Eselszureiter« genannt), der es bis auf eine Länge von 40 Zentimetern bringt, dazu noch gekrümmt ist und für Mädchen gedacht ist, die einen gewaltigen erotischen Appetit entwickeln. Dann gibt es ein 15 Zentimeter langes und gerades penisähnliches Ding, das den Namen »Zerstörer« trägt, sowie eine ganze Menge verschiedenartiger Dildos in Normalform und Normalgröße, einschließlich eines »doppelköpfigen« Gerätes, das der Mann zur gleichen Zeit in seinen After schieben kann, während die Gegenseite in Ihre Vagina eingeführt wird. Die neueste Errungenschaft auf diesem Gebiet heißt in den USA der »Krümmer«, die ist ein Dildo mit einer kleinen, mit der Hand zu bedienenden Kurbel an der Unterseite. Man steckt ihn sich in die Vagina, bedient die Kurbel und bekommt bei entsprechender Handhabung ein seltsames bohrendes Gefühl vermittelt.

Während Sie sich selbst mit Ihrem dem Penis nachempfundenen Gerät erregen können, haben die Hersteller sexueller Hilfsmittel keineswegs Ihren Mann vergessen. Er kann sich selbst (oder Sie erledigen das für ihn) den »automatischen Lutscher« kaufen, ein Gerät, das man am Zigarettenanzünder im Auto anschließen kann und das beim Mann automatisch die Funktionen der Fellatio übernimmt. Und dann gibt es noch die aus Latex gefertigte und der weiblichen Vagina nachgebildete Erfindung, die dafür garantiert, daß sie sich wie eine »echte« Vagina verhält. Ich kenne die Frau eines Managers, die ihrem Mann stets eine Latex-Vagina einpackt, wenn er auf längere Geschäftsreisen geht. Sie behauptet, hiermit die beste Investition gemacht zu haben, um sich der ehelichen Treue ihres Mannes zu versichern.

Ungeachtet der Beteuerungen ihrer Hersteller haben diese Hilfsmittel eine begrenzte Lebensdauer und verlieren bereits nach kurzer Zeit das Flair des Neuen und damit ihren erotischen Wert. Das gleiche gilt für Pornographie, die einige Prostituierte benutzen, damit sich ihre Klienten »aufgeilen« können, insbesondere dann, wenn sie beschäftigt sind und der eine oder andere Kunde warten muß. Als ich in Stockholm für *Private* arbeitete, das dort bekannte Pornomagazin, schrieben mir viele Paare, daß diese Pornohefte bei ihnen für wirkliche Erregungszustände sorgen würden und sie in den für Sex geeigneten Zustand versetzen könnten. Ich stimme dem zu, daß Sexpublikationen nützlich sind, aber sie können keinesfalls eine sexuelle Verbindung erneuern oder wiederbeleben, die dem Untergang geweiht ist. Auch sind sie durchaus keine Alternative für raffinierte außergewöhnliche Liebesspiele.

Benutzen Sie Pornohefte ganz einfach dazu, Ihrem Mann gelegentlich etwas Zusätzliches zur »Hausmannskost« zu bieten. Viele Männer sehen sich diese Hefte äußerst gern an, aber nur wenige nehmen sie mit nach Hause und offerieren sie ihren Frauen. Wenn Sie die Bürotische in der Wallstreet oder in Manhattan (in den Geschäftsvierteln) ausmisten könnten, dann, glaube ich, könnten Sie wohl die größte Sammlung von Pornoheften in ganz Amerika zusammentragen. Seitdem viele Männer zum erstenmal mit zwölf Jahren über einem Pornoheft masturbierten oder sich dabei erotische Fotos betrachteten, seitdem sehen sie diese Hefte als schmutzig an, als etwas, was man vor den Augen anderer verbergen muß. Unabhängig davon, ob *Sie* sich durch diese Pornomagazine erregen lassen und Ihrem Mann gestehen, daß Sie seine Leidenschaft für diese erotischen Bilder teilen, sie bleiben trotzdem verschlossen in den Schreibtischen.

Vielleicht sind Sie auch der Meinung, daß Abbildungen anderer Paare während des Vollzugs des Geschlechtsverkehrs Sie nicht erregen könnten. Frauen tendieren weniger dazu, sich von solchen »Reißern« aus zweiter Hand in Erregung versetzen zu lassen. Männliche Voyeure stellen die Frauen da bei weitem in den Schatten. Aber man sollte ruhig (als Frau) etwas darüber wissen, wie und in welcher Art sich Männer am ehesten an Pornobildern aufgeilen. Achten Sie bitte auf das, was Debbie, ein dreiundzwanzigjähriges Callgirl aus New York, das ihre eigenen Ansichten und Theorien über Pornographie hat, zu diesem Thema zu sagen hat:

»Ich richtete es immer so ein, daß ein Besucher für eine oder zwei Minuten warten mußte, wobei ich ihm einen Platz in der Nähe des Schlafzimmers auf einer Couch anwies. Dort steht nämlich ein Tisch, und darauf stapeln sich die Pornohefte. Ich gehe im Zimmer umher, glätte das Bett oder überprüfe mein Make-up. Wenn ich dann zurückkomme, hat der Kunde für gewöhnlich eines dieser Hefte in der Hand und liest darin.

Ich habe alle möglichen Hefte dort liegen. Ganz gewöhnliche, die den Geschlechtsverkehr zeigen, Hefte über sadomasochistische Praktiken, Hefte in Schwarzweiß, Sex mit Tieren, Sachen für Gummifreaks, Sklavereiliebhaber und so weiter. Nennen Sie mir was, ich hab's dort liegen. Was auch immer der Bursche aus diesen Heften herauspickt, es gibt mir einen Hinweis auf das, was ihn beim Sex stimuliert oder ihm vorschwebt. Ich nehme an, Sie würden vorschlagen, noch weiterzugehen und den Betreffenden zu fragen, welche Bilder ihn am meisten in Erregung versetzen, denn so könnte man ja ganz genau herausfinden, was ihn am Sex so unbedingt fasziniert.«

Einige Paare, die sexuell gut miteinander harmonieren, mögen es, wenn sie gemeinsam Pornohefte durchblättern und sich gemeinsam etwas aussuchen, was sie beide besonders erregt, was ihnen gefällt. Mitunter sind sie auch die »Stars« ihrer eigenen Pornofotos (respektive Filme). Hieran sind besonders Männer interessiert, davon berichteten mir viele Prostituierte. Unglücklicherweise liegt die Schwierigkeit darin begründet, daß viele Männer einfach nicht dazu in der Lage sind, ihre Frauen zu einer Mitwirkung an ihren »hausgemachten« Pornofilmen zu bewegen, also bezahlen diese Männer Prostituierte dafür.

Ella, eine achtzehnjährige Prostituierte aus New Jersey, beschreibt eine »Do-it-yourself«-Pornoverfilmung mit einem ihrer Kunden im mittleren Alter. Ella hat ein kindhaftes, stupsnasiges Gesicht und ist besonders bei den Männern beliebt, die sich mit Mädchen unter Zwanzig sexuell abgeben.

»Ich stellte eine Polaroid-Kamera, und alles, was er zu tun hatte, war zweihundert Dollar zu bezahlen. Wir benutzten ein Motelzimmer außerhalb von Newark. Er bat mich, einen schwarzen Seidenbüstenhalter zu tragen, also borgte ich mir einen von einer Freundin. Ich bestückte die Kamera mit einem Farbfilm, und wir verschlossen die Tür. Ich sagte ihm, er könne machen, wonach ihm der Sinn stünde.

Zunächst bat er mich, mich vollkommen auszuziehen, den Büstenhalter ausgeschlossen. Auch er zog seine Sachen aus. Er hatte einen großen Schwanz, daran erinnere ich mich ganz genau. Er machte ein paar Aufnahmen von mir, wie ich dort neben dem Bett stand, dann auf dem Bett sitzend, dann mit hinter meinem Kopf verschränkten Armen. Dann machte er eine ganze Reihe weiterer Aufnahmen, vielleicht zwanzig oder so, wobei ich sitzend meine Beine geöffnet hielt. Er wollte, daß ich meine Pussy vollkommen entblößte, so daß er eine ganze Reihe Nahaufnahmen machen konnte.

Er schoß auch ein paar Masturbationsaufnahmen, Bilder also, bei denen ich mir die Finger in die Pussy und in den Popo gesteckt hatte. Das schien ihm alles sehr zu gefallen, denn er hatte zu diesem Zeitpunkt schon einen gewaltigen Ständer.

Als nächstes ging ich in das Badezimmer, wo er von mir ein paar Fotos machte, während ich in der Badewanne stand und hineinpinkelte, wobei mir der Urin an den Beinen herunterlief. Er wollte sogar Bilder von mir haben, wie ich auf der Kloschüssel saß. Für sein Geld bekam er schon einiges von mir.

Ich nehme an, daß er so ungefähr fünfzig Fotos schoß. Manche Männer wollen noch mehr machen. Ist mir ja geichgültig. Er legte sich zum Abschluß noch auf mich und fickte mich. Ich nehme an, daß diese Bilder als Souvenirs einer guten Nummer gedacht waren. Aber manchmal frage ich mich schon, warum diese Männer nicht ihre Frauen fragen, damit die ihnen Modell stehen. Zweihundert Dollar sind doch kein Pappenstiel.«

Manchmal sind diese Heimfilmabende wesentlich ergiebiger und einfallsreicher gestaltet, so daß die Kunden einen Kameramann beauftragen, eine oder mehrere Prostituierte zu fotografieren. Wenn man das Risiko der Erpressung bedenkt, dann scheinen diese Filmabende allerdings nicht unbedingt ein sehr guter Zeitvertreib zu sein. Aber es hat schon etwas für sich, vor einer Kamera sexueller Betätigung nachzugehen. Männer lassen sich dadurch gewiß erregen.

Kommen wir noch einmal zu Ella, die eine »Sitzung« mit einigen ihrer Bekannten beschreibt:

»Ich weiß nicht, wer der Mann war. Ich kann mich nicht sehr gut an Gesichter erinnern. Ich war ganz sicher, ihn schon einmal im Fernsehen gesehen zu haben, vielleicht auch in einer Zeitschrift oder sonstwo. Er wollte eine Negerin und eine Weiße und jemanden, der die Bilder schoß. Ich rief Marla an. Sie ist eine Negerin, die ich von der Schule her kenne, und sie versprach, vorbeizukommen. Sie sieht wirklich toll aus, groß, schwarz und im Afrolook, mit riesigen Brüsten, obwohl sie schlank und geschmeidig ist. Sie kann sogar *mich* erregen, nun stellen Sie sich mal vor, wie sie erst auf Männer wirken muß.

Na ja, wie auch immer, ich dachte, ich hätte diesen Kerl schon einmal im Fernsehen gesehen oder so. Wir trafen in einer Hotelsuite mit ihm zusammen. Mein Cousin Joe brachte seine Pentax mit, Lampen und alles, was dazugehört. Marla erschien in einem knappen, winzigen Kleid aus Goldsatin und hohen goldfarbenen Schuhen. Ihr Kleidchen war so kurz, daß man die Backen ihres schwarzen Hinterns sehen konnte, und alles, was sie darunter trug, war ein goldfarbener Minislip.

Auch ich sah nicht schlecht aus. Ich trug einen cremefarbenen Hosenanzug, so eng, daß man die Haare an meiner Pussy einzeln zählen konnte.

Joe stellte die Scheinwerfer auf, und Marla, der TV-Fritze und ich zogen uns aus. Zunächst machte Joe ein paar Aufnahmen von Marla und mir, wie wir den Burschen küßten und ihm am Pimmel und den Hoden herumspielten. Dann kamen wir zur Sache. Ich leckte ihm den Hintern, während Marla seinen Schwanz im Mund hatte. Joe machte auch davon seine Bilder. Dann wurde Marla fotografiert, in Verbindung mit mir, wie wir seinen Penis lutschten und küßten. Und da kam es dem Mann. Joe machte fünf oder sechs Aufnahmen von uns, wie wir das Sperma im Gesicht und auf den Lippen hatten.

Danach schafften wir es, den Pimmel des Kunden noch einmal steif zu bekommen, und Joe machte ein paar Fotos von ihm, wie er mich fickte, wobei Marla ihn leckte. Die letzten Aufnahmen kamen zustande, während der TV-Fritze Marla in den Hintern fickte. Das waren vielleicht irre Aufnahmen. Der Typ saß auf einem Stuhl, der Pimmel stand steif von ihm ab, und Marla saß auf seinem Schoß, während der Schwanz halbwegs in ihrem schönen Hintern steckte. Ich saß unter dem Stuhl und leckte ihm die Eier, während er Marla fickte. Irre.«

Es ist sehr schwer, aus Ella mehr herauszubekommen, als nur die rein mechanischen Techniken des Geschlechtsverkehrs. Für sie war der Kunde nichts Besonderes, obwohl sie sich schwach daran erinnern konnte, sein Gesicht schon einmal im Fernsehen betrachtet zu haben. Außerdem ließen ihre sexuellen Abenteuer mit ihm jedes Gefühl von Emotion vermissen.

Wenn sie das Wort »irre« in den Mund nimmt, dann spricht sie wie ein Waschmaschinenverkäufer, der ein neues Modell anpreist.

Ich weiß, daß es leicht ist, sexuelle Erfahrungen wiederzugeben. *Alles*, was mit Sex zu tun hat und mit wenig Gefühl beschrieben wird, klingt einfach kaltblütig, klingt schrecklich ernüchternd – sogar jene Dinge, die *Sie* letzte Nacht mit Ihrem Liebhaber veranstalteten. Bringen *Sie* Ihre Liebesspiele einmal wörtlich zu Papier, und das Ganze wird sich wohl auch nicht viel anders anhören.

Ich möchte damit sagen, daß, wenn Sie Ihre eigenen Empfindungen den Sexualtechniken hinzufügen, die Ella beschrieb, diese sich verwandeln können. Erfüllt mit wirklichem Gefühl werden sogar die wildesten sexuellen Fantasievorstellungen zu einer liebenswerten Lebenspraxis. In der Unterhaltung klingt z. B. das Wort »Arschfick« ebenso vulgär und häßlich wie wenn man es in geschriebener Form vor sich sieht. Aber wenn Sie diese Praxis einem Mann zuteil werden lassen, den Sie lieben, dann verändert dieses harte Wort seinen Sinn. In Verbindung mit Liebe kann es innig und sogar poetisch sein.

Es gibt da einige Sexualpraktiken, über die man besser zweimal nachdenken sollte. Sie sind teilweise Bilder der Fantasie, der Einbildung, aber wenn diese Einbildung zur Wirklichkeit wird, dann könnten Sie sich ebenso wie Ihr Partner verfänglichen Problemen gegenübersehen.

Ich spreche über Gruppensex, Partnertausch und Orgien.

Gruppensex, Partnertausch und Orgien passen recht gut zu den schwungvollen kosmopolitischen Gesellschaftskreisen Hollywoods oder New Yorks. Aber es gibt sehr weniges, um das man diese beschwingten Kreise beneiden sollte. Sexuell gesehen, sind die meisten dieser Leute frustriert, unbefriedigt und, um es grob zu sagen: abgefuckt.

Soweit mich das betrifft, können sie Gruppensex betreiben, Partner tauschen und Orgien feiern, solange sie nur wollen. Sie kennen alle nicht den Lohn, den intime, lebendige sexuelle Partnerschaften bringen können, bei denen man sich gegenseitig liebt und achtet.

Mit dieser meiner Meinung könnten Sie annehmen, daß es für mich geradezu heuchlerisch wäre, ein Diskussionsthema wie dieses hier in den Raum zu stellen. Aber so ist das nicht. Ich nehme eben an, daß Sie nicht wissen, wie Sie sich selbst verhalten sollen, wenn Sie unvorbereitet in eine solche Sache hineinschlittern. Deswegen sprach ich mit einer ganzen Reihe von Mädchen, die mit Gruppensex zu tun hatten, und fragte sie, wie man sich am besten richtig verhielte.

Jo, ein zwanzigjähriges Starlet des Pornofilms mit hübschen, wallenden brünetten Haaren und mit einem sommersprossigen Gesicht, berichtet:

»Ich glaube, daß ich zu meiner ersten Gruppensexparty ging, als ich achtzehn Jahre alt war und gerade meinen ersten Film machte. Es war allerdings kein Pornofilm. Ich mußte lediglich im Hintergrund stehen, barbusig, und ich mußte dabei lächeln und mich im Takt der Musik bewegen. Ich habe den Film nie gesehen, also weiß ich auch gar nicht, wie das Lächeln und das Sich-Bewegen ausgesehen haben. Ich glaube, es war ein kleines Nudistenfilmchen, wo ein unschuldiger Junge in eine Nudistenkolonie gerät und beim Herumwandern zu vermeiden trachtet, einen Ständer zu bekommen.

Ich war noch so grün, daß Sie es nicht glauben würden. Der Kameramann lud mich zu einer Party ein, mit einem Augenzwinkern, und sagte, ich solle an dem Abend keine Höschen tragen, denn es wäre so eine Art Party, wo man so etwas nicht tragen würde. Ich war so naiv, daß ich annahm, es handele sich um eine Party am Swimmingpool, wo wir möglicherweise nackt herumschwimmen würden.

Der Kameramann holte mich an meiner Wohnung ab und fuhr mit mir zu dieser Party. Es wurde gerade dunkel, und als wir die Einfahrt zu dem Haus hinaufgingen, sah ich Vorhänge im Wind flattern und erkannte ein nacktes Mädchen, das am Fenster stand und herausblickte. Ich wollte erst nicht glauben, was ich da sah, aber dann wurde mir klar, daß ich mich im sonnigen Kalifornien befand und daß es hier niemand so recht genau nahm.

Der Kameramann klopfte an die Tür. Ich glaube, es war eine

Geheimtür, die von einem Burschen geöffnet wurde, der uns daraufhin einließ. Auch hier das gleiche: Ich traute meinen Augen nicht. Der Türöffner war vollkommen nackt, und sein Pimmel stand ihm kerzengerade vom Leibe ab. Ich versuchte nicht hinzusehen, aber mir wurde schon etwas mulmig zumute, und ich ängstigte mich, weil ich nicht wußte, auf was ich mich da eingelassen hatte.

Ich ging mit in das Wohnzimmer und wäre beinahe tot zu Boden gefallen. Ich konnte nicht glauben, was ich hier mit meinen eigenen Augen sah. Der Raum war lang, mit Teppichen ausgelegt, mit Sofas, Stühlen und dicken Vorhängen versehen. Er war nur sehr schummrig beleuchtet, Musik war zu hören, aber alle Leute, die ich dort sah, waren vollkommen nackt. Und als ich erst mitbekam, was die da taten...

Ich sah Mädchen, die die Pimmel von irgendwelchen Männern im Mund hatten. Ich sah zwei Männer, vollkommen verschwitzt und keuchend, die mit einem Mädchen beschäftigt waren. Das Mädchen schrie und wälzte sich herum. Überall sah man Paare, die sich vögelten, und solche, die kein Wort sprachen, weil sie die Pimmel irgendwelcher Leute in ihren Mündern hatten.

Ich war naiv, aber zu diesem Zeitpunkt wußte ich, daß ich hier schleunigst verschwinden sollte. Wenn ich mich hier weiter vorwagte, dann mußte ich auch auf dieser Party bleiben. Und wenn ich auf dieser Party bleiben würde, dann müßte ich auch ficken. Ich konnte sehen, wie der Kameramann mich von der Seite ansah, mit hochgezogenen Augenbrauen. Ich nehme an, daß mir meine Gefühle vom Gesicht abzulesen waren. Nun, ich überlegte mir das alles reiflich... und blieb. Ich zog meine Klamotten aus, faltete sie zusammen und begab mich ebenso nackt wie die anderen unters Volk.

Der Kameramann war tatsächlich der erste. Er pellte sich aus seinen Jeans, schneller als man eine Banane schält, und kam mit seinem Rohr zu mir, das härter als ein Felsbrocken war. Er umarmte mich von hinten, und ich konnte spüren, wie sich sein Ständer gegen meinen Hintern drückte. Er küßte mich und sagte: ›Dreh dich um.‹ Ich drehte mich um und erwiderte seine Küsse. Dann sagte er: ›Knie dich hin.‹ Ich tat es. Es gehörte zu dieser Party. Man tat, was die Leute einem auftrugen, und die Leute taten, was man von ihnen verlangte. Wenn man zu einer solchen Party geht, dann muß man die Regeln akzeptieren, wenn nicht, dann ist es besser, man dreht sich um und verschwindet.

Wie auch immer, ich kniete mich vor den Kameramann hin, nahm seinen harten Pimmel in die Hand und steckte ihn in meinen Mund. Sie werden es mir nicht glauben, aber das war das erste Mal, daß ich den Pimmel eines Mannes in meinem Mund hatte. Er fühlte sich weicher an, als ich erwartet hatte, und er schmeckte nach Salz. Ich lutschte eine Weile an diesem Stengel, dann aber drückte mich der Mann zurück auf den Fußboden. Er öffnete meine Oberschenkel und glitt in mich hinein.

Er war sehr lieb. Er küßte mich und sagte eine Menge netter Dinge zu mir. Er wußte, daß ich unverdorben war und versuchte, mich sanft an Sex zu gewöhnen. Während sein Schwanz rein und raus ging, empfand ich etwas, das ich bisher noch nie empfunden hatte. Ich blickte mich um, und nur ein paar Zentimeter von mir entfernt konnte ich den Arsch eines Mädchens sehen, dessen Muschi vom Pimmel eines Mannes blockiert war. Ich konnte das Gesicht des Mädchens nicht sehen, aber ich konnte seinen dicken roten Schwanz sehen, der sich vor und zurück bewegte, wobei die Schamlippen des Mädchens ihn fest umschlossen.

Ich glaube, wir kamen alle vier zusammen. Ich sah, wie die Muschi des Mädchen sich verkrampfte und der Schwanz des Mannes fast vollständig in ihr verschwand. Ich wußte, daß es ihnen kam, also kam es mir auch, und als es mir kam, spritzte auch der Kameramann. Das war wieder eine Premiere für mich. Zum erstenmal in meinem Leben schrie ich laut im Orgasmus. Ich fühlte mich danach, denn ich hatte es noch niemals mit irgendeinem Mann in einer solchen Umgebung getrieben.

In dieser Nacht fickte ich mit fünf Leuten. Ich erinnere mich an eine Szene, worin ich mich, auf Händen und Knien, auf dem Sofa wiederfand. Ein Typ fickte mich von hinten, und ein anderer stand vor mir und ich blies ihm einen. Wir gingen so um zwei oder drei Uhr nachts; der Abend war ein voller Erfolg gewesen.

Ich ging danach zu mehreren solcher Partys, und ich muß dazu sagen, daß ich die Kurve gekriegt hatte. Ich vergaß all meine Hemmungen und ging nur hin, um wie verrückt zu ficken und um all die fantastischen Dinge zu tun, die man auf solchen Partys tun kann.

Ich lernte, daß man sich den Leuten ablehnend gegenüber verhalten kann, mit denen man nicht ficken möchte. Es ist ganz einfach, wirklich. Man tut das genau so, wie man sich der Burschen zu entledigen trachtet, mit denen man auf dem Hochschulball nicht tanzen möchte. Man hält ihre Hand, schaut ihnen tief in die Augen und sagt: ›Tut mir wirklich leid, aber die nächste Nummer habe ich meinem Freund versprochen.‹ Das bewirkt, daß sie sich abwenden und einen für gewöhnlich in Ruhe lassen. Aber man darf nicht vergessen, daß so etwas nur für Typen gilt, die man nicht ausstehen kann. Wenn man zu einer richtigen Rudelbumsparty geht, dann muß man sich darauf vorbereiten, mit jedem Anwesenden ficken zu können. Wenn man das nicht kann, dann darf man dort nicht hingehen.

Irgendwann gab ich dann diese Gruppensexpartys auf, weil ich eifersüchtig wurde. Ich hatte einen tollen Typen kennengelernt, und obwohl ich immer noch eingeladen wurde, konnte ich mich nicht mit der Vorstellung anfreunden, daß er mit anderen Mädchen schlief. Ich glaube, daß es ihm auch nicht gefallen hätte, wenn ich ständig mit anderen Männern geschlafen hätte.

Also ging ich nicht mehr hin. Mitunter spielt mir meine Erinnerung noch irgendwelche Fantasiebilder vor, und mein Freund sagte, wir sollten uns mal an einer Orgie beteiligen. Aber ich glaube, wenn man sich mit dem Gedanken trägt, zu einer Orgie zu gehen, daß dann die Beziehung zu einem einzelnen Mann in den letzten Zügen liegt. Wenn man einen Mann sehr liebt und wenn man *eifersüchtig* ist, dann sieht die Sache anders aus.

Wenn ich irgendeinen Ratschlag erteilen soll, und zwar an solche Leute, die mal an einer Orgie teilnehmen möchten, dann möchte ich ihnen raten, sich so zu verhalten, als wären sie allein und hätten keinen Partner.«

Ich fragte Jo, wie sie sich verhalten würde, wenn ihr Partner den Besuch einer Orgie vorschlagen würde oder auf Partnertausch aus wäre. Würde sie darauf vorbereitet sein, seinen Wunschtraum zu erfüllen?

»Nein, nie. Wenn ich ihm nicht genug bin, dann kann er seine Sachen packen und verschwinden. Ich will damit nicht sagen, daß ich ihn nicht vermissen würde, und ich will auch nicht sagen, daß ich nicht heulen würde, aber wenn er denken sollte, ich könnte ihn nicht allein befriedigen, dann wäre ich nicht bereit, solche Alternativen einzugehen.«

Ein anderes Mädchen, Rena, ein sechsundzwanzigjähriges Callgirl aus Denver, erzählte mir, daß es hin und wieder an provinziellen Orgien teilgenommen hatte, und zwar als eine Art »Aushilfe«, oder daß sie gebeten worden war, als »Strip- und Bumsmieze« aufzutreten. Rena ist mit einem fünfundvierzigjährigen Mann verheiratet, einem Fernfahrer, der große Strecken zurücklegen muß und lange Zeit nicht zu Hause sein kann. Sie sagt, daß er weiß, daß sie für Geld Liebe verkauft.

»Ich persönlich mag Orgien. Ich glaube, daß dadurch ganz gewöhnliche Leute die Möglichkeit haben, sich einmal gehenzulassen, ihre Fantasien auszuleben. Sicher, es würde vielleicht besser sein, wenn sie ihre Wunschbilder mit ihren eigenen Frauen oder Ehemännern ausleben könnten. Aber ich glaube, daß sie dazu viel zu sehr gehemmt sind. Nur in einer Gruppe können sich diese Leute mitunter völlig gehenlassen. Haben Sie schon mal einen Menschen gesehen, der ganz allein einen Aufstand gemacht hat? Viele Leute haben nur Mut, wenn sie in der Gruppe sind. Wenn alle etwas tun, fühlen sie sich sicher.

Aber mein Tip für alle Mädchen, die einmal an einer Orgie teilhaben möchten, ist: Hingehen, wenn man den Partner wechseln möchte, mit dem man gerade zusammen ist; ansonsten sollte man so etwas fernbleiben. Denn wenn Menschen zu einer Orgie gehen, dann bedeutet das, daß sie nach etwas Neuem Ausschau halten. Einmal oder zweimal auf einer Orgie sagte ein Typ zu mir: ›So etwas wie dich habe ich schon mein ganzes Leben gesucht.‹ Die Frau des Mannes befindet sich vielleicht in einer anderen Ecke des Raumes und sagt die gleichen Worte zu ihrem derzeitigen Partner. Wenn man eine Orgie unter dem Gesichtspunkt betrachtet, seinen Partner als Tauschware mitzubringen, um selber ein paar gute Sachen einzutauschen, dann, nehme ich an, ist das genau der richtige Platz dafür.

Tausende und aber Tausende von Männern tragen sich mit dem Gedanken, an solchen Partys teilzunehmen. Aber in ihren Wunschbildern kommt Eifersucht nicht vor, denn wie kann man bei einem Denkprozeß dieser Art Eifersucht empfinden? Wenn ich der Typ Frau wäre, die eng mit ihrem Freund verbunden ist, dann würde ich niemals mit ihm zu einer Orgie gehen, und ich würde ihn auch niemals allein gehen lassen. Ich würde für ihn allein eine tolle Sexshow veranstalten und alles mögliche tun, denn instinktiv wüßte ich, daß er, wenn er zu einer solchen Orgie ginge, mit mir nicht zufrieden wäre und daß er nie frohen Herzens zurückkommen würde.«

Sie sehen also, daß es Zeiten gibt, wo man den Wünschen seines Liebhabers *nicht* nachgeben sollte, und zwar dann, wenn das eine Gefahr für Ihre Partnerschaft bedeuten könnte. Ich will damit nicht sagen, daß Paare nicht zu Partys gehen sollen, wo Partner getauscht werden, Orgien gefeiert werden und Gruppensex betrieben wird und wo man dennoch unbeschädigt wieder daraus hervorgeht, aber meine persönliche Erfahrung hat mir gezeigt, daß man häufig nicht ungeschoren davonkommt.

Um dieses Kapitel positiv und mit einer fröhlichen Note abschließen zu können, möchte ich sagen, daß es gut ist zu wissen, daß man auch für Fantasien sorgen kann, mit denen sich der Liebhaber dann stets beschäftigt. Plazieren Sie kleine sexuelle Einfälle bei ihm, an die er sich immer dann erinnert, wenn er an Sie denkt und die bewirken, daß Sie dadurch erotisch unvergeßbar werden.

Tricia, vierundzwanzig Jahre alt, eine Prostituierte aus New York, spricht über einige Überraschungstaktiken, die dafür sorgen, daß ihre Kunden stets zu ihr zurückkommen.

»Ich glaube, die einzige Möglichkeit, einen Mann sozusagen einmalig zu erregen, besteht darin, daß man ihm etwas vermittelt, was er nicht erwartet. Ich wecke einen Mann mitten in der Nacht auf, indem ich ihm einen blase. Sie können das ruhig mit einem Mann machen, und er wird Sie sein ganzes Leben lang nicht vergessen. Nur die Vorstellung allein – er liegt in seinem Bett und plötzlich verspürt er Ihren Mund um seinen Penis und kriegt einen Steifen, ohne daß es ihm sonderlich bewußt wäre. Was denken Sie, wird er wohl machen?

Dann gibt es noch andere Sachen, wie zum Beispiel die Überraschungsnummer. Man liest doch ständig von irgendwelchen Frauen, die ihre Männer an der Tür in einem schwarzen Negligé erwarten. Was denken Sie, wie oft so etwas geschieht? Eigentlich nie. Ein Mädchen sollte so hinter der Tür stehen, wie ich das mache, wenn mein Freund nach Hause kommt. Ich warte nackt auf ihn, und ich grabsche ihn mir, sobald er die Tür hinter sich zugemacht hat, noch bevor er überhaupt weiß, was gespielt wird.

Mitunter, wenn er darauf vorbereitet ist zu gehen, öffne ich seinen Hosenschlitz und fordere eine weitere Nummer, bevor er verschwindet. Die Männer mögen eine solche Behandlungsweise.

Manchmal mache ich meinen Freund eifersüchtig, indem ich in einer durchsichtigen Bluse ausgehe oder ein ungewöhnlich kurzes Kleid anziehe. Wenn er so lange nörgelt, bis wir dann wieder nach Hause gehen, dann nimmt er mich bei unserer Rückkehr, nur um feststellen zu können, daß wir noch zusammengehören. Eifersucht macht ihn an. Er weiß, daß ich eine Nutte bin, und er weiß auch, daß ich in der Zeit, wo ich ihn nicht sehe, mit fünf oder sechs Männern schlafe, aber er mag das.

Ich glaube, daß Frauen oder Mädchen ihre Männer vollkommen in der Hand haben könnten. Alles, was sie machen müssen, besteht nur darin, ihn sich zu greifen – und zwar zu einer Zeit, zu der er es nicht erwartet, nach seinem Pimmel zu greifen und ihn anzuheizen. Sagen wir mal, er will zur Arbeit gehen und sein kleines Weibchen allein in Westchester zurücklassen. Warum zieht dieses kleine Weibchen sich nicht aus, verriegelt die Tür und sagt: ›Erst muß du mich ficken, sonst lasse ich dich nicht gehen‹. Dann muß er nachdenken, was wichtiger ist: Arbeit oder Sex.

Wenn er seine Frau fickt, dann kann er den letzten Zug nehmen und sich wohl fühlen. Wenn sein Boß ihn fragt, warum er zu spät kommt, hat er immer noch Zeit, sich eine plausible Entschuldigung auszudenken, aber die ganze Zeit über kann er in der Bahn sitzen und denken: ›Ich verspäte mich, weil ich gerade meine Frau im Flur gefickt habe...‹

Lassen Sie mich mal etwas sagen: Wenn Sie das, was ich gesagt habe, in Ihr Buch schreiben, und wenn jedes Mädchen, das dieses Buch liest, ihren Freund zu einem Zeitpunkt anheizt, wo er es nicht erwartet, dann werden eine ganze Menge Menschen glücklicher sein. Wäre das nicht schön?«

## Kapitel 8

# Nachspiel

Das Leben eines Callgirls bringt Millionen von Erfahrungen mit sich. Hier konnte nur von einigen die Rede sein. Was Prostituierte an sexueller Erfahrung angesammelt haben, käme dem Inhalt eines gewaltigen und unerschöpflichen Warenhauses gleich, das jede Nacht mit Vorräten ergänzt wird.

Ich verleugne nicht, daß viele der Techniken und Tricks, von denen in diesem Buch die Rede war, nahezu unverdauliche Leckerbissen sind. Aber da ich sehr viel über Frauen weiß, die zur Liebe fähig sind, erfüllt mich die Zuversicht, daß Sie eine Möglichkeit finden werden, diese Techniken und Tricks zur Freude des Mannes einzusetzen, den Sie lieben.

Ich schrieb dieses Buch, weil ich wollte, daß Sie es lernen, mit den sexuellen Nöten und Wünschen eines Mannes umzugehen; dazu waren die Ratschläge der Frauen sehr hilfreich, die es gelernt haben, mit diesen Forderungen zu jonglieren. Vieles, was an Worten aus dem Mund einer Prostituierten kommt, ist derb und grell, kompromißlos sozusagen, und weit davon entfernt, »schön« genannt zu werden. Aber ich habe meine Geduld mit jenen »Sexlehrbüchern« verloren, die versuchen, Zucker über die Realitäten physischer Liebe zu streuen. Sex ist romantisch, und auch verzuckerte Gefühlsregungen haben ihre Berechtigung, aber Sex ist auch nackt und primitiv und ekstatisch. Er wirkt ebenso auf die Nervenenden wie das warme und schöne Gedanken tun.

Dieses ist wohl das erste mutige und unverschlüsselte Sexbuch, das ganz speziell für Frauen geschrieben wurde. Deshalb ist es auch verständlich, daß so viele Frauen daran mitgewirkt haben. Ich weiß, daß es für Sie wichtig ist, alle Seiten männlicher Sexualität zu sehen. Nur so können Sie versuchen, den erotischen Wünschen und Erfordernissen eines Mannes gerecht zu werden. Nur so können Sie verlangen, daß er im Sinn einer absoluten Gleichberechtigung Ihren eigenen erotischen Bedürfnissen entspricht. Und dazu ist es eben vonnöten, daß man auch einen Blick auf die Schattenseiten wirft.

Sie haben ein Recht, alles über Sex zu wissen, und Sie haben ein Recht darauf, die Wege kennenzulernen, auf denen man einen Mann bei der Stange hält, ihn erregt und veranlaßt, einem treu zu bleiben. Deshalb wurde jede Meinung in diesem Buch von Frauen abgegeben, die auf Grund ihrer langjährigen Erfahrungen exakt genau wissen, über was sie reden.

Ich habe versucht zu verdeutlichen, daß die genannten und geschilderten Sextechniken von Prostituierten angewendet und auch erläutert werden. Das muß natürlich noch lange nicht bedeuten, daß Sie sie *auch wie eine Nutte anwenden*. Nutten machen solche Dinge, weil die Männer, die zu ihnen kommen, für diese geforderten Dienste *bezahlen*, und obwohl es Männer gibt, die einem Fimmel haben, weil sie für diese Dienste bezahlen, muß gesagt werden, daß die meisten Männer all diese geschilderten Episoden wohl doch gern zu Hause erleben möchten. Mit Ihnen also.

Einen Mann in sexuelle Erregung zu versetzen und ihn dann zu befriedigen, muß noch lange nicht heißen, etwas »Hurenhaftes« zu tun. Jeder erotische Akt, mit Liebe und Zutrauen ausgeführt, hat seine eigene Würde. Ich kann verstehen, daß es Ihnen nicht leichtfallen wird, sich in eine Badewanne zu setzen und vom Ehemann ins Gesicht urinieren zu lassen. Aber wenn Sie beide darin eine sexuelle Befriedigung finden, mehr als in Ihrem ehelichen Leben bisher, dann ist dies ein Akt, der seine eigene Bedeutung hat. Auch darüber sollte stehen: *Alles, was du tust, erfüllt mich mit Erregung und Liebe*.

Für Sie und Ihr eigenes sexuelles Leben mögen einige der in diesem Buch beschriebenen Techniken unausführbar, ungeeignet oder Ihrer eigenen Anschauung nach zu progressiv sein. Sie müssen Ihre Wahl treffen. Doch werden Sie nur durch die simple Tatsache, daß Sie dieses Buch lesen, erkennen, daß es nicht ungewöhnlich ist, einen unterschiedlichen erotischen Appetit zu haben; auch werden Sie lernen, nicht gleich aus den Schuhen zu kippen, wenn Ihr Liebhaber oder Ehemann mal mit einem ausgefallenen Wunsch auf Sie zukommt. Denn dieses Buch mit all den darin festgehaltenen Meinungen der Mädchen, die mithalfen, daß es zustande kam, hat einen Wert, der nicht von der Hand zu weisen ist.

Wie schon ein Mädchen im Vorwort so treffend sagte, haben Prostituierte nicht unbedingt ein Herz aus Gold. Aber ich war doch überrascht, wie freimütig sie die Idee an mich herantrugen, daß Frauen und Freundinnen all das mit ihren Männern bewerkstelligen könnten, was die Nutten mit ihren Kunden tun. Es ist verblüffend, wie viele sexuelle Partnerschaften und Ehen davon profitieren könnten, wenn die genannten Tricks und Techniken im eigenen täglichen Leben angewandt würden.

Viel Glück, viel Liebe und allzeit gutes Gelingen!

# Exquisit Sachbuch

*In der Heyne Taschenbuchreihe
»Exquisit Sachbuch«
erscheinen interessante Beiträge
internationaler Autoren über alle Gebiete
der Erotik und Sexualität.*

J. Aphrodite
**Erotische Fantasien der Frauen**
16/128 - DM 5,–

Dan Abelow
**Der vollkommene Sex**
16/130 - DM 6,–

Xaviera Hollander
**Xavieras Supersex**
16/136 - DM 6,–

Robert Chartham
**Noch mehr Spaß am Sex**
16/143 - DM 5,–

Günther Hunold
**Sexualität in der Sprache**
16/152 - DM 6,–

Günther Hunold
**Abarten des Sexualverhaltens**
16/159 - DM 5,–

Xaviera Hollander
**Xavieras fantastischer Sex**
16/162 - DM 5,–

Günther Hunold
**...vergiß die Peitsche nicht**
16/167 - DM 5,–

Günther Hunold
**Sappho und ihre Schülerinnen**
16/177 - DM 4,–

Xaviera Hollander
**Meine erotischen Leckerbissen**
16/182 - DM 5,–

Günther Hunold
**Hetären, Callgirls und Bordelle**
16/194 - DM 5,–

Graham Masterton
**Erotische Traumphantasien**
16/199 - DM 6,–

Bernhardt J. Hurwood
**Sinnliche Lippen**
16/204 - DM 5,–

George Mazzei
**Vibrierende Lust**
16/210 - DM 5,–

Arenander/Björkmann
**Studentenliebe in Schweden**
16/216 - DM 5,–

Allen Edwardes
**Juwel im Lotos – Sexualpraktiken im Orient**
16/222 - DM 7,–

Hermann Schreiber
**Erotische Texte**
16/232 - DM 7,–

Samuel Dunkell
**Sex der sieben Sinne**
16/240 - DM 6,–

**Illustrierte Sittengeschichte**
2 Bände in Kassette
16/245 - DM 20,–

Aaron Hass
**Der Frühreifen-Report**
16/251 - DM 7,–

René Masson
**Was Frauen schon immer über Sex und Männer wissen wollten**
16/257 - DM 6,–

Robert Chartham
**Was Frauen anmacht**
16/263 - DM 5,–

Rona Barrett
**Wie man verführt und sich verführen läßt**
16/268 - DM 7,–

John Miller (Hrsg.)
**Erotische Hilfsmittel**
16/273 - DM 6,–

Preisänderungen vorbehalten.

*Wilhelm Heyne Verlag München*

# ❖ *Exquisit* **modern**

*Die Sammlung »Exquisit modern« hat sich zur Aufgabe gestellt, literarisch anspruchsvolle erotische Romane und Erzählungen der Gegenwart im Taschenbuch vorzulegen.*

Jean de Berg
**Der Dorn im Fleisch**
16/191 - DM 4,-

Curtis Eady
**Zwillingsbetten**
16/196 - DM 6,-

Ludwig Mau
**Die roten Muscheln**
16/198 - DM 6,-

Xaviera Hollander
**Meine wilden Jahre**
16/201 - DM 5,-

Percy Quinn
**Die Rothaarige**
16/209 - DM 5,-

Conde de Cordoba Manolito
**Mein Hirschpark**
16/212 - DM 5,-

Heidemarie Hirschmann
**Chef nach Chef**
16/215 - DM 5,-

Serge Delarue
**Die Nackte und die Morgenröte**
16/218 - DM 6,-

Carlo Immundus
**Die Anhalterin**
16/221 - DM 5,-

Lennart Osbeck
**Besser als Austern**
16/224 - DM 5,-

Bernard Barokas
**Besessenheit**
16/227 - DM 5,-

Judy Sonntag
**Das vergnügliche Leben der Lieblingssklavin Innifer von Theben**
16/230 - DM 5,-

Börje Norrström
**Bei Anruf Liebe**
16/233 - DM 5,-

Claude Charles
**Perlmuttmuscheln**
16/239 - DM 6,-

Marion Rosen
**Brigitte und Marion**
16/242 - DM 5,-

Shirley McCoin
**Geliebte des Satans**
16/247 - DM 5,-

Charles More
**Die kleine Venus**
16/250 - DM 5,-

Harry Bond
**Die Verführung**
16/253 - DM 5,-

Anonymus
**Umarmungen**
16/256 - DM 5,-

Marie Carbon
**Lippenspiele**
16/259 - DM 5,-

Lee Gerald
**Die Orgie beginnt um neun**
16/262 - DM 6,-

Jonathan Quayne
**Geheimnisvolle Freuden**
16/265 - DM 6,-

Preisänderungen vorbehalten.

Wilhelm Heyne Verlag München

# Exquisit **KUNST**

**Marquis de Sade: Juliette**
Exquisit Kunst
60 erotische Originalstiche
16/207 - DM 8,–

**Max Kislinger: Erotische Holzschnitte und Aquarelle**
Exquisit Kunst
16/213 - DM 8,–

**Galante Kupferstiche aus dem Frankreich des 18. Jahrhunderts**
Exquisit Kunst
16/219 - DM 7,–

**Marquis Franz von Bayros: Im Garten der Aphrodite**
Erotische Zeichnungen und Illustrationen
Exquisit Kunst
16/225 - DM 8,–

**Michael von Zichy: Liebe**
Das erotische Œuvre des Hofmalers von Zar Alexander II.
Exquisit Kunst
16/231 - DM 7,–

**Look-Book 1**
Exquisit Kunst
16/234 - DM 5,–

**Die Liebeslaube**
Erotische Zeichnungen des Rokoko
Exquisit Kunst
16/237 - DM 7,–

**Johann Wolfgang von Goethe: Johann Wolfgang von Goethes Sammlung erotischer Gemmen und frivoler Epigramme**
Exquisit Kunst
16/243 - DM 7,–

**Vargas**
Die erotischen Zeichnungen des berühmten PLAYBOY-Künstlers
Exquisit Kunst
16/248 - DM 12,–

**Pariser Salons des 19. Jahrhunderts**
Erotische Skizzen und Szenen zeitgenössischer Künstler
Exquisit Kunst
16/254 - DM 9,–

**Andreas und Angela Hopf: Album eines Erotomanen**
Exquisit Kunst
16/260 - DM 7,–

Wilhelm Heyne Verlag München

# ❧ Exquisit Bücher
## Galante Werke der Weltliteratur

*Eine Buchreihe, die sich die Aufgabe gestellt hat, Kostbarkeiten der amourösen Dichtung aller Zeiten, seltene Werke der galanten und erotischen Literatur in modernen Taschenbuchausgaben zugänglich zu machen.*

Marquis de Sade
**Die Sünden der Marquise**
16/192 - DM 5,–

Giovan Francesco Straparola
**Die ergötzlichen Nächte**
16/197 - DM 4,–

Lord Peyton
**Der Wüstling**
16/200 - DM 4,–

Guy de Maupassant
**Abenteuer einer Pariser Kokotte**
16/205 - DM 5,–

Hugues Rebèl
**Die Memoiren der Dolly Morton**
16/208 - DM 5,–

Nicolas Chorier
**So, Octavia ist die Liebe**
16/211 - DM 6,–

**Erotische Ateliergeschichten**
16/214 - DM 5,–

**Der italienische Venusberg**
16/217 - DM 5,–

Claude Villaret
**Die Nichten des Kardinals**
16/220 - DM 5,–

Franz Blei/Constantin Somoff
**Das Lesebuch der Marquise**
16/223 - DM 5,–

Honoré G. R. Comte de Mirabeau
**Lauras Erziehung**
16/226 - DM 5,–

Wladimir Jussuf
**Die Liebesspiele der Zarin**
16/228 - DM 5,–

Daniel Defoe
**Roxana**
16/229 - DM 6,–

Earl of Rochester
**Sodom**
16/235 - DM 5,–

**Die lüsterne Lieblingsfrau**
und andere Haremsgeschichten
16/238 - DM 5,–

Samuel Pepys
**Meine intimen Abenteuer**
16/241 - DM 5,–

**Die Odaliske**
Erotische Novellen
16/246 - DM 5,–

Harvey Poolidge
**Die Gouvernante**
16/249 - DM 6,–

Kate Percival
**Memoiren einer Wollüstigen**
16/252 - DM 5,–

**Die lüsterne Liebe des Chevalier de Grammont zur Herzogin von Richelieu**
16/255 - DM 5,–

Walter
**Mein geheimes Leben**
16/258 - DM 9,–

Guy de Maupassant
**Mannstolle Nichten**
16/261 - DM 4,–

Celia Haddon
**Francis Lysaghts Abenteuer mit der Dame Venus**
16/264 - DM 4,–

Octave Ucanne
**Die geheimnisvollen Sitten des galanten Jahrhunderts**
16/266 - DM 4,–

Preisänderungen vorbehalten.

*Wilhelm Heyne Verlag München*